PHILIPP JACOB SPENER
Die Anfänge des Pietismus in seinen Briefen

T0161597

EDITION PIETISMUSTEXTE (EPT)

Im Auftrag der Historischen Kommission zur Erforschung
des Pietismus herausgegeben von Hans-Jürgen Schrader,
Ruth Albrecht, Wolfgang Breul und Christof Windhorst

Band 7

Die „Edition Pietismustexte" ist die neue Folge
der Serie „Kleine Texte des Pietismus".

PHILIPP JACOB SPENER

Die Anfänge des Pietismus in seinen Briefen

Ausgewählt, zum Teil
aus dem Lateinischen übersetzt
und herausgegeben von Markus Matthias

EVANGELISCHE VERLAGSANSTALT
Leipzig

Redaktor des Bandes:
Christof Windhorst

Bibliographische Information der Deutschen Nationalbibliothek
Die Deutsche Bibliothek verzeichnet diese Publikation in der
Deutschen Nationalbibliographie; detaillierte bibliographische
Daten sind im Internet über http://dnb.ddb.de abrufbar

© 2016 by Evangelische Verlagsanstalt GmbH · Leipzig
Printed in Germany · H 7943

Das Buch wurde auf alterungsbeständigem Papier gedruckt.

Umschlag und Innenlayout: behnelux gestaltung, Halle
Coverbild: Bildarchiv Foto Marburg
Satz: Druckerei Böhlau, Leipzig
Druck und Binden: Hubert & Co., Göttingen

ISBN 978-3-374-03768-1
www.eva-leipzig.de

Inhalt

A) Ursachen des Verfalls des christlichen Glaubens

Der um sich greifende Atheismus

1. An Gottlieb Spizel[1] in Augsburg, 21. September 1666[2]

[...] Mit großer Freude hat mich außerdem die andere von Dir übernommene Aufgabe erfüllt. Und dies umso mehr, als sie eine Frucht Deines Geistes[3] ist. Ich habe das 10
Buch gelesen wie schon früher die von Dir vor einigen Jahren herausgegebene *Untersuchung des Atheismus*,[4] worauf sich die folgenden Seiten beziehen. Wenn etwas in dieser unserer Zeit behandelt werden kann, dann ist dieser Gegenstand der allernützlichste; wenn nur die ein- 15
brechende Sintflut eines so schrecklichen Vergehens mit göttlichem Segen durch eine Schleuse eingedämmt werden könnte, damit sie nicht alles überschwemme![5]

---

1   Gottlieb Spizel (1639–1691), seit 1682 lutherischer Pastor an St. Jakob in Augsburg: Spizel war gebürtig aus Augsburg, hatte seit 1653 in Leipzig studiert und eine Studienreise in die Niederlande mit einem anschließenden Aufenthalt in Straßburg und Basel (Oktober 1660 bis April oder Mai 1661) unternommen. Seit 1661 war Spizel zunächst Diaconus (nachrangiger Pfarrer), seit 1682 Pastor an St. Jakob in Augsburg und seit 1690 auch Senior des Augsburger Predigerministeriums. – Obwohl sich Spener und Spizel persönlich erst im Frühjahr 1677 zum ersten Mal sahen, gehörte Spizel von Beginn ihres Briefwechsels (1665) an zu den vertrautesten Briefpartnern Speners. Die Spizelsche Briefsammlung in der Staats- und Stadtbibliothek Augsburg ist eine der umfangreichsten privaten Briefsammlungen des 17. Jahrhunderts und eine unschätzbare Quelle für die Erschließung von Speners Briefwechsel (*Dietrich Blaufuß:* Reichsstadt und Pietismus. Philipp Jacob Spener und Gottlieb Spizel aus Augsburg, Neustadt a. d. Aisch 1977 [EKGB, Bd. 53]).
2   Im Original überlieferter Brief; Übersetzung des Auszuges aus FB 1, Nr. 1, Z. 65–137. 148–161. 168–207.
3   *Gottlieb Spizel:* De Atheismi Radice ad Virum Nobiliss. & Ampliss. Dn. D. Henricum Meibomium Epistola [Brief über die Wurzel des Atheismus an (...) Heinrich Meibom], Augsburg 1666. – Zu Spizels Schriften gegen den Atheismus s. *Dietrich Blaufuß:* Reichsstadt (Anm. 1), S. 286–308.
4   *Gottlieb Spizel:* Scrutinium Atheismi Historico-Aetiologicum [Historisch-ursächliche Erforschung des Atheismus], Augsburg 1663.
5   Zur Auseinandersetzung des Luthertums mit dem Atheismus im 17. Jahr-

Diese Pest [des Atheismus] hat sich sich schleichend ausgebreitet und gewiss weiter, als man sich vorstellen konnte; und ich fürchte, dass wir innerhalb kurzer Zeit in unserem Deutschland ein [zweites] Italien oder
5 Frankreich sehen werden, was dieses Verbrechen betrifft. Wie viele nämlich bringen aus jenen fremden Ländern nur dieses eine [Verbrechen des Atheismus] mit, wozu sie sich im Innersten beglückwünschen; sie wären glücklich, wenn sie überhaupt nichts mitgebracht hät-
10 ten! Mich verbinden nicht nur mit einem [dieser Art] häufiger Umgang und viel Vertrautheit. Und meine Seele schreckt oft davor zurück, das zu wiederholen, was man von ihnen Blasphemisches zu hören bekommt. Sie äußerten sogar ihre Bewunderung für einige muti-
15 gere[6], die nicht nur im verborgenen Herzen dieselben Gedanken wie sie hegten, sondern vollkommen davon überzeugt seien, was das Wesen der Religion, insbesondere der christlichen, sei.

Einer ist dabei einmal an Kühnheit so weit gegangen,
20 dass er nicht daran zweifeln wollte, dass Augustinus[7] und andere [Kirchen-] Väter, die etwas gelehrter und klüger waren, und ebenso die Helden des Alten Testaments bei den Juden, deren heiligen Schriften auch wir verehren, auf dieselbe Weise beurteilt werden müssten:
25 was sie mündlich und schriftlich zugunsten der Religion geäussert hätten, das hätten sie aus eigenem, persönli-

---

hundert s. *Hans Leube:* Die Bekämpfung des Atheismus in der deutschen-lutherischen Kirche des 17. Jahrhunderts [1924]. In: *Ders:* Orthodoxie und Pietismus. Gesammelte Studien. Hg. von Dietrich Blaufuß, Bielefeld 1975 (AGP, Bd. 13), S. 75–88; *Hans-Martin Barth:* Atheismus und Orthodoxie. Analysen und Modelle christlicher Apologetik im 17. Jahrhundert, Göttingen 1971 (FSÖTh, Bd. 26).

6   Im lateinischen Text Anspielung auf *Horaz:* Sermones [Satiren] 1,4,8; vgl. *Phaedrus:* Fabulae [Fabeln] 3,3,14; *Erasmus von Rotterdam:* Adagia Nr. 2859.

7   Der Kirchenvater Augustinus von Hippo (354–430).

chem Interesse hervorgebracht. Müssen uns nicht die
Haare zu Berge stehen, wenn wir so etwas hören oder
[jemandem] eine solche Auffassung mitteilen?

Und was begegnest Du diesen Menschen mit irgendeiner Autorität oder mit Beispielen der hervorragend- 5
sten Männer, die je gelebt haben und denen dieses alles
keine Fabeln waren, so lange jene für sich das Recht
beanspruchen, anders über deren Herzensregungen
denken zu dürfen, als was die uns überkommenen [äu-
ßeren] Zeugnisse ihres Geistes aussagen? So bin ich 10
nicht nur einmal in die Gefahr eines Streites oder einer
Diskussion mit dem einen oder anderen geraten; aber
ich bekenne offen, dass sich Menschen, die [griech.]
Ausflüchte gebrauchen, die ein anderer sich kaum aus-
gedacht hätte, leicht davor schützen können, dass sie 15
durch solche [Diskussionen] nicht umgeworfen werden.
Ich gehe nicht so weit zu sagen, dass [in diesen Fällen]
die Prinzipien der aristotelischen Philosophie mit Hohn
verworfen werden könnten; aber selbst das, was den
Verstand aller klarer als die mittägliche Sonne über- 20
zeugt, ist jenen nur eine Meinung, welche wir eingeso-
gen hätten und welche sie nicht ohne Prüfung
übernehmen würden.

Alle allgemeinsten Prinzipien der Metaphysiker sind
jenen [nur] [griech.] Postulate, welche ihnen aber ab- 25
surd erscheinen, wie das Postulat [der Unmöglichkeit]
des Gedankens eines Fortschreitens ins Unendliche
[*processus in infinitum*][8] oder ähnliche, welche von
ihnen nicht weniger als jenes für ungewiss gehalten
werden. Wenn Du behauptest, dass nicht gedacht wer- 30

---

8   Der Gedanke eines kausalen Fortschreitens ins Unendliche, wonach –
prinzipiell endlos – bei jeder Ursache wieder nach deren Ursache zu fragen sei, galt der aristotelischen Metaphysik als absurd, so dass eine erste
Ursache (Gott) postuliert werden müsse; dieses Axiom zählt im 17. Jahrhundert zu den Standardargumenten gegen den Atheismus (vgl. *Barth:
Atheismus* [Anm. 5], S. 218–224, hier S. 222).

den könne, dass die Welt, die aus so vielen existieren-
den Dingen zusammengesetzt sei, nicht irgendeine
[erste] prinzipielle Ursache voraussetze, welche selbst
unendlich sei: dann reagiert man lächelnd damit, dass
5 [auch] nicht leichter gedacht werden könne, wie diese
[erste] prinzipielle Ursache jemals begonnen haben
könnte. Und wenn unser Verstand, gewöhnt nur an die
uns umgebenden Dinge und ihre Weise zu sein, dieses
oder jenes nicht verstehe, bedeute es nicht, dass es
10 falsch sei.

So bekennen sie sich selbst, worüber Du Dich zu
Recht wunderst und was Du zu ihrer Dummheit zählst,
zu der Schwäche ihres Verstandes, wenn sie unsere
Glaubensgeheimnisse verwerfen, die ihren Verstand
15 übersteigen.[9] Nirgendwo tritt die Verkehrtheit unserer
verdorbenen Natur oder die äußerste Dummheit derer,
die durch göttliches Gericht in verkehrten Sinn dahin-
gegeben sind (Röm 1,18.21.22.28),[10] deutlicher als in diesen Menschen vor Augen, wenn diejenigen dieser
20 Bezeichnung überhaupt noch würdig sind, die das erste
[griech.] Axiom unserer Natur,[11] nämlich die Fähigkeit
zur Kenntnis der Gottheit und unsere [griech.] Gemeinschaft[12] mit ihr, mit scharfen Sarkasmen verlachen.
Mit diesen aber werden wir, denke ich, wenn Gott nicht
25 selbst der Welt, die in voller Fahrt auf diese Gottlosig-
keit zurennt, zur Hilfe kommt, innerhalb kurzer Frist

---

9 Da es sich bei den Glaubensgeheimnissen um göttliche Offenbarungen
   handelt, kann die menschliche Vernunft sie nicht aus sich heraus erkennen.
10 Röm 1,18.21 f.28.
11 Spener meint die dem Menschen nach Gen 1,27 angeschaffene Gotteben-
   bildlichkeit als Voraussetzung und Möglichkeit der Gotteserkenntnis und
   der religiösen Kommunikation im Hören auf das Wort Gottes und im Gebet.
12 Vgl. *Philipp Jacob Spener:* Dissertatio de Conformitate creaturae rationa-
   lis ad creatorem [Dissertation über die Übereinstimmung der vernunftbe-
   gabten Kreatur mit ihrem Schöpfer], Straßburg 1653 (vgl. *Wallmann:* Spener, S. 74–82).

häufiger Kämpfe zu bestehen haben als mit denen, die zumindest irgendeine Religion anerkennen, auch wenn sie in ihrer Wahl irren.

[Der Grund] für den häufigen Abfall von der Religion (ich glaube nämlich, dass die wenigsten wirklich ver- 5 führt werden, die meisten aber derer, die zu glücklicheren Heiligtümern[13] fliehen, sind früher durch ein Gift infiziert worden, das ich öffentlich kaum zu nennen wage[14]) liegt in der religiösen Lauheit und in dem mit vielen Schändlichkeiten angesteckten Leben der Unsri- 10 gen.[15] Was künftig noch zu erwarten ist oder was vielmehr die meisten schon in den Kammern ihres Herzens hegen, sind dafür mehr als traurige Argumente; und niemals beschäftige ich mich mit dieser Überlegung, mein bester Freund, ohne dass sich mein Herz zugleich 15 mit tiefer Trauer füllt, weil ich lieber alle anderen Übel, die unsere Kirche auch bedrohen, mutiger ins Auge fasse als diese teuflische [griech.] Spitze aller Verdorbenheit zu beobachten.

Aber für diese unsere Zeiten hat uns [Gottes] aller- 20 weiseste Vorsehung aufbewahrt,[16] die unseren Glauben auf die Probe stellen will. Inzwischen wird er dennoch den Seinen nicht ferne sein[17] und nicht zulassen, dass das, was noch an gutem Samen übrig ist, durch diese Dornen und Disteln erstickt werde.[18] Über ihre Bekeh- 25

---

13 Ironisch gemeint; vielleicht handelt es sich um eine literarische Anspielung.
14 Vgl. Speners Ausführungen in seinem Brief an Spizel vom 10. Dezember 1669 (S. 27, Z. 9 – S. 28, Z. 20).
15 Spener meint wohl sowohl die Amtsträger wie die bekennenden Christen insgesamt.
16 Anspielung auf ein geflügeltes Wort Polykarps von Smyrna (ca. 70–156/167) nach *Eusebius von Cäsarea*: Historia Ecclesiastica V, 20, 7 (s. *Ders.*: Kirchengeschichte. Hg. von Heinrich Kraft, München 1967): „O guter Gott, für welche Zeiten hast du mich aufbewahrt, dass ich solches erleben muss!"; von Spener zitiert in den *Pia Desideria* 1676, S. 2 (PD 10,5 f.).
17 Vgl. Apg 17,27; Mt 28,20.
18 Mk 4,1–20 par.

rung mache ich mir kaum Hoffnung: ich zähle es gewiss zu den Wundern ersten Grades, wenn jemand von ihnen zu einem gesünderen Verstand zurückkehrt.[19] Mit zu engen Fesseln hält sie ein stark Bewaffneter gefangen,
5 als dass sie durch eine geringere Kraft als die göttliche Allmacht gebrochen werden könnten.[20] Wenn sie sich nicht raten lassen wollen, werden sie aber endlich elend vergehen; wenn nur ihre Infektion nicht andere noch ferner durch ihr Anblasen verderbe! Aber diese Sorge
10 sei der Sorge des Allerhöchsten überlassen! Du aber machst Dich inzwischen um die Öffentlichkeit verdient, der Du vor aller Augen [im Anblick des Erdkreises] diese Lernäische Schlange [*lernam*][21] der Bösen aufdeckst und mit grellen Farben vor Augen malst, ob sich vielleicht je-
15 mand davon bewegen ließe, die erzählten Ursachen vermiede und fliehe und sich so davor zu seinem Heil hüten wolle. Es segne die fromme Arbeit der, dessen Ehre direkt durch jene Blasphemie angegriffen wird!

Im Übrigen, wenn ich mit einem Freund frei reden
20 kann, der mich selbst dazu ausdrücklich auch eingeladen hat, merke ich das eine oder andere an, was mir beim Lesen eingefallen ist. [...][22]

Außerdem scheint unter die Ursachen des zunehmenden Atheismus überhaupt auch die ausführlich zu
25 erwägen zu sein, die zwar verborgener, trotzdem unter

---

19 Spener verwendet hier eine traditionelle Definition der (religiösen) Bekehrung als „Rückkehr zum gesünderen Verstand" (vgl. *Markus Matthias:* Pietism and Protestant Orthodoxy. In: A Companion to German Pietism, 1660–1800. Ed. by Douglas H. Shantz, Leiden – Boston 2014, S. 17–49, hier S. 29).
20 Vgl. Lk 11,21.
21 Lerna ist in der griechischen Mythologie die Heimat der Hydra, eines mehrköpfigen schlangenähnlichen Ungeheuers, dem jeder abgeschlagene Kopf doppelt nachwächst. Die Lernäische Schlange steht symbolisch dafür, dass jeder Versuch, etwas Böses zu bekämpfen, dieses nur stärker und gefährlicher macht.
22 Es folgen Bemerkungen zu einzelnen Schriften und Autoren, die Spizel zitiert.

einer anderen erkannt werden kann, so oft es von der Wahrheit, die nicht mit angemessener Kraft verteidigt wurde, heißt, dass sie geschadet habe: Wenn man mit der besten Intention das meiste, was den eigenen Verstand übersteigt, übernatürlichen Ursachen zuschreibt, bestätigt diese mangelnde Umsichtigkeit [den Atheisten] nur das genannte Übel. Mindestens ebenso häufig wie einer von ihnen begegnete mir einer von den Unsrigen mit einer geschwätzigen Unwissenheit, weil wir alle vieles, was wahrhaft durch die Kräfte der Natur geschah und geschehen konnte (wie deutlich bewiesen wurde), Wundern und Zeichen zuschrieben.[23]

Ja, ich leugne nicht, dass auf diesem Gebiet nicht selten gesündigt wird: Daher glaube ich, dass wir mit der Behauptung von Wundern und Zeichen sehr sparsam sein müssen und nicht eher unsere Zuflucht dazu nehmen dürfen, bevor nicht die Natur, welche sehr reich [und vielfältig] ist, vollständig und genau erforscht ist; besonders, da seit einigen Jahrhunderten damit begonnen wurde, viele ihrer Geheimnisse zu lüften, welche bei den früheren [Menschen] zweifellos zu den übernatürlichen Erscheinungen gezählt wurden, jetzt aber nur nicht mit Händen betastet werden (*manibus palpari*) können.[24] [...]

In der Tat ist mir heute jede Prophetie sehr suspekt, nachdem einst die Tür unmittelbarer Offenbarungen geschlossen wurde,[25] und ich meine, dass unter den Beispielen der Erscheinungen kaum zehn oder vielleicht

---

23 Die Berufung auf Vorzeichen und Wunder in der Natur gehört zu den geläufigen Argumenten gegen den Atheismus (vgl. *Barth:* Atheismus [Anm. 5], S. 297–300). – Spener warnt wiederholt eindringlich vor dieser Argumentation, vor allem in den Auseinandersetzungen über die Auffassung von Kometen als Zeichen des Zornes Gottes.

24 *Gottlieb Spizel:* De Atheismi Radice (Anm. 3), S. 15, nennt die Ablehnung übernatürlicher Erscheinungen ein erstes Anzeichen eines Atheisten. – Spener denkt, wie der lateinische Sprachgebrauch zu erkennen gibt, offenbar an unsichtbare physikalische Erscheinungen.

25 Vgl. Hebr. 1,1 f.

hundert wahr sind, was eine genaue Untersuchung lehren wird; und ich erkenne Zeichen außer in wahrhaften
Wundern auch nicht an.

Gleichwohl verehre ich die Wahrheit der Prophetien,
5   dass Erscheinungen gegeben werden,[26] aber ich gestehe
sie seltener selbst zu; auch stimme ich zu, dass Wunder
nicht nur in den Heiligen [Schriften] offenbart werden.
Und ich zweifle auch nicht, dass sie heute manchmal geschehen, auch wenn ich das nicht für jene gelten lassen
10 will, welche gewöhnlich dafür gehalten werden. Ich
glaube aber, dass hier die große Gefahr besteht, dass
Grenzen überschritten werden; so oft nämlich die Atheisten hören, dass nach allgemeiner Überzeugung, besonders aber nach der Mutmaßung einiger aus unserem
15 [Pfarrer-]Stand, etwas aus der Sphäre der Natur ausgenommen [und übernatürlich erklärt] wird, so oft wird
sie, die in den natürlichen Dingen nur wenig erfahrener
sind, das eine oder andere Beispiel, wovon sie die Ursachen einsehen, in ihrer Behauptung bestätigen, alles an-
20 dere [Übernatürliche], was wir dazu zählen oder was die
Heiligen Schriften enthalten, sei auch nicht von anderer
Art; was mir oft entgegnet wurde. Für die [Wunder], die
in der Heiligen Schrift enthalten sind, steht aber die
göttliche Autorität ein, und wir sind nicht gehalten,
25 deren Wahrheit durchzusetzen, wenn wir sie nicht vorher auf vielerlei Weise abgesichert haben; es sei denn,
um die Einwürfe der Gegner überhaupt zu zerschmet-
tern; bei jenen [angeblichen Wundern] aber, die zu unseren Zeiten geschehen, gehört es sich, dass wir
30 umsichtiger sind, damit wir nicht unvorsichtig denen
ein Ärgernis bieten, die äußerst bereit sind, aus dem
einen oder anderen Irrtum von uns alle Wahrheit, die
wir sonst verteidigen, für suspekt zu halten. So sind wir

---

26   Die biblische Ankündigung von Naturerscheinungen als göttliche Zeichen,
z. B. Mk 13 par.

nämlich beschaffen, dass bei uns sehr oft eine ganze Sache durch die Widerlegung eines einzelnen Beispiels in Zweifel gezogen wird.

Über die cartesianische Philosophie[27] kann ich nichts sagen, der ich ihrer nicht kundig bin, sie jedenfalls nicht genau kenne. Ich habe aber das Urteil eines hervorragenden Mannes [*Viri ... praeclari*][28] vernommen, der glaubt, dass mit den Atheisten nicht anders zu verhandeln sei oder verhandelt werden könne, als dass wir ganz von vorne beginnen: Nachdem wir von allen Prinzipien der aristotelischen und jeder beliebigen anderen Philosophie Abstand genommen haben, die jene ableh-

---

27 René Descartes (1596–1650); sein Versuch einer Neubegründung der Metaphysik aus der Position des radikalen Zweifels (*René Descartes:* Meditationes de prima philosophia [Gedanken über die Grundlagen der Philosophie], Paris 1641) verzichtet auf die Axiome der aristotelischen Philosophie. Zur Einschätzung der Bedeutung Descartes' für bzw. gegen den Atheismus s. *Barth:* Atheismus (Anm. 5), S. 210–217.

28 Es ist bekannt, dass Erhard Weigel (1625–1699), seit 1653 Professor für Mathematik in Jena (vgl. Brief Nr. 16 Anm. 39), vergleichbar mit Descartes „eine Ausdehnung des mathematischen Verfahrens auf alle Wissenschaften" gefordert hat (*Max Wundt:* Die Philosophie an der Universität Jena in ihrem geschichtlichen Verlaufe dargestellt, Jena 1932, S. 45–53, hier S. 46). – Spener könnte von Johann Jacob Schütz (s. Brief Nr. 13 Anm. 6) auf Weigels Ansatz als Methode zur Bekämpfung des Atheismus aufmerksam gemacht worden sein. Schütz hatte bei Weigel in Jena studiert und dürfte sich während seiner Zeit am Reichskammergericht in Speyer zwischen 1665 und 1667 auch gelegentlich in Frankfurt aufgehalten haben (vgl. *Deppermann:* Schütz, S. 54f.). Dazu würde jedenfalls die Bezeichnung des frisch promovierten Schütz als „eines hervorragenden Mannes" sowie die weitere Beschreibung passen. – Dieselbe Forderung erhob Burcher de Volder (1643–1709), Briefpartner von Gottfried Wilhelm Leibniz und seit 1670 Professor der Philosophie in Leiden; s. *Burcher de Volder:* Disputationes Philosophicae Omnes Contra Atheos [Alle philosophische Disputationen gegen die Atheisten], Middelburg 1685, S. 7 (These V): „Der Skeptiker wird immer einen Anlass haben, sich lustig zu machen und die Schwäche eines Argumentes noch zu verwässern, es sei denn wir bewiesen die Existenz Gottes mit derjenigen Evidenz, mit welcher irgendwelche mathematischen Wahrheiten einsichtig sein können, und zwar aus durch sich selbst evidenten Prinzipien, die keinem Axiom der Geometrie weichen müssten" („Nisi enim ea evidentia Dei demonstremus existentiam, qua ullae liquere possunt, Mathematicae veritates, idque ex principiis ita per se cognitis ut nulli Geometrarum cedant axiomati, habebit semper Scepticus, quod cavilletur, quo infirmum argumenti robur diluat."); vgl. *Barth:* Atheismus (Anm. 5), S. 210–213 mit Anm. 260.

nen und ihren Gebrauch so nachdrücklich für unmaß-
geblich erklären, dürften wir ihnen nichts auferlegen,
als wovon wir eine mathematische Beweisführung
geben könnten. Die Sache ist außerordentlich schwie-
rig; ich kenne den Betreffenden nämlich seit einigen
Wochen, als es gegen einen Anhänger jenes Schlages[29]
ging, und ich weiß, dass er, noch nicht so sehr geübt,
sich zufrieden gegeben habe mit einem einzigen zu be-
weisenden metaphysischen Axiom, das sonst im allgemeinen für ein Teil der erkannten und erforschten
Wahrheit gehalten wird. Aber diese Methode ist notwendig, oder wir liefern uns ihnen zum Gespött aus: bis
sie endlich auf diese Weise zu einer gewissen Anerken-
nung eines göttlichen Wesens gebracht werden und erkennen, dass dieses sich aus innerer Notwendigkeit
seiner Güte den Menschen offenbart hat: wovon sie endlich zu den Heiligen Schriften geführt werden können.
Von anderen habe ich vernommen, dass dies die Methode der Philosophie von Descartes sei, dass sie die
Prinzipien nicht voraussetzte, sondern beweise: da sie ja
ohne Beweis nichts zulässt. Wenn es allein darum ginge
und jene [philosophische] Schule [*secta*] sich nicht in
einem anderen Teil[30] versündigen würde, könnte sie zu
den Hilfstruppen statt zu den Feinden gezählt werden.
Aber wohin schweife ich ab? Du verzeihst die Freiheit
des Freundes, der ohne Furcht mit dem Freunde seine
Überlegungen teilt. Du wirst das so verstehen, wie es
Deiner Offenheit entspricht.

---

29   Im lateinischen Text ein sprichwörtlicher Ausdruck (*Otto:* Sprichwörter
      der Römer, Nr. 643); gemeint ist offenbar die Auseinandersetzung mit
      einem Atheisten.
30   Manche Theologen wie Spizel meinten, dass Descartes' radikaler Zweifel
      dem Atheismus Vorschub leiste; zudem kritisierte man Descartes'
      Schlussfolgerung, dass allein der Gedanke *Gott* dessen Wirklichkeit not-
      wendig impliziere (*Barth:* Atheismus [Anm. 5], S. 213–217).

Der Mangel gelebter Frömmigkeit

2. An Elias Veiel[1] in Ulm, 9. April 1667[2]

[...] Gott bewahre Dich noch lange seiner Kirche, dass 5
Du nicht allein dieses,[3] sondern auch andere, schwie-
rigste, heilige Kämpfe tatkräftig wirst durchkämpfen
und unter dem Beifall der Gemeinschaft der Frommen
noch häufig Siegeszeichen über die besiegte Lüge wirst
aufrichten können, aus denen gewiss die Ehre Gottes 10
als unseres höchsten Herrn und Helfers hervorleuchten
wird. [...]
Traurig und mit Seufzen erkenne ich mit Dir die Be-
schädigungen und Gefahren der beinahe überall sich
abkämpfenden Kirche. Ich finde, dass innerhalb wie au- 15
ßerhalb der Mauern [der Kirche] gesündigt wird: Und
ich erkenne, dass manchmal Übel, die nicht beizeiten
als solche erscheinen [*intempestiva ... mala*], nicht weniger gefährlich sind als solche, die ihrer Beschaffenheit
gemäß erkannt werden. Angesichts sowohl der Listen 20
und gewaltsamen Versuche der Feinde als auch des Ver-
rates oder der Nachlässigkeit und Unvorsichtigkeit der
eigenen Leute behüte endlich der beste und größte Heiland seine gefährdete Herde, die er sich durch die teure

---

1 Elias Veiel (1635–1706), seit 1662 lutherischer Pfarrer am Münster in
   Ulm, seit 1663 auch Professor der Theologie am dortigen Gymnasium:
   Veiel stammte aus Ulm, hatte in Straßburg bei Johann Conrad Dannhauer
   studiert, ferner in Jena, Wittenberg und Leipzig. Er hatte sich in seiner
   1664 in Straßburg unter Dannhauer gehaltenen Promotionsdisputation
   zum Dr. theol. polemisch mit der Erwartung eines tausendjährigen Reiches (Chiliasmus) beschäftigt. Neben seinem Pfarramt und seiner Professur wurde Veiel 1678 Superintendent in Ulm. – Spener kannte Veiel seit
   ca. 1658 aus der gemeinsamen Studienzeit in Straßburg. Briefe Speners
   an Veiel sind für die Jahre 1667–1699 erhalten.
2 Im Original überlieferter Brief; Übersetzung des Auszuges aus FB 1, Nr. 5,
   Z. 24–43.
3 Veiels publizistische Kontroverse mit dem Bibliothekar der vatikanischen
   Bibliothek, Leo Allatius (1586–1669), über die Theologie der zeitgenössischen griechisch-orthodoxen Kirche.

Vergießung seines Blutes[4] erkauft hat, er, der allein dem Wankenden Kraft geben kann.

Inzwischen wollen wir ein jeder das tun, was unser Teil an dem anvertrauten Werk ist, und uns bemühen, soviel es geht, unsere und die uns anvertrauten Seelen aus den sich täglich zuspitzenden Krisensituationen zu retten. Es ist kaum darum zu tun, dass wir auf dieser Erde einen besseren Zustand der Kirche [*Meliorem Ecclesiae faciem*][5] erwarten: denn die da und dort wieder entstehenden chiliastischen Phantasien[6] vermögen einen beherzten Menschen nicht zu überzeugen, der davor zurückscheut, sich an Träumen zu ergötzen, und eine solide Basis fordert, auf die er sich stützen kann.

---

4   Vgl. 1Petr 1,18 f.; der Brief ist am Dienstag nach Ostersonntag (7. April 1667) geschrieben.

5   Es fällt auf, dass Spener hier den ihn offenbar bewegenden Gedanken der Möglichkeit eines besseren Zustandes der Kirche auf Erden nur ablehnt, weil ihm dafür die Begründung ‚schwärmerisch‘ erscheint. In den *Pia Desideria* von 1675 wird er die exegetische Begründung für die Hoffnung besserer Zeiten in seinem neuen Verständnis von Röm 11,25 f. und Apk 18 f. finden (*Pia Desideria* 1676, S. 72–93, hier S. 72. 74 [PD 43,31–53,20, hier 43,34. 44,21]). – Vgl. *Heike Krauter-Dierolf:* Die Eschatologie Philipp Jakob Speners. Der Streit mit der lutherischen Orthodoxie um die „Hoffnung besserer Zeiten", Tübingen 2005 (BHTh, Bd. 131).

6   Zur chiliastischen Literatur im Luthertum vor Spener s. *Johannes Wallmann:* Reich Gottes und Chiliasmus in der lutherischen Orthodoxie [1982]. In: *Ders.:* Theologie und Frömmigkeit im Zeitalter des Barock. Gesammelte Aufsätze [1], Tübingen 1995, S. 105–123; vgl. TRE 7, S. 737–741, und Pietismus und Neuzeit. Ein Jahrbuch zur Geschichte des neueren Protestantismus, Bd. 14: Chiliasmus in Deutschland und England im 17. Jahrhundert, Göttingen 1988.

3. An [Tobias Wagner[1] in Tübingen], 19. Oktober 1668[2]

[…] Was die [dem Brief] angehängte Klage über das äußerste Verderbnis unseres Jahrhunderts angeht, vereh-
renswerter Herr, muss dies unsere hauptsächliche und 5
tägliche Sorge sein, dass wir, die wir die Schwere des
Übels kennen, [unsere] tapferen Herzen den Übeln ent-
gegenstemmen, die überall hereinbrechen. Überhaupt
beschreibt es die Lage richtig, was Du als ein Veteran im
Heere Gottes aus langem Umgang mit den Sachen be- 10
klagst und worinnen wir gleichsam als Rekruten Eurem
lauten Wehklagen zur Hilfe kommen, die wir mit der
Erfahrung weniger Jahre wissen, dass sich die Sache in
der Tat so verhält: dass nämlich abgesehen von den
Fallstricken der unreinen Lehre [*heterodoxias retia*] 15
dem Heil der uns anvertrauten Herde nicht weniger Gefahr von der Sicherheit und Unfrommheit derer droht,
die mitten unter uns die Wahrheit [nur] mit dem Munde
bekennen.[3] Ich rede noch nicht [*non iam*] von dem theo-
retischen Atheismus, dessen Gift, wie ich weiß, die Her- 20
zen hinreichend vieler infiziert hat, die trotzdem diesen
[griech.] Gräuel[4] verbergen, den sie in ihrem stolzen
Sinn aufgenommen haben, und ich fürchte, dass er zu
einer gegebenen Zeit ausbrechen werde. Sondern ich
spreche erst einmal [*quoque*] von den Herzen derer, die 25

---

1   Tobias Wagner (1598–1680), seit 1662 Kanzler der Universität Tübingen:
      Wagner war aus Heidenheim (Württemberg) gebürtig und hatte in Tü-
      bingen studiert. Er wurde 1631 Pfarrer und Superintendent in Esslingen
      und 1653 Professor der Theologie, Dekan und Stiftssuperintendent in Tü-
      bingen. – Spener lernte ihn 1662 während seines Aufenthalts in Tübingen
      kennen; ein Briefwechsel Speners mit Wagner ist seit 1665 bezeugt, von
      dem aber nur die anonymisierten, gedruckten Briefe Speners erhalten
      sind.
2   Nur im Druck (Cons. 3, 1709, S. 12–14) überlieferter und dort anonymi-
      sierter Brief; Übersetzung des Auszuges aus FB 1, Nr. 26, Z. 38–119.
3   Vgl. Röm 10,9.
4   Vgl. Mt 24,15.

keine andere als die reine Lehre einmal gehört haben und [doch] einzig der Welt und der Erde zugetan sind.

Wir bekennen alle, dass der Glaube, durch den wir gerettet werden müssen [*fidem, qua salvandi sumus*] und
5 der die Seele unseres Christentums ausmacht, nicht in dem nackten Bekenntnis besteht. Wie oft aber steckt nicht einer von uns in der Häresie, dass er [nämlich] glaubt, zum Heil würde es reichen, wenn er ein Lutheraner sei? Unter diesen kennt der bei weitem größte
10 Teil seinen Christus nur obenhin: es fehlt allerdings, dass er ernsthaft in der Erkenntnis und Ergreifung [Christi] sein Heil sucht. Die meisten hören daher den Predigten ohne Frucht, ja auch ohne Aufmerksamkeit zu, da die notwendige Kenntnis des Katechismus[5] (was
15 jedenfalls seinen Sinn betrifft) aus ihren Herzen ausgezogen ist; dabei ist sie die Voraussetzung, um die Predigten zu verstehen, und für den Wunsch, hierin [im Christentum] weiterzukommen. So geschieht es ferner, dass die Herzen niemals von der Liebe Christi brennen,
20 die wir trotzdem von dem Glauben, wenn er ein wahrer ist, nicht trennen können.

Da es nämlich unmöglich ist, dass unser Herz sich mäßigt, wenn es etwas als sein höchstes Gut ergreift, erkennen die Menschen [offenbar] ihren Christus nicht
25 so, dass sie in ihm die Seligkeit und die Erfüllung aller ihrer Wünsche suchen, solange sie davon überzeugt sind, die Ruhe ihrer Herzen nicht in Christus, sondern vielmehr in den vergänglichen Dingen dieser Welt zu finden, denen wir nun einmal durch das Verderben der
30 Natur mehr zuneigen. Und sie denken, ihr höchstes Gut dadurch zu erhalten, dass sie diese genießen. Was wundert es also, dass diejenigen, die allein die Welt ken-

---

5   Der Katechismus (Zehn Gebote, Apostolisches Glaubensbekenntis und Vaterunser) als die elementare Formulierung des christlichen Glaubens.

nen, darauf alle Sorge richten, das Heilige aber mit
leichter Hand, nämlich als scheinbares [griech.] Neben-
werk, behandeln, wie auch immer sie damit den Regungen ihres Gewissens Genüge tun? Zugleich wenden sie
alle Kraft darauf, äußerlich als gläubig zu erscheinen, 5
da ihnen ja nicht [von selbst] ein dem Glauben würdi-
ges Leben folgt, nachdem der Glaube aus ihren Herzen
ausgezogen ist, die doch dem Namen nach Christen
sind. Wir erkennen nämlich nicht irgendeine Frömmigkeit oder gute Werke an, wenn sie nicht aus dem Glau- 10
ben (welcher nicht eine leere Überzeugung des Fleisches, sondern eine edle [griech.] Wirkung des Heiligen
Geistes ist) wie aus einer Wurzel hervorgehen.

Gewiß, so oft ich über diesen Gegenstand nach-
denke – das geschieht aber sehr oft –, bin ich nicht nur 15
völlig von Trübsinn durchdrungen, sondern bin überhaupt erschrocken. Mir machen nämlich nicht nur die
skandalöse Unehrlichkeit derer Angst, die das öffentlich sehen lassen, und ihre offenbare Bosheit; sondern
mir sind auch die ehrenhaften Sitten vieler anderer sus- 20
pekt, über deren äußeres Leben man sich nicht zu beschweren hätte: weil bei den meisten jene nicht Früchte
des Glaubens und eines Herzens sind, das seinen Gott
ernsthaft liebt, sondern sie kommen nicht anders als bei
den Heiden von einem übriggebliebenen Sinn für das 25
Ehrbare [*honestatis*] her oder manchmal [nur] aus
Furcht vor Strafe.

Daher ist auch überall eine größere Sorge um die
zweite als um die erste Tafel[6] erkennbar, oder mehr um
die äußeren Tugenden, die in die Augen fallen und an- 30
dere als Zeugen haben, als die Sorge um die inneren Tu-

---

6 Die Zehn Gebote (Ex 20,2–17; Dtn 5,6–21) umfassen (nach mittelalterli-
   cher und lutherischer Einteilung) in der Ersten Tafel (1.–3. Gebot) die
   Pflichten der Menschen gegen Gott, in der Zweiten Tafel (4.–10. Gebot) die
   Pflichten der Menschen gegeneinander.

genden. Jene gefallen auch der Welt besser als diese, über die sie lacht. Ich glaube, dass ich mich nicht täusche, wenn ich solcher Menschen Religion (es handelt sich aber um eine große Zahl, und oft schmücken sie
5 sich mit Lobeszeichen) eine mit einer christlichen Hülle überzogene heidnische Religion nenne. Obwohl wir glauben, dass wir Christen predigen, behalten so die meisten, nachdem sie die Gnade, die ihnen einst in der Taufe gegeben wurde, schon verloren haben, kaum et-
10 was von einem Christen zurück, wenn du den Namen und das Bekenntnis und die äußere Verbindung mit der Kirche ausnimmst.

Weil unser Heiland[7] die Seltenheit des Glaubens in den letzten Zeiten vorausgesagt hat, hat die Erfüllung
15 dieser Prophezeiung offenbar nicht nur begonnen, sondern sie ist schon weiter vorangeschritten, als die meisten glauben. Das allertraurigste aber ist, dass wir erkennen, dass die Übel so anwachsen, dass sie kaum eine heilende Hand dulden und dass unsere Hoffnung in
20 nichts anderem als in der göttlichen, allermächtigsten Kraft liegt. So lange wir uns nicht über die Früchte unserer Arbeit freuen können, wollen wir inzwischen jedenfalls mit Seufzen und in der Furcht des Herrn handeln, so viel es die [griech.] von Gott gegebenen Kräfte
25 einem jedem [von uns] erlauben, dass durch unser Predigtamt der himmlische Vater einen Samen sich zurückbehält,[8] damit wir nicht ein zweites Sodom und Gomorrha[9] werden.

Ich war schon am Ende des Briefes, als ich auf dieses
30 Problem stieß: aber Du, um die Sache Gottes so beflissener Herr, entschuldigst demjenigen den wortreichen Schmerz, dem Du selbst durch Deine Klage Erlaubnis

---

7   Lk 18,8.
8   Vgl. Jes 1,9; 6,13.
9   Vgl. Gen 18,16–19,29.

gegeben zu haben scheint, dass er sich in Klagen ergieße: und dies darfst Du auch wissen, dass wir, die wir
kaum das Werk begonnen haben, über die Lage dieser
Zeiten genauso denken wie Ihr, die Ihr sie so viel länger
genau kennt und einseht: Und deshalb könnt Ihr uns 5
nicht nur zur Beständigkeit ermahnen, sondern auch
durch Trostworte am besten wieder aufrichten, die wir
durch den ersten Anblick erschreckt sind.

Nächst der Aussicht auf göttliche Hilfe, die um so
wirksamer sein wird, je mehr sich die Lage zuspitzt, 10
habe ich kaum ein anderes starkes Argument, um in
Geduld meine Seele zu bewahren,[10] als wenn ich das
Beispiel alter Theologen sehe und von ihnen lerne, wie
beschaffen in ihren Augen der Zustand der Welt ist.
Warum soll ich es übel nehmen, wenn jene, deren Spu- 15
ren ich zu folgen beschlossen habe, mit Monstern
kämpften, dass von mir und anderen Brüdern auch ein
solcher [griech.] Tierkampf anzunehmen ist?

Um so mächtiger rufe ich Gott, den [griech.] einzigen
Geber alles Guten[11] an, dass er in diesem [Kampf] die 20
Seinen trotzdem mächtig vor allem Verderben bewahren und sich so öffentlich und herrlich manifestieren
wolle, der, je kräftiger seine Kraft, desto weniger durch
das Wüten des höllischen Drachen bedroht werden
kann. Derselbe höchste Fürst möge seiner Kirche die 25
grauen Häupter, die aus größerer Autorität und Red-
lichkeit sich den bösen Machenschaften entgegenstem-
men können, und unter diesen allen vor allem Dich, ver-
ehrenswerter Herr, lange erhalten und auch mit seiner
Kraft aus der Höhe[12] täglich zu versorgen nicht ablas- 30
sen.

---

10   Vgl. Lk 21,19.
11   Vgl. Jak 1,17.
12   Vgl. Lk 24,49.

Die Ungeistlichkeit der Geistlichen

4. An Gottlieb Spizel[1] in Augsburg, 10. Dezember 1669[2]

5 Gnade und Heil von JESUS!

Sehr zu verehrender, sehr berühmter und sehr hervorragender Mann; Herr, Unterstützer, Freund und in Christus zu verehrender Bruder. [...]

Auf der anderen Seite finde ich Deine Kritik an dem
10 Leben und den Sitten der Geistlichen[3] nicht nur als sehr wahrheitsgemäß und beklage diese täglich mit Seufzen, sondern ich zweifle auch nicht, dass dies das hauptsächliche Mittel des Teufels zur Ausführung seiner Pläne ist, wodurch er, so viel an Gutem noch übrig ist,
15 auszulöschen bestrebt ist und wahrhaftig auslöschen würde, wenn der übermächtige Beschützer seines [göttlichen] Reiches den höllischen Mächten nicht widerstehen würde. [...]

Wenn es Dir, zu verehrender Bruder, so beliebt, will
20 ich mich gerne mit Dir über diesen sehr bedeutsamen Gegenstand austauschen, dass ich so aus dem lerne, was Du mir mitteilen wirst, wie aus dem, was Du an meinen Ausführungen zu korrigieren nötig erachten wirst. Das aber tue ich um so bereitwilliger, weil ich
25 durch die vielen bislang vorgelegten Zeugnisse mir Deines brennenden Eifers zur Beförderung des göttlichen Ruhmes sicherer bin; und wenn wir privat miteinander verhandeln, kann jeder seine Meinung freier sagen, als dies öffentlich geschehen kann, zumal über eine Beob-

---

1 Zu Spizel s. Brief Nr. 1 Anm. 1.
2 Im Original überlieferter, nicht eigenhändig geschriebener Brief Speners; Übersetzung des Auszuges aus FB 1, Nr. 47, Z. 1–3. 11–16. 42–243.
3 Spizels als eigenhändiges, undatiertes Konzept überlieferter Brief an Spener ist abgedruckt bei *Blaufuß:* Reichsstadt (Brief Nr. 1 Anm. 1), S. 100–102.

achtung, die den meisten widersinnig erscheint und nicht ohne Gefahr des Anstoßes geäußert werden kann. In dem Vertrauen, dass Dir unser freimütiger Austausch angenehm sein wird, gehe ich dazu über, wohin du mich zu führen scheinst, dass ich nämlich mit Dir bekenne, dass sich in unserem Stand ein Fehler verbirgt, aus dem die öffentlichen Übel zu einem großen Teil hervorgehen, die wir beklagen.

Weil ich aber glaube und nicht anders glauben kann, dass die erste Quelle jedes Übels allgemein in einem Mangel an Glauben besteht, der ich von unserem Heiland gelernt habe, dass erst ein guter Baum zu pflanzen ist, bevor er gute Früchte tragen kann:[4] aus diesem ist zu schließen, dass derselbe Fehler dem geistlichen Stand anhängt, dass nämlich nicht alle Gläubige sind, die den zu weidenden Christlichen Gemeinden vorgesetzt sind, ja, viel weniger, als die meisten meinen. Dies wird den meisten [griech.] am widersinnigsten erscheinen, dass nicht einmal die für gläubig gehalten werden, die den Glauben selbst lehren, diesem allein die Gerechtigkeit zuschreiben und kämpferisch genug und gelehrt für den wahren Glauben gegen die Verdreher der gesunden Lehre kämpfen. Aber ich lasse mich nicht dazu verleiten, der Religion anzurechnen, dass viele aus deren Zahl nichts weniger als Gläubige sind.

Das, was wir Glauben nennen und was wir von ihm über ein historisches Wissen hinaus erwarten, oder besser Gott in der Schrift [von uns] erwartet, ist aus unseren Bekenntnissen und Symbolischen Büchern[5] bekannt, weshalb diese selbst das Fundament meiner Aussage bieten. In keinem erkenne ich nämlich den heilbringenden Glauben, dessen Herz nicht durch das

---

4 Vgl. Mt 7,16 f.; 12,33.
5 Die Bekenntnisschriften der Evangelisch-lutherischen Kirchen, wie sie im Konkordienbuch von 1580 zusammengestellt sind (BSLK).

Licht des Heiligen Geistes erleuchtet und durch seine
Kraft wiedergeboren ist; dessen Herz also nicht seinem
Gott, auch in dieser Gebrechlichkeit, allein anhängt
und allein in ihm das zuteil gewordene Heil genießt. So
5 kann es nicht anders sein, dass aus diesem Glauben wie
aus einer lebendigen Wurzel täglich edelste und ihres
Ursprungs würdige Früchte hervorgebracht werden.[6]
An denjenigen Kirchenmännern, über die Du Dich be-
schwerst, dass sie ein ihrer Berufung unwürdiges Leben
10 führen und dass sie anderen durch ihr Beispiel schädlich sind, erkennen wir eben an ihrem schuldhaften Verhalten, dass sie jener hervorragenden [griech.] Gabe
Gottes ledig sind, welche niemals müßig ist und noch
weniger enthaltsam zu sein erträgt, dass es nicht aus
15 ihr hervorgehe wie ein Feuer, das von Natur aus brennt
und ausbricht, so viel es kann. Daher sagen wir, dass
diese des Glaubens ermangeln, in denen doch die meisten mehr als in anderen einen festeren Glauben erwarten würden. Von Dir vernehme ich gerne, was Du
20 darüber denkst.

Mir ist jenes in den Sinn gekommen: Ich sehe, dass
die meisten Eltern, die ihre Söhne den heiligen Studien
widmen, dieses niemals aus frommem Eifer tun, auf
dass [ihre Söhne] das göttliche Reich besonders beför-
25 derten und, kämpferisch dieses Ziel verfolgend, den
Hass der Welt gegen sich und die Ihren[7] erregten, was
beinahe die notwendige Folge davon ist. Sondern dass

---

6   Vgl. Luthers Bibelvorrede zum Römerbrief (WA.DB 7, S. 2–27; hier S. 8/9,
     Z. 30 – S. 10/11, Z. 12), im Pietismus häufig rezipiert (z. B. *Pia Desideria*
     1676, S. 50 [PD 34, 2–22]); vgl. *Martin Schmidt:* Luthers Vorrede zum Rö-
     merbrief im Pietismus [1967]. In: *Ders.:* Wiedergeburt und Neuer Mensch.
     Gesammelte Studien zur Geschichte des Pietismus, Witten 1969 (AGP, Bd.
     2), S. 299–330. – Zum Verhältnis von Glaube und Werken in den Bekennt-
     nisschriften vgl. CA VI. XX; Apol XX; FC IV (BSLK).
7   Zum Hass der Welt auf die Nachfolger Jesu vgl. Mt 10,22; 24,9; Lk 6,22;
     Joh 15,18; 17,14; 1Joh 3,13.

[ihre Söhne], wie sie selbst glauben, in einem gediegenen und auch in dieser Welt ehrenwerteren Stand ihr
Leben ruhig verbringen, zugleich auch ihnen selbst zur
Ehre und Nutzen sind. So fleischlich ist beinahe die erste Absicht auch oft bei Menschen, die sonst nicht so   5
schlecht sind. Wenn sie aber wüssten, dass ihre Söhne
wegen des Glaubens an die Sache Gottes vieles erleiden
müssten und so das Gegenteil dessen herauskommen
könnte, was sie sich selbst erhofft hatten, wird kaum jemand Bedenken tragen, die meisten, welche sie gezeugt   10
haben, unter dieser Voraussetzung lieber irgendeinem
anderen Beruf als diesem zu widmen. Also wollen sie
ihre Kinder gar nicht nur Gott und dem Wohl der Kirche darbieten, sondern sind vielmehr bestrebt, durch
sie und ihr Amt irgendwann Vorteile zu erhalten.   15
Diese Absicht, dass sie für das heilige Amt bestimmt
sind, wird den Herzen der Knaben früh eingeprägt, indem ihnen besonders das vor Augen gestellt wird, was
darin gegenüber den übrigen [Berufen] hervorleuchtet;
und die erste Liebe, die in zarten Herzen zum theologi-   20
schen Studium gestiftet wird, stützt sich auf eigene Vorteile und Ehre, welche Intention nachher das meiste
elendiglich zerstört, das anders nicht auf die schlech-
teste Weise vorankäme. [Diese Herzen] sind nämlich von
der Vorstellung [*affectus*] erfüllt, dass in den Augen der   25
meisten das, was sie schließlich in ihren Studien unternehmen, nicht so sehr darin bestehe, Gott und dem
Nächsten mit wahrer Liebe zu dienen, als darin, mit ihren Arbeiten gegenüber anderen hervorzustechen, was
am einfachsten geschehen kann, wenn sie das [theologi-   30
sche] Studium aufnehmen. Von denjenigen, die auf die
Universitäten geschickt werden, hat ein großen Teil Gott
noch nicht mit jener heilsamen Erkenntnis erkannt, die
allen wahren Gläubigen gemein ist, sondern nur mit
einer solchen, mit der sie wissen, was in den Hauptstük-   35
ken des Katechismus gelehrt wird, die sie ihrem Ge-

dächtnis eingeprägt haben. Und so besteht ihr Wissen nur in einem bloß historischen Glauben, der durch äußerliche Kenntnis und Zustimmung definiert ist.[8]

Unterdessen ist aus ihrem Herzen jener heilige Sinn
5 des göttlichen Geistes, der ihnen Zeugnis gibt, dass der Geist Wahrheit sei, 1. Joh. 5,[9] entwichen. Deshalb achten sie in der Pflege ihrer Studien auf keinen anderen Zweck, als welchen ich schon genannt habe, und betreiben so das Heilige auf profane Weise.

10 Zugleich erwarten die meisten von einem Studenten der Theologie nicht einmal mehr, als was von den Betreibern anderer Wissenschaften verlangt wird. Deshalb glauben sie, dass diejenigen, die sich mit Liebe den Wissenschaften hingeben, hervorragend für ihr Amt geeignet
15 seien. Inzwischen erwerben sie gewiss eine bestimmte Gelehrtheit von heiligen Dingen, weil sie sich bemühen, alles durch ihren Fleiß zustande zu bringen, so dass sie sich über den Sinn der Schrift oft auch auf weit hergeholte Weise oder über Kontroversen oder andere
20 Teile der theologischen [griech.] Erkenntnis erklären können: aber diese Gelehrsamkeit ist niemals Glaube und bringt diesen nicht mit sich: wenn wir nicht gegen die Schrift behaupten wollen, dass die himmlische Gabe durch menschlichen Fleiss erworben werde.

25 Wie der Student der Rechte Kenntnis der Gesetze aus seinem Iustinian,[10] der Mediziner Kenntnis der Krank-

---

8 In seinem Brief an Spizel vom 22. Juli 1669 (FB 1, Nr. 38, Z. 63–81) argumentiert Spener in gleicher Weise, dass das Theologiestudium und das Pfarramt anders als andere Wissenschaften die Erleuchtung durch den Heiligen Geist nötig haben, der nur dort wirke, wo der Mensch sich nicht durch ein zu weltliches Leben seinen Wirkungen widersetze. Zur Sache s. *Johannes Wallmann:* Spener und Dilfeld. Der Hintergrund des ersten pietistischen Streits [1968]. In: *Ders.:* Theologie und Frömmigkeit im Zeitalter des Barock, Tübingen 1995, S. 197–219, und *Matthias:* Petersen, S. 60–74.
9 1Joh 5,6.
10 Kaiser Justinian I. (527–565) gab die Sammlung des Römischen Rechts in Auftrag, später bezeichnet als *Corpus Iuris Civilis (Institutiones, Pandectae bzw. Digesta, Codex constitutionum, Novellae).*

heiten und der Arzneien aus [seinem] Hippocrates[11] oder Galen erwirbt,[12] oder wie der Philosoph durch Räsonnieren ohne besondere Erleuchtung des Heiligen Geistes vorankommt, nicht gemäß dem dritten, sondern gemäß dem ersten Glaubensartikel,[13] auf dieselbe Weise lernt ein großer Teil der Studenten der Theologie diese nicht anders: ihre Kompetenz [*habitus*] würde ich eher Philosophie über göttliche Dinge nennen als Theologie, gewiss aber nicht Glauben. Und wer zweifelt daran, dass unser Verstand die Heilige Schrift oder andere theologische Bücher, was jene äussere und menschliche Wissenschaft betrifft, nicht weniger zu verstehen vermag als andere, profane Bücher? Wir bekennen aber alle, dass dieses nichts zur göttlichen oder heilsamen Erkenntnis beitragen kann. Daraus folgt von selbst, dass auch die theologische Erkenntnis der meisten, auch wenn sie auf [griech.] die Spitze getrieben zu sein scheint, jedes Glaubens entraten, und dieser unterscheidet sich von jener enorm, es sei denn, sie könnten und müssten immer verbunden seien.

Wenn aber nur das das Ziel ist, wozu das Studium betrieben wird, dann kommt es dazu, dass die meisten den Heiligen Schriften nur dem Namen nach ergeben sind und weit mehr Arbeit da hinein investieren, was zur Erbauung entweder wenig oder sogar noch weniger beiträgt: indem sie das bevorzugen, was sich mehr ihrem Verstand, der Subtilität oder Eleganz empfiehlt und was vor der Welt auch einen größeren Glanz hat: das üb-

---

11 Hippokrates von Kos (ca. 460–359/377), bedeutendster Arzt der Antike.

12 Claudius Galenos (ca. 131–201), Arzt und Philosoph der Spätantike; neben seinen eigenen Schriften bildeten seine Hippokrates-Kommentare bis ins 17. Jahrhundert die Grundlage des akademischen Medizinstudiums.

13 Die Aneignung weltlicher Bildung fällt in den Bereich der natürlichen Schöpfungsgaben (Erster Glaubensartikel: Von Gott, dem Schöpfer), nicht in den Bereich der durch den Heiligen Geist vermittelten Glaubenserkenntnis (Dritter Glaubensartikel: Von Gott, dem Heiligen Geist).

rige, dessen Nutzen wichtiger ist, aber der Wertschätzung entbehrt, lassen sie derweilen liegen. So muss die Frömmigkeit, die allzeit den ersten Platz einnehmen müsste, weit hinter der Gelehrsamkeit zurückstehen;
5 zugleich ist sie bei diesen sehr vielen überhaupt geheuchelt,[14] weil sie die wahre [Frömmigkeit] nicht einmal kennen.

Obgleich viele alles glauben, was zu unserem Bekenntnis gehört, und sehr scharf gegen die Bekämpfer
10 zu verteidigen wissen, kann ihnen ein wahrer Glaube trotzdem nicht zugeschrieben werden, sondern nur eine gelehrte Kompetenz [*habitus*], bestehend aus vielen mit Hilfe des menschlichen Verstandes gezogenen Schlussfolgerungen, teils aus gelehrten [*scriptis*], teils
15 aus natürlichen Prinzipien, beinahe nach derselben Art, wie sie in anderen Wissenschaften zu finden ist. Es fehlt aber die Versiegelung[15] des Heiligen Geistes im Herzen, ohne welche kein göttlicher Glaube ist, sondern eine menschliche Wissenschaft oder Überzeugung:
20 Wenn es aber absurd erscheint, solchen den Glauben abzusprechen, mag ein jeder überlegen, ob jene Kompetenz [*habitus*] des theologischen Wissens, welche wir so nennen, auch bei einem unfrommen und allen Lastern ergebenen Menschen bestehen kann: was wir über den
25 Glauben nicht sagen können, die wir glauben, dass die gläubigen Ehebrecher, Mörder oder Diebe des Trienter Konzils[16] [griech.] Hirngespinste sind. Wie nämlich jenes Wissen bestehen bleiben kann, nachdem der Heilige

---

14 Vgl. Mt 23,27.
15 Vgl. 2Kor 1,22; Eph 1,13; 4,30; Apk 7,3.
16 Vgl. die Beschlüsse des römisch-katholischen Konzils von Trient (1545–1563), wonach der Glaube, der zunächst nur der Glaube an die von der Kirche vertretene historische Wahrheit ist, bei in Todsünden lebenden Menschen nicht verloren gegangen sein muss; wohl aber haben die „gläubigen Unzüchtigen, Ehebrecher, Lüstlinge, Päderasten, Diebe, Geizhälse, Trunkenbolde, Lästerer und Räuber" u. a. die „empfangene Gnade der Rechtfertigung" verloren. Der rechtfertigende Glaube ist danach allein der

Geist durch Laster ausgetrieben wurde, so kann es auch ohne besondere Gnade erworben werden; ach, wenn es doch nicht so oft so erworben würde! Weil diejenigen, die zu lehren haben, selbst erst [griech.] durch Gott gelehrt werden müssen, sind die meisten nur durch Men- 5
schen und ihre Vernunft gelehrt.

Das sage ich alles nicht, als ob ich die Gelehrsamkeit verschmähte oder sie für ein Hindernis des Glaubens erachtete, viel weniger, als ob ich den Glauben aus irgendeiner unmittelbaren Erleuchtung nach Art der 10
Fanatiker ableiten würde. Ich bekenne nämlich, dass diese himmlische Gabe nicht anders als durch die Vermittlung des Wortes und den geforderten Gebrauch der Sakramente uns zuteil werde. Und ich erkenne die Notwendigkeit der Gelehrsamkeit und ihren Nutzen, um 15
die Dogmen der Wahrheit zu verteidigen und um andere zu lehren. Sondern dieses eine meine ich, dass ein großer Unterschied zwischen dem Glauben und der Gelehrsamkeit bestehe; und dass nicht wenige, die in dieser [Gelehrsamkeit] rühmlich brillieren, so sehr jenes 20
[Glaubens] trotzdem völlig ermangeln. Wie aber, wie schon gesagt, aus gewissen lasterhaften Sitten diese Möglichkeit (dass wir behaupten, dass diese zwei voneinander getrennt werden können) am besten erwiesen wird, so kann als Argument gelten, dass es nicht selten 25
vorkommt, dass das Leben vieler Theologiestudenten an den Universitäten, über deren Sorgfalt in den Studien Du Dich zu Recht nicht beschweren kannst, eines Theologen unwürdig ist.

Glaube, der durch die Liebe (*caritas*) (vgl. Gal 5,6) wirkt (6. Sitzung, Dekret über die Rechtfertigung, c. 15, und 13. Sitzung, Dekret über das Sakrament der Eucharistie, c. 8 [*Denzinger:* Enchiridion ^{39}2001, Nr. 1544 und 1648]).

Aber nicht nur bei denjenigen, die sich durch verschiedene offenbare Laster beflecken, ist es sicher, dass
sie des Glaubens ledig sind; sondern es bleibt auch der
Zweifel, ob nicht auch andere das, dessen jene ledig
5 sind, entbehren, die gleichsam nicht offen schändlich
sind (denn auch die Heiden leben ehrenwert), die aber
trotzdem mit allem ihrem Eifer sich selbst, ihre Ehre
und ihren Vorteil allein oder jedenfalls hauptsächlich
vor Augen haben, in Unkenntnis der ersten Lebensbe-
10 dingung der Jünger Christi, der [von uns] die Selbstverleugnung[17] verlangt. Ihre Zahl aber ist eine große
Stadt.

Daher kommt es, dass viele ihre heiligen Ämter so antreten, wie sie sich auf den [Hoch-] Schulen verhalten ha-
15 ben. Ich rede nicht über die, die durch verbrecherische
Künste sich als offenbar Unfromme eingeschlichen haben. Besteht aber bei vielen, an deren [rechtmäßiger] Berufung zu zweifeln Du sonst keinen berechtigten Grund
hast, ihr einziges Ziel nicht allein in der anzustrebenden
20 und zu erhaltenden Funktion, dass sie etwas haben, wovon sie leben, oder dass sie eine Bühne erhalten, auf welcher sie die hervorleuchtenden Schätze ihrer Gaben zum
Erwerb des Ruhmes zur Schau tragen können? Wie wenige aber sind diejenigen, die die Liebe zu GOTT und
25 zum Nächsten zu diesem Werk antreibt?

Und müssen wir nicht zugeben, dass diejenigen, denen
das Recht der Berufung zukommt, meistens die einzige
Sorge antreibt, dass sie einen gelehrten und beredten
Mann erwählen? Mit solchen Gaben sind sie gewöhnlich
30 zufrieden, sofern [dem Kandidaten] nicht im Blick auf
die Sitten etwas Unredliches anhängt. Ob ihm aber die
göttliche Ehre ganz und gar am Herzen liegt, ist ihnen
keine oder nur eine flüchtige Nachforschung wert. So er-

---

17   Die Selbstverleugnung ist für Spener das „erste practische *principium* deß
     Christenthums" (*Pia Desideria* 1676, S. 13 [PD 17,6 f.]).

halten diejenigen, die des heilbringenden Glaubens ledig sind, durch ein fleischliches, wenn auch nicht jedem auffälliges Motiv ein kirchliches Amt; wie könnten sie es anders als nach diesem Gesichtspunkt ausfüllen?

Daher vergessen oder vernachlässigen [kirchliche 5 Amtsträger] die Geschäfte, die vor anderen höchst notwendig sind, die aber keine Hoffnung auf Ehre oder Gewinn machen. Jenen Geschäften aber widmet man seine ganze Mühe, die in weltlichen Angelegenheiten eine gewisse Bereicherung bedeuten. In den Predigten 10 ist es dann mehr darum zu tun, größte Beredsamkeit oder eine diffuse oder fundierte Gelehrsamkeit zur Schau zu stellen als diejenigen mehr zu erbauen, die zumeist einfache Menschen sind. Die meisten hüten sich eifrig davor, dass sie nicht denjenigen zum Anstoß wer- 15 den, welche härter zu behandeln das göttliche Gebot doch eigentlich forderte, wenn sie von ihnen in der Konsequenz etwas zu fürchten haben: so sehr missfällt denen das Kreuz Christi, die dasselbe mit Worten predigen. Wer also wundert sich darüber, dass die Arbeit sol- 20 cher Männer (Oh, wenn es doch wenige wären!) so wenige bekehrt und zum [griech.] ungeheuchelten[18] Christentum führt?

Ich bin weit von dem Irrtum derer entfernt, die die Wirkung des Wortes von der Würdigkeit seines Dieners 25 abhängig sein lassen, da es seine Kraft nicht von einer fleischlichen Quelle empfängt und Christus auch wirksam gepredigt werden kann, wenn er mit einem ernsten Affekt von einer nicht wiedergeborenen Seele gepredigt wird, Phil. I.[19] Niemand wird mir trotzdem bestreiten, 30 dass der Dienst eines gläubigen Menschen, der ihm aus wahrer Liebe zu Gott und dem Nächsten und so mit lau-

---

18 Vgl. 1 Tim 1,5.
19 Phil 1,15–18. – Vgl. den mit derselben Paulusstelle begründeten Gedankengang in den *Pia Desideria* 1676, S. 15 f. (PD 17,32–18,16).

terem Eifer zugetan ist, und seine Taten, welche er niemals ohne ergebene und im Glauben sich ergießende Gebete tut, sich alle größeren göttlichen Segens erfreuen
können, als wo sich das ganze Gegenteil findet: beson-
5 ders, wenn man noch das hinzunimmt, dass solche Menschen nicht einmal richtig, wie es sich geziemt, lehren
können, was sie nicht verstanden haben, die selbst niemals einen Sinn für die Geheimnisse des göttlichen Reiches gehabt haben, sondern zwar nicht ohne Verstand,
10 gewiss aber ohne Erfahrung die Worte vortragen, wenn
sie über den Glauben, seine zu allem Guten bestehende
Neigung, die geistliche Freude, den Geschmack der göttlichen Gnade und andere Gaben des Geistes sprechen. So
kommt es, dass sie auf die äusserlichen Dinge als die er-
15 sten, ja zugleich als auf die einzigen drängen; und sie
sind mit jenen zufrieden. Sie begünstigen die verbor-
genste Häresie, die die schlimmste Pest darstellt, nämlich die Häresie des *operis operati*,[20] und unkundig dessen, was es mit dem Neuen Menschen[21] auf sich hat, de-
20 finieren sie das ganze Christentum durch die Darlegung
der Religionsartikel, den häufigen Besuch der Kirche,
das Zuhören der Predigten, den äußeren Gebrauch der
Sakramente und durch ein Leben nach der Norm des An-
ständigen [*honestatis*].
25 Dieses aber kann alles auch den Ungläubigen zupass
kommen, und ein größeres Hindernis kann der Wahrheit, welche in Christus Jesus ist, Eph. 4, v. 21,[22] nicht
entgegengestellt werden als diese Überzeugung, die sol-

---

20 *Opus operatum* bezeichnet ursprünglich in der Sakramentenlehre die
Heilswirksamkeit des Sakramentes auf Grund seines rituell richtigen
Vollzuges unabhängig von der Würdigkeit des Sakramentsspenders; seit
der Reformation dient der Begriff auch als Schlagwort für eine Frömmigkeit von Christen, die meinen, sich für ihr Heil mit der äußerlichen Befol-
gung kirchlicher Gebräuche begnügen zu können.
21 Der *Neue Mensch* als der durch den Glauben wiedergeborene, von Gottes
Verheißung und Gebot ergriffene Mensch (Vgl. z. B. Joh 3,3–5).
22 Eph 4,21.

che Gelehrte in den Herzen der Menschen befördern, weil sie nichts Besseres mit all ihrer Gelehrsamkeit gelernt haben. Die Unterscheidung von Gesetz und Evangelium[23] wird ein nur Gelehrter nicht recht erklären, jedenfalls nicht richtig verstehen, wie die Lehre zu applizieren sei, wenn er jene nicht durch das Licht des Geistes verstanden hat.

Dann ist es auch folgerichtig, dass sie die überreichen Wohltaten Christi, die sie selbst nicht richtig mit dem Geist erfasst haben, nicht gebührender Maßen ihren Zuhörern vor Augen legen oder die unermesslichen Schätze des uns schon gegebenen Heils, von denen sie bislang nichts fühlen, in ihrem Wert nicht einschätzen können. Vor allem wissen sie nicht zu lehren, was das Aufsichnehmen des Kreuzes Christi, die Selbstverleugnung[24] oder die Folgschaft unseres Herzogs [*Ducis*],[25] Matth. 16,24,[26] ist, ohne welche niemand ein wahrer Christ ist: dieses aber, was das fleischliche Begreifen weit übersteigt, kann so einer nicht verstehen, einsehen oder richtig lehren.

Also bleiben die Menschen in Unkenntnis ihrer hervorragenden Güter, aus welchen der Glaube empfangen werden und der Ansporn zu der zu bewerkstelligenden Heiligung des Lebens entspringen müsste. Damit aber nicht jede Hoffnung des Guten fehle, behandeln sie zum großen Teil und mit viel Aufwand gewiss andere heilige Materien, die das Zentrum des Heils nicht in gleicher Weise betreffen; und das nützt kaum zu mehr, als dass durch das Amt des Gesetzes verhindert werde, dass die menschliche Bosheit sich in verschiedene Verbrechen ergieße.

---

23   Das Verhältnis von Gesetz und Evangelium (Ethik und Glaube).
24   S. Anm. 17.
25   Ältere Übersetzung der Bezeichnung für Christus, z. B. in Mt 2,6; Hebr 2,10.
26   Mt 16,24 (s. Anm. 17).

Das ist der einzige Effekt vieler, die in die heiligen Ämter eingesetzt sind; es sei denn der Heilige Geist ist dabei mit seiner außergewöhnlichen Gnade wirksam, dass allmählich einige ihrer Zuhörer, die weniger Wi-
5 derstand leisten, durch sein Wirken aus den Worten ihres Gelehrten vernehmen, was dieser nicht einmal selbst verstanden hat, als er es aussprach. Und so wird ihnen entweder der Glaube geschenkt oder sie werden in diesem versichert. Das kann aber trotzdem keines-
10 falls solchen Gelehrten selbst zugeschrieben werden, die in diesem ganzen Geschäft kaum anders betrachtet werden können als der weissagende Kaiphas[27] oder der Esel des Bileam.[28] Zu diesem allen kommt hinzu, dass sie einerseits des Glaubens entbehren und nicht, wie es
15 Gott gefällt, beten können[29] (es kann aber keinem Glaubenden zweifelhaft sein, wieviel die Gebete zur Erlangung des göttlichen Segens vermögen und wieviel der Unglaube verhindert) und dass andererseits ihr Leben niemals von jenen Früchten des Geistes überquellen
20 kann, die den Hörern beispielhaft sein können. Es ist ja bekannt, wie auch die beste Lehre nur teilweise nützt, die entweder nicht gelebt oder sogar durch die Lebensweise zunichte gemacht wird.

Du hast hier, bester Freund, was mir beim Schreiben
25 über diesen Gegenstand in den Sinn gekommen ist, auf welche Weise nämlich der Fehler sehr vieler Geistlichen, weil sie selbst des wahren Glaubens ermangeln, einen irreparablen Schaden für die Kiche mit sich bringt. Du stimmst zweifellos mit mir darin überein
30 und wirst mit mir bittere Tränen über den Schaden Josephs[30] weinen. Wenn Du etwas anderes in dieser Hin-

---

27 Joh 18,14.
28 Num 22,28–35.
29 Vgl. Röm 8,26f.
30 Der *Schaden Josephs* steht nach Am 6,6 sprichwörtlich für desolate Zustände in Kirche und Gemeinwesen (Zedler 34, Sp. 725f.).

sicht beobachtest oder wenn du glaubst zu wissen, wie diesen Übeln zu begegnen sei, wirst Du mir das künftig mitteilen.

Die Vernachlässigung der Sonntagsheiligung

5. An [Sebastian Schmidt[1] in Straßburg], 27. Februar 1670[2]

5 [...] Wenn es also erlaubt ist, das vorzulegen, was bislang mein Standpunkt war und was nach meinem Dafürhalten auf dem göttlichen Wort aufbaut, wünschte ich von meinem Lehrer zu lernen, ob ich von Eurer Position abweiche und was Ihr an meiner zu wünschen üb-
10 rig fändet.

Ich zweifle nicht, dass die Heiligung des Tages des Herrn an sich ein Moralgebot[3] ist: Dessen Eigenart finde ich nicht in der Ruhe des Körpers oder in der Freiheit von äusserlichen Werken, sondern (wie die Worte
15 von M[artin] Chemnitz lauten:) „in der Aktivität des Verstandes, des Willens und des Herzens, dass nämlich die Seele, sonst durch Sorgen abgelenkt und mit den Tätigkeiten dieses Lebens erfüllt, sich sammle zur Erinnerung und Meditation der Heiligung",[4] oder, was das-

---

1 Sebastian Schmidt (1617–1696), seit 1653 Professor der Theologie und Prediger sowie seit 1666 Kirchenpräsident in Straßburg: Der aus Lampertheim (Elsass) gebürtige Schmidt hatte in Straßburg, Marburg, Wittenberg, Königsberg und Basel studiert, wo er sich in den Jahren 1640–1643 von Johann (II.) Buxtorf (1599–1664) zum Orientalisten ausbilden ließ. Vor seinen Straßburger Ämtern hatte er Pfarrstellen in Enzheim, Ober- und Mittelhausbergen und Lindau am Bodensee versorgt. – Er war der wohl bedeutendste lutherische Bibelexeget des 17. Jahrhunderts und einer von Speners theologischen Lehrern.
2 Nur im Druck (Cons. 2, 1709, S. 35 f.) überlieferter und dort anonymisierter Brief; Übersetzung des Auszuges aus FB 1, Nr. 56, Z. 41–79; vgl. die weitere Diskussion in FB 1, Briefe Nr. 53 f., 58, 68, 71.
3 Ein von Gott (im Alten Testament) gegebenes Moralgebot, das über die Zeit des Alten Testamentes hinaus gültig ist. In der Kontroverse zwischen Spener und Schmidt spielt die Frage eine Rolle, ob Gebote des Alten Testamentes, die nicht ethisch allgemeingültig sind, ausschließlich religiöse (sog. zeremoniale) Gebote für das Volk Israel sind, oder ob und inwiefern sie auch allgemeinverbindliche moralische Teile enthalten.
4 *Martin Chemnitz:* Loci Theologici (postum zuerst 1591), De Lege Dei. De Tertio Praecepto (Bd. 2, Frankfurt a. M. 1599, S. 142); zu Beginn hatte Chemnitz (1522–1585) erklärt, dass das dritte Gebot teils ein Moral-, teils ein Zeremonialgebot sei (ebd., S. 135).

selbe ist, in der Ruhe der Seele, die besonders an diesem Tag für ihren Gott frei ist und um so mehr von jedem Werk ablässt, was diese Ruhe merklich stört: [Im Original auf Deutsch:] „Du solt von dein'm Thun lassen ab, daß GOtt sein Werck in dir hab".[5] Dass der Tag des Herrn also dieser Ruhe zu widmen ist, davon bin ich vollkommen überzeugt, und ich sehe nicht, auf welche Weise ein öffentlicher Gottesdienst von ein oder zwei Stunden dem Gebot Genüge leistet, und auch glaube ich nicht, dass dies Eure Meinung ist, auch wenn die Worte allein diese Bedeutung haben könnten.

Dieser Ruhe stehen die gewöhnlichen Werke des Berufes entgegen, besonders diejenigen, welche unseren Broterwerb oder zu erwerbenden Lebensunterhalt betreffen: und gerade das, was mehr Sorge verlangt und die Seele affiziert, widerspricht vor anderen der Sabbatruhe mehr. Die Werke der Frömmigkeit oder der Nächstenliebe stehen dem nicht entgegen, in welchen wir nicht das Unsrige suchen: und auch nicht die Werke der Notwendigkeit, welche entweder nicht merklich jene Sabbatruhe stören oder eine eigene oder eines Anderen schwere Gefahr abwenden.

Was das Beispiel des in die Grube gefallenen Schafes betrifft,[6] unterstreiche ich die Regel, die der selige Chemnitz daraus gezogen hat:[7] Werke der Wohltätigkeit, welche Menschen oder [Nutz-] Tieren gelten, sind am Sabbat nicht verboten, wenn dadurch das Predigtamt und der Sonntagsdienst (der ist aber nicht auf die

---

5 Aus dem Kirchenlied *Dies sind die heilgen zehn Gebot* von Martin Luther (1524) (WA 35, 426–428; vgl. EG 231, 4).

6 Mt 12,1–14, bes. 11 f.

7 *Martin Chemnitz* schreibt unter Berufung auf Mt 12,12 und Mk 3,4, dass Werke der Liebe (oder notwendige Werke), welche zugunsten (*in commodum*) oder zum Nutzen (*in utilitatem*) des Nächsten unternommen werden, am Feiertag (Sabbat) nicht verboten seien, wenn sie das Predigtamt (die öffentliche Predigt) nicht behinderten (*Chemnitz:* Loci Theologici [Anm. 4], Bd. 2, S. 140).

eine oder andere Morgenstunde in öffentlicher Versammlung begrenzt, ohne Rücksicht auf den öffentlichen nachmittäglichen Gottesdienst, wo es ihn gibt, oder besonders die private Heiligung und übrigen
5 Frömmigkeitsübungen [*exercitiis pietatis*]) nicht verhindert oder unterbrochen wird.

Wenn aber das Beispiel weiter ausgedehnt wird (ich kann nicht sagen, ob Ihr das wollt), sehe ich noch nicht, wie der Schluss überzeugen kann. Um so mehr, wenn
10 ergänzt wird, dass vor Gott, der auch den wilden Tieren oft Gutes hat tun wollen, das Leben des Nutztieres dem durch Waren erworbenen Gewinn vorzuziehen sei, und dass es eher erlaubt sei, jenes zu beschützen als Warengeschäfte zu tätigen.[8] Besonders aber, dass jenes Her-
15 ausziehen, wenn eher der Körper völlig erschöpft zu werden scheint, die wahre Sabbatruhe kaum merklich stört, welche nicht wenig gestört wird, sondern nur nicht durch zeitliche Sorgen und Kaufmannsgeschäfte aus dem Geist vertrieben wird, wie [Jesus] Sirach
20 mahnt, Cap. 26, 28; 27, 2.3,[9] und die tägliche Erfahrung zeigt. Im übrigen wird sie auf diese Weise auch selten ohne Sünden ausgeübt: Es gehört sich aber, dass die Gelegenheiten [zu diesen Tätigkeiten], so weit es geht, von diesem Tag fern bleiben. [...]

---

8 Schmidt hatte darauf hingewiesen, dass schon im Alten Testament die Sabbatruhe nicht als ein strenges Moralgebot gefordert wurde. Vielmehr sei es erlaubt gewesen, die Sabbatruhe auch mit köperlicher Arbeit, nämlich dem Herausziehen des Schafes aus der Grube, zu brechen.

9 Sir 26,28; 27,2 f.

B) Vorschläge zur Hebung der Christlichkeit

Die Frömmigkeitsübungen (*Exercitia pietatis*)

6. An Johann Ludwig Hartmann[1] in Rothenburg o. T., 9. November 1670[2]

Heil und Gnade von dem HEIL selbst und dem Urheber der Gnade!

Sehr zu verehrender, sehr bedeutender und sehr würdiger Mann; Herr, Unterstützer, Freund und in CHRISTUS JESUS zu verehrender Bruder!

Ich zweifle nicht, dass mein früherer Brief[3] Dich durch die Hände dessen[4] erreicht hat, durch den Du mir das Päckchen geschickt hattest. Aber wie ich damals aus Knappheit der Zeit zur Eile gezwungen war, kann ich auch jetzt nicht anders, als dass ich mich mit wenigem erkläre.

Bevor ich Deine Predigten[5] zu lesen begann, hatte ich mir von ihnen schon eine sehr gute Meinung gebildet

---

1   Johann Ludwig Hartmann (1640–1680), seit 1666 Superintendent in seiner Heimatstadt Rotenburg ob der Tauber: Hartmann hatte in Wittenberg studiert und wurde 1670 in Tübingen zum Dr. theol. promoviert. Er war davor (seit 1660) Pfarrer in Spielbach und seit 1661 Rektor des Gymnasiums in Rotenburg. – Briefe Speners an Hartmann sind für die Jahre 1675 bis 1678 im Original im Archiv der Franckeschen Stiftungen in Halle a. d. Saale erhalten. Ferner sind einzelne Briefe in zeitgenössischen Drucken erschienen (s. Anm. 2).
2   Nur im Druck (Fortgesetzte Sammlung von Alten und Neuen Theologischen Sachen, Leipzig 1742, S. 164–167) überlieferter Brief; Übersetzung des Auszugs aus FB 1, Nr. 83, Z. 29–51.
3   Nicht überliefert.
4   Nicht ermittelt.
5   Wohl das Manuskript von: I. N. J. Das wahre Christenthum / Nach der wahren Glaubens=Zier / Und Christlicher Lebens=Gebühr Auß den Sonn= und hohen Fest=Evangelien in einer Herz=Postill / Mit stetiger Application zu Bußfertiger Sünden=Bereuung / Hertzlicher Seelen=Erfreuuung Und Eyfferiger Lebens=Verneuung / Vorgestellet von Johanne Ludovico Hartmanno, Der H. Schrifft Doct. und bey den H. Reichs= Freyen Stadt Regensburg ob der Tauber Superintendente. Franckfurt / Bey Johann David Zunnern / im Jahr 1671. (2. Teil 1673).

auf Grund des Urteils, das ich mir aus anderen Schriften gebildet hatte, die ich als dein Werk gesehen hatte. In diesem Urteil aber bin ich weit stärker bestätigt worden, nachdem ich einige jener Predigten gelesen habe
5 ([...]) und erkannt habe, dass es lauter Predigten seien, die hervorragend dazu dienen können, ein [griech.] ungeheucheltes[6] Christentum nicht nur Eurer [Gemeinde], sondern auch anderen vorzustellen. Daher glaube ich um so mehr verpflichtet zu sein, mich mit al-
10 len meinen Kräften um ihre Veröffentlichung zu bemühen. Der himmlische Vater, dessen Gaben es sind, die wir an Dir verehren, und dessen Wort es ist, das Du predigst, wolle mit seinem Segen dieses Dir anvertraute Talent[7] mit noch mehr Ertrag vermehren zum Wachstum seiner
15 Ehre.

Im übrigen hat sich der bekannte Herr Faber,[8] ein sehr treuer Gelehrter [*Doctor*] an unserem Gymnasium und, wie ich gehört habe, Dir schon von früher her freundlich gesinnt, bereit gefunden, die Kosten für die
20 Verlegung des Werkes zu übernehmen. Er wünscht indes, über zwei Dinge mehr Sicherheit zu haben.

1. Was verlangst Du als Honorar für Dein Werk? 2. Wieviel Exemplare ungefähr glaubst Du werden zur Verbreitung unter Euren Bürgern dienen, wodurch er
25 einen Teil der Kosten schnell zurückzubekommen hofft, die er in den Druck investieren muss? Wenn er über diese zwei Dinge die nötige Klarheit hat, kommt er letztlich schneller zu einer Entscheidung. Ich bitte also, dass Du in Kürze zurückschreibst. Ohne ihn wäre ein Buch-
30 drucker nur mit viel mehr Schwierigkeiten zu finden, der auch die Verlagskosten übernehmen würde. Diese

---

6   Vgl. 1Tim 1,5.
7   Vgl. Mt 25,14–30 (Lk 19,12–27).
8   Albert Otto Faber (1612–1684), seit 1656 Gymnasiallehrer in Frankfurt a. M. und Verleger (*Benzing:* Verleger, S. 1128).

Menschen pflegen sich nämlich mühsamer zum Druck theologischer Werke bewegen zu lassen, die gewöhnlich nicht so viele Käufer finden wie andere Bücher.

Bevor ich schließe, füge ich noch dieses eine an, dass Du mir klar und nach der Regel unserer Freundschaft Deine Meinung erklärst über die folgende Frömmigkeitsübung [*pietatis exercitio*].[9] Vor einigen Monaten haben nämlich einige von meinen Predigthörern, von denen manche sich den akademischen Studien gewidmet haben, andere im übrigen ungelehrt, aber Freunde der Frömmigkeit [*pietas*] sind, damit begonnen, sich bei mir zu festgelegten Uhrzeiten (zweimal in der Woche)[10] zu versammeln, wo wir, nachdem einige Seiten aus einem Erbauungsbuch [*ex libro pio*][11] gelesen worden sind und von mir der Gegenstand des gelesenen Abschnitts kurz wiederholt wurde, uns darüber untereinander austauschen, wie es sonst unter Freunden über einen vorgeschlagenen Gegenstand zu geschehen pflegt.

Übrigens ist unsere Absicht nicht Gelehrsamkeit oder das Aufrollen von [theologischen] Kontroversen, sondern die gegenseitige Erbauung in denjenigen Teilen unseres Christentums, die auch den einfacheren Gemütern bekannt sein müssten. Es haben sich allmählich auch jene, die kein Theologiestudium genossen haben, daran gewöhnt, über theologische Fragen zu reden, wovon ich mir auch dieses als Frucht erhoffe, dass [in Zukunft] in anderen Zusammenkünften[12] nicht

---

9 Nach den erhaltenen Quellen berichtet Spener hier (neben dem nicht genau datierbaren Brief Nr. 7) zum ersten Mal über die Frankfurter *Exercitia pietatis*, die Anfang August (vgl. Brief Nr. 9 Anm. 9) begonnen hatten; vgl. die ausführliche Schilderung in Brief Nr. 7 und 9.

10 Die Frankfurter *Exercitia* fanden (seit spätestens November 1675: FB 2, Nr. 53, Z. 99 f.) jeweils sonntags und mittwochs nach der nachmittäglichen Betstunde statt; seit 1676 montags und mittwochs (s. Brief Nr. 7, bei Anm. 16 und Brief Nr. 9, bei Anm. 28).

11 Zu den gemeinsam gelesenen Schriften s. Brief Nr. 10, bei Anm. 8 und 10.

12 Vgl. Brief Nr. 7, S. 48, Z. 14 – S. 49, Z. 13.

nur, wie es gewöhnlich ist, über weltliche Dinge gesprochen werde, sondern auch darüber, was die Frömmigkeit und die Fortschritte im Christentum betrifft, und dass das Wort Gottes mehr und mehr [griech.] reichli-
5 cher unter uns wohne.[13]

Die öffentlichen Gottesdienste und kirchlichen Versammlungen leiden durch unsere Übung keinen Abbruch, sondern werden gefördert. Es sind auch einige meiner Kollegen dabei. Wenn ich dem Wunsch der sehr
10 guten Männer, die zuerst diese Übung angestrebt haben,[14] nicht nachgekommen wäre, wären sie auch ohne mich zusammengekommen: was ich nicht wollte, damit nicht der Eindruck entstünde, dass durch solcher Art[15] Zusammenkünfte, die ohne Aufsicht des ordentlichen
15 Predigtamtes eingerichtet wurden, [griech.] eine Spaltung [in der Gemeinde] entstünde. Unser Zweck ist sicher sehr gut, und ich kann bisher die Sache nicht anders als nützlich für die Erbauung erkennen. Trotzdem fehlt es nicht an Stimmen, die darin etwas, ich weiß

---

13 Kol 3,16. Vgl. den mit dieser Bibelstelle begründeten ersten Reformvorschlag in den *Pia Desideria* 1676, S. 94–104, hier S. 101 (PD 53,31–58,10, hier 56,33–36), worunter 1) die Privatlektüre, 2) die durchgehende Lesung (*lectio continua*) einzelner Bibelbücher und 3) die Einrichtung von Gemeindeversammlungen nach 1Kor 14, die sog. *Collegia pietatis*, fallen.

14 Zu den ersten Anregern der Frankfurter *Exercitia* gehörten Speners Freund, der Jurist Johann Jacob Schütz (s. Brief Nr. 13 Anm. 6), der Theologiestudent Johannes Anton Dief(f)enbach (1642–1671), der Scholarch Konrad Stein (1604–1670) und ein Sohn des Scholarchen Achilles Uffenbach (1611–1677) (s. Brief Nr. 9 Anm. 9 und 11), vermutlich Schütz' Studienfreund Zacharias Conrad Uffenbach (1639–1691) (vgl. *Deppermann:* Schütz, S. 83). Die beiden Erstgenannten sind wahrscheinlich „die beyde/ ein gottseliger *Studiosus Theologiae*, und ein *Jurist*, so die allererste anlaß gegeben" (*Philipp Jacob Spener:* Völlige Abfertigung Herrn D. Augusti Pfeiffers [...] geführter falscher und ungerechter Beschuldigungen, Frankfurt a. M. 1697, S. 111); vgl. *Wallmann:* Spener, S. 271–275, und *Deppermann:* Schütz, S. 81–83.

15 Das Problem lag darin, dass regelmäßige, durch Ort und Zeit definierte Versammlungen von Personen, die nicht einer Hausgemeinschaft angehörten, als eine neben der öffentlichen Religionsausübung staatsrechtlich verbotene, sog. private Religionsausübung angesehen werden konnten oder mussten (vgl. Brief Nr. 9, S. 62, Z. 6 – S. 63, Z. 8).

nicht was, Unrechtes sehen.[16] Ich bitte Dich, Bruder, dass Du den Bruder nicht unwürdig achtest, ihm das zu eröffnen, was Du davon findest.

Leb wohl in Jesus und seiner Gnade.

Geschrieben in Frankfurt am Main, 9. November 1670 in Eile.

5

---

16   Vgl. Brief Nr. 7, S. 48, Z. 5–8 u. S. 55, Z. 16–18.

7. An [Balthasar Bebel[1] in Straßburg], [Herbst 1670][2]

[...] In Deinem letzten Brief kam jenes Zeugnis eines freundschaftlichen Vertrauens hinzu, dass Du mich
5 über die Unruhe [*rumore*] unterrichtet hast, die die fromme Übung, die bei uns seit einiger Zeit gehalten zu werden pflegt, in Eurer Stadt mit, ich weiß nicht was für, Verdächtigungen belastet. Du bittest auch, dass ich Dir zur Kenntnis gebe, was der Sinn [*ratio*] und die Art
10 [*modus*] dieser Übung sei, damit Du daraufhin andere beruhigen kannst, wenn darüber gesprochen wird, nachdem Du von mir erfahren hast, was wir tun und beabsichtigen. Vernimm also dieses:

Seit einigen Monaten haben sich einige, die mit mir
15 vertrauter umzugehen pflegen, sich unter anderem über dieses Indiz einer allgemein erkalteten Frömmigkeit beschwert, dass in allen Zusammenkünften, wo allein die Rede über weltliche Dinge geführt wird, kaum jemand je darüber nachdenkt, auch der Dinge, die die
20 Erbauung des Christentums anbelangen, Erwähnung zu tun; oder, fügten sie hinzu, wenn es geschieht, würde das von Einem begonnene Gespräch alsbald mit verschiedenen Argumenten von denjenigen abgebrochen, denen solches weder zu hören noch darüber zu spre-

---

1   Balthasar Bebel (1632–1686), seit 1666 Theologieprofessor in Straßburg: Bebel hatte in seiner Heimatstadt Straßburg, ferner in Leipzig und Wittenberg studiert. Er war seit 1661 Inspektor am *Collegium Wilhelmitanum* in Straßburg und außerordentlicher Professor der Kirchengeschichte in Straßburg, dann seit 1666 Professor der Theologie als Nachfolger von Johann Conrad Dannhauer (1603–1666); zuletzt für drei Monate bis zu seinem Tod Professor und Generalsuperintendent in Wittenberg als Nachfolger Abraham Calovs (1612–1686). – Bebel war ein Studienfreund Speners und als Professor in Straßburg zugleich Repräsentant der Universität, der Spener durch seinen Doktoreid verpflichtet war.

2   Nur im Druck (Cons. 3, 1709, 334–337) überlieferter und dort anonymisierter Brief; Übersetzung des Auszugs aus FB 1, Nr. 84, Z. 4–101. 124–143. Spener antwortet auf einen nicht überlieferten Brief Balthasar Bebels.

chen ein Verlangen ist. Ich habe diese schlechte Sitte
weder leugnen noch entschuldigen können, sondern gewünscht, wenn es auf irgendeine Art geschehen könne,
dass vor allem auch Gespräche über heilige Dinge geführt würden und gewiss häufiger als über alle jene an- 5
deren Dinge. Sie wünschten aber, dass jedenfalls diejenigen, denen solches am Herzen liege, die Gelegenheit
bekämen, manchmal zusammenzukommen und sich
mit frommen Gesprächen einander zu erbauen, solange
uns die Situation unserer Zeit und der Zustand der 10
christlichen Sache, wie sie nun sei, kaum Hoffnung gä-
ben, dass dieses gemeinsam in gewöhnlichen Versammlungen [*vulgaribus congressibus*] geschehen könne.
Ich habe den Vorsatz gelobt,[3] da er an sich fromm ist
und von mir nicht missbilligt werden konnte, ohne den 15
frommen Seelen einen Anstoss zu geben; aber weil ich
voraussah, dass sich leicht ein Anlass für Verdächtigungen ergeben würde, wenn solche, auch wenn es nur
wenige wären, häufiger zusammenkämen, als würden
in dieser Art Versammlungen Dinge behandelt, die sich 20
nicht gehörten,[4] weil sie vor den Augen des Prediger-

---

3   Vgl. Speners scharfe Bußpredigten gegen einen nur äußerlich christlichen
     Lebenswandel vom 18. Juli 1669 über Mt 5,20, und vom 1. August 1669
     über Mt 7,15 (*Philipp Jacob Spener:* Von der Phariseer ungültigen / und
     frommer Kinder GOttes Wahren Gerechtigkeit / Zwo Predigten […],
     Frankfurt a. M. 1672; abgedruckt in: *Ders.:* Erste Geistlichen Schrifften /
     Die vor dem in kleinem Format eintzeln heraus gegeben worden / und nun
     zusammen gedruckt vor Augen gelegt werden […], Frankfurt a. M. 1699
     [Reprint 2002], S. 103–192, hier S. 103–146) und für eine erbauliche Sonn-
     tagsheiligung im Exordium der Predigt vom 3. Oktober 1669 über Lk 14,
     1–11 (Erbauliche Evangelisch= und Apostolische Sontags=Andachten.
     Frankfurt a. M. 1716, I, S. 635–638, hier S. 638); vgl. *Philipp Jacob Spe-
     ner:* Sendschreiben 1677, S. 13, und *Wallmann:* Spener, S. 280.
4   Einen konkreten Anlass zu solchen Verdächtigungen hätte die Teilnahme
     von Johannes Anton Dief(f)enbach (1642–1671) (s. Brief Nr. 6 Anm. 14)
     bieten können, der Spener bald nach seinem Amtsantritt wegen einer Pre-
     digt und des Besitzes verdächtiger Bücher angezeigt worden war (vgl. Bed.
     3, S. 339–344, hier S. 340 = FB 4, Nr. 133; S. 538, Z. 15–30, und *Wallmann:*
     Spener, S. 241. 272); zu Dieffenbach s. *Deppermann:* Schütz, S. 82 f.

ministeriums verborgen würden, habe ich mich selbst
dazu bereit erklärt, dass sie unter meiner oder eines be-
reitwilligen Kollegen Aufsicht zweimal in der Woche in
meinem Haus zusammenkommen, wo wir unter uns
5 vertrauensvolle Gespräche über Dinge führen können,
die die gegenseitige Erbauung betreffen.

Diese haben die Bedingung akzeptiert, und so wurde
ein Anfang dieser Übung gemacht, worin wir nichts anderes suchen, als dass wir uns durch fromme Unterhal-
10 tungen gegenseitig bilden und zum Eifer der Frömmigkeit, zur Liebe Gottes und dem daraus fortkommenden
Gehorsam[5] brüderlich anstacheln.

Ich lese aus einem Erbauungsbuch [*libro practico*][6]
ein Kapitel oder ein Teil eines Kapitels vor, wiederhole
15 mit wenigen Worten die Sache [*argumentum*] und gebe
Hinweise, worüber besonders wir uns fruchtbar unterhalten könnten; darauf bemerkt jeder, was ihm bei der
Lektüre eingefallen ist, was ihm in diesem oder jenem
Teil des Christentums uns nützlich zu sein dünkt.
20 Manchmal werden Fragen gestellt, auf die geantwortet
wird; Zweifelsfragen wird Genüge getan, jedoch nach
keiner bestimmten Reihenfolge der Redenden oder der
Gegenstände. Wem etwas einfällt, wovon er meint, dass
es zur gegenwärtigen Fragestellung beiträgt, wirft es
25 ein; derjenige, der lieber anderen zuhört, schweigt,
wenn ihn niemand nach seiner Meinung fragt. Weil das
Gespräch auf Grund der vorgelesenen Materie über irgendeine Sache begonnen wird, so führen wir es zuerst
in dem Sinne fort, dass es zur Beförderung unserer In-
30 tention etwas beiträgt; danach ist es jedem freigestellt,
zu anderen Dingen überzugehen, geradewegs wie in anderen vertrauten Gesprächen, wo Freunde, die nach

---

5   Gemeint ist der *Neue Gehorsam,* die gewissenhafte Erfüllung der christli-
    chen Gebote durch einen gerechtfertigten (erlösten) Christen.
6   S. Brief Nr. 10, bei Anm. 8 und 10.

Gefallen zusammenkommen, ohne Regel zuerst über jenes sprechen, was sie vorzubringen begonnen haben, und dann anfangen, über anderes zu sprechen.

Anzahlmäßig nehmen aber nicht sehr viele daran teil, immerhin nicht nur Männer eines Standes und sowohl gelehrte als auch ungelehrte Männer. Ich bekenne frei heraus, dass ich mich, wenn wir manchmal miteinander reden, auch gelegentlich durch die Worte jener erbaut fühle, die einfältiger [*simpliciores*] zu sein scheinen: wie ich davon überzeugt bin, dass es anderen ebenso geht.

Diesem schlichten Bericht wirst Du zweifellos entnehmen, dass von uns nichts unternommen wird, was gerechten Anlass für die Unruhe oder die Verdächtigungen geben konnte. Der Apostel befiehlt in Kolosser 3, dass das göttliche Wort [griech.] reichlich unter uns wohne,[7] ebenso Hebr. 3,13; 10,24.25; 1. Thess. 4,18; 5,14; Röm. 15,14; Eph. 5,19,[8] gewiss nicht nur in öffentlichen Kirchenversammlungen, wo es von einem gepredigt, von den übrigen gehört wird, sondern auch privat in dieser Art Zusammenkünfte, wo eher die Gelegenheit zu fragen und Meinungen zu vergleichen gegeben ist; daher können jene Worte von Paulus, [griech.] „belehrt und versteht einander"[9] nicht darauf beschränkt werden, dass sie allein von der öffentlichen Predigt verstanden werden müssen, sondern man muss es als erlaubt zugestehen, sich gegenseitig zu belehren und zu ermahnen; und es fehlen nicht andere heilige Ermahnungen, die uns eher zur gegenseitigen Erbauung anstacheln als sie uns zu verbieten.

---

7 Vgl. den Hinweis auf diese Bibelstelle auch in der in Anm. 3 genannten Predigt vom 3. Oktober 1669.
8 Kol 3,16; Hebr 3,13; 10,24 f.; 1 Thess 4,18; 5,14; Röm 15,14; Eph 5,19. – Vgl. dieselbe Aufzählung in Brief Nr. 8 bei Anm. 12.
9 Kol 3,16; zur Bedeutung dieses Bibelwortes s. Brief Nr. 6 Anm. 13.

Auch das [allgemeine] priesterliche Amt,[10] zu dem
alle von Christus erlöst sind und das unser seliger Luther[11] so oft einschärft, erfordert dies, dass derjenige,
der sich ein Christ nennen lassen will, fleißig sei in der
5 Meditation des Gesetzes des Herrn und dadurch in der
Stärkung seines Glaubens. Das aber ist zu wenig, dass
er nur für sich selbst Fortschritte macht, wenn er sich
nicht auch darum bemüht, seinen Nächsten wie sich
selbst zu verbessern und zu belehren, was durch ein Re-
10 den miteinander geschieht.

Ferner, wenn nicht missbilligt werden kann, sondern
gelobt wird, wenn Freunde aus anderem Grund zusammenkommen und dabei auch fromme Gespräche ein-
fließen lassen, die zur gegenseitigen Erbauung führen,
15 verdient dieselbe Einrichtung nicht eher abgelehnt zu
werden, wenn [solche Freunde] nur aus diesem Grund
und zu bestimmten Uhrzeiten sich versammeln. Zugleich sehen wir, dass Freunde manchmal zu dem
Zweck zusammenkommen, um sich über Angelegenhei-
20 ten ihres Berufes, über Studien, über Geschäfte, über
Neuigkeiten, die von irgendwoher herangetragen werden, zu unterhalten, sich durch Singen oder Schlagen
der Saiten zu erfreuen oder auf eine andere Weise die
Zeit zu vertreiben, und dass niemand diese Einrichtung
25 tadelt, solange nichts begangen oder gesagt wird, was
eines Tadels wert ist. Dann sollten die Geheimnisse unseres Glaubens und die Fundamente des Christentums

---

10 Vgl. die Begründung der gegenseitigen Erbauung mit dem Geistlichen
Priestertum auch in der in Anm. 3 genannten Predigt vom 3. Oktober
1669.

11 In den *Pia Desideria* 1676, S. 105 (PD 58,24–34) beruft sich Spener hier-
für auf: *Martin Luther:* De instituendis ministris Ecclesiae ad [...] Se-
natum Pragensem Bohemiae [Über die einzusetzenden Diener der Kirche
an den (...) Prager Senat in Böhmen] von 1523 (WA 12, S. 169–196, hier
S. 178,9–179,37 = Altenburger Ausgabe 2, 1661, S. 494–514, hier S. 501 f.);
vgl. *Martin Luther:* An den christlichen Adel Deutscher Nation, 1520
(WA 6, S. 407,13–408, 12).

nicht als ein geringerer Gegenstand gelten, als wäre es nicht erlaubt, sich allein darüber mit gegebener Sorgfalt zu unterhalten.

Ich erinnere mich, dass unser seliger Lehrer D[oktor] Dannhauer[12] zu wünschen pflegte, dass manche Disputationen in der Volkssprache gehalten werden sollten, damit auch von den Ungelehrten einige, denen der Sinn danach ist, dabei seien und davon profitieren und eine gewisse Kompetenz [*habitus*] erwerben könnten.[13] Unsere Übung weicht davon kaum ab, in der diejenigen sich allmählich unter wenigen an das Reden über Frömmigkeit gewöhnen und daraufhin sicherer auch anderswo solche vortragen können, die sonst eher ängstlich sind, da sie daran ja nicht gewöhnt sind; der einzige Unterschied besteht darin, dass wir nicht so sehr eine Erfahrung in Kontroversfragen als die Früchte einer schon früher erworbenen Kenntnis suchen.

---

12 Johann Conrad Dannhauer (1603–1666), Speners und Bebels gemeinsamer akademischer Lehrer in Straßburg. Der aus Köndrigen im Breisgau stammende Dannhauer war seit 1629 Professor für Rhetorik, seit 1633 Professor für Theologie und 1658 zugleich Straßburger Kirchenpräsident. Dannhauer war ein philosophisch und theologisch fruchtbarer, in mancherlei Hinsicht innovativer Gelehrter und Kirchenmann. – Die von *Wallmann:* Spener, S. 107 f. weitergetragene Nachricht, Spener habe Dannhauers dogmatisches Lehrbuch, die *Hodosophia Christiana* (1649; [2]1666; [3]1695; [4]1713), beinahe auswendig gekannt, beruht wohl auf einem Missverständnis des in diesem Zusammenhang in den Quellen gebrauchten Begriffs der *oeconomia* (vgl. Anm. 13).
13 Vgl. die Behandlung der Frage in: *Johann Conrad Dannhauer:* Liber Conscientiae Apertus, Sive Theologiae Conscientiariae Tomus Prior. [...] Editio Secunda. Aucta hinc inde pluribus Novis Casibus & Annotatis variis, quae B. Autor in suo exemplari ipsemet propria manu adscripserat. Praemissa quoque est Oeconomia, sive compendiosa totius operis dispositio, in quâ, quicquid thesaurorum hîc reconditum est, synoptice exhibetur [Geöffnetes Buch des Gewissens oder der erste Band der theologischen Gewissensfragen. (...) Zweite Ausgabe. Hier und da vermehrt um viele neue Fälle und verschiedene Bemerkungen, die der Selige Autor selbst mit eigener Hand in sein Exemplar geschrieben hat. Vorausgeschickt ist auch eine Ökonomie oder zusammengefasste Disposition, in der übersichtlich dargelegt wird, was an Schätzen hier verborgen ist], Straßburg 1679, S. 943 f. (1662, S. 944).

Ich höre zwar, dass uns auch dies von Dir vorgewor-
fen wird, dass wir forderten, die [theologischen] Streitfragen zu verbannen. Nichtsdestoweniger nehmen wir
nicht so davon Abstand, dass nicht einmal der einen
5 oder anderen Erwähnung geschieht, aber wir verweilen
nicht dabei, noch betreiben wir sie bis in die akademischen Feinheiten hinein, damit zufrieden, das gesagt zu
haben, was einem, der nicht mit einem Gegner zusam-
mentrifft, zur Beruhigung seines Gewissens genügt. In-
10 des leugne ich nicht, dass unser erstes Ziel gerade dahin
tendiert: dass nämlich die, die zusammenzukommen
pflegen, wissen, wieviel für das Heil nötig ist: und täglich können sie in dieser Sache von den öffentlichen
Predigten und der privaten Lektüre profitieren. Aber
15 keinem ist es verboten, unter dem, was alles zur Frömmigkeit beiträgt, einen Teil zu wählen, der auf eine bestimmte Weise zu behandeln ist. Wenn aber in der einen
Übung über etwas zu sprechen unterlassen wird, dann
muss man nicht glauben, dass es verschmäht werde.
20 Im übrigen entziehen diese privaten Zusammenkünfte nichts den öffentlichen Versammlungen, die
dem Hören des Göttlichen Wortes und der Bedienung
der übrigen heiligen Handlungen gewidmet sind: vielmehr besuchen [die Teilnehmer] diese eher sorgfältiger
25 und bemühen sich, von jenen weiter zu profitieren, die
keine Gelegenheit freiwillig verstreichen lassen, immer
das zu tun, was für sie das einig[14] Notwenige[15] ist. Die
Stunden, die den Erbauungsversammlungen gewidmet

---

14 Einzig (DWB 3, Sp. 206–210, hier Sp. 207).
15 Lk 10,42. Spener nennt hier zum ersten Mal im Zusammenhang mit seinen Reformgedanken diese ihm wichtige Bibelstelle; Anlass war vermutlich die von Spener gegenüber Gottlieb Spizel zustimmend beurteilte
   Schrift von *Johann Amos Comenius:* Unum necessarium, scire quid sibi
   sit necessarium in vita & morte, & post mortem [Das einzig Notwendige,
   das zu wissen einem notwendig ist im Leben, im Tod und nach dem Tod],
   Amsterdam 1668 (s. FB 1, Nr. 89, Z. 135–149).

sind, liegen nach dem Ende aller öffentlichen Gottesdienste.[16] [...][17]

Andere, die mir sehr gut wollen, fürchten den Neid
meiner Kollegen. Aber diese Freunde werden auch bekennen, dass diese Gefahr nicht gegeben ist, weil alles   5
bislang ohne Widerspruch der Herren Kollegen geschehen ist. Einige von ihnen sind manchmal gerne bei jenen Versammlungen anwesend, andere, denen die Geschäfte das nicht erlauben, loben es, niemand hat es jemals auch nur mit einem Wort missbilligt. So haben   10
auch die Vornehmsten der Stadt bislang die Einrichtung nicht verworfen, so dass manchmal auch Söhne
(und unter ihnen mit dem Doktorat ausgezeichnete)
und Familienangehörige der Schöffen und Scholarchen[18] (die die Abgesandten des Magistrats in Kirchen-   15
fragen sind) dabeizusein pflegen.[19] Ich will aber nicht
verschweigen, gehört zu haben, dass einem einzigen
Mann die Sache äußerst missfallen hat.[20]

Dass Du für meine Gesundheit fürchtest, dass ich
mich durch neue Arbeit verzehre, rechne ich Deiner   20
Liebe mir gegenüber an; aber fürchte Dich nicht: denn
es entsteht keine neue Arbeit daraus, es sei denn, dass
Du es auch für mühsam hältst, sich mit Freunden ver-
traut und ohne Vorbereitung zu unterhalten.

Aus diesem allen, glaube ich, verstehst Du, was der   25
Sinn dieser Übung ist, und wenn es gefällt und Du es
der Mühe wert achtest, könntest Du sie auch anderen

---

16 Zu den Zeiten s. Brief Nr. 6 Anm. 10 und Brief Nr. 9 Anm. 28.
17 In der Auslassung geht es um Verdächtigungen, Spener verfolge einen
    ähnlichen Separatismus wie Jean de Labadie (1610–1674).
18 Scholarchen waren in Frankfurt vier Abgesandte des Magistrats, die in
    seinem Auftrag die Aufsicht über das Kirchen- und Schulwesen ausübten
    (*Richard Grabau:* Das evangelisch-lutherische Predigerministerium der
    Stadt Frankfurt a. M., Frankfurt a. M. und Leizig 1913, S. 1).
19 S. Brief Nr. 6 Anm. 14.
20 Da Spener diesen Mann offenbar selbst nicht kannte (s. Brief Nr. 9 bei
    Anm. 13), wird man seine Identität kaum feststellen können.

gegenüber billigen, die davon durch das Gerücht ge-
täuscht sind und eine andere Meinung gefaßt haben.
Und ich glaube nicht, dass irgendein Frommer, der nur
weiss, was wir tun, die Sache missbilligen werde: wenn
5 aber jemand hinsichtlich der Methode [*modum*] etwas
anzumerken haben wird, was er verbessern würde,
werde ich dem Mahnenden gerne weichen und werde
der Schuldner dessen sein, von dessen Belehrung wir
profitieren: da wir ja einzig suchen, dass diese Übung
der Erbauung diene. So leb wohl im HERRN.

8. An Gottlieb Spizel[1] in Augsburg, 10. Januar 1671[2]

[...] (2) Wir alle erfahren zweifellos, jeder an seinem Platz, dass zu wenig Pastoren den Gemeinden der Gläubigen zugeteilt sind, als dass wir unter so vielen Leuten leisten könnten, was zur Erbauung notwendig wäre, wenn wir daran denken, was wir den Hörern schuldig sind: nämlich dass wir das Wort Gottes nicht nur öffentlich von der Kanzel her predigen, sondern jenes auch privat jedem Lebensalter nahebringen, sie ermahnen, zurechweisen, trösten[3] und allgemein beobachten, welche Früchte der Erkenntnis und des Lebens das gehörte Wort bei ihnen trägt. Ich frage, wo genügen Männer, soviel wir an den meisten Orten sind, all diesen, den Einzelnen zu erweisenden Aufgaben? Aber dennoch muss es geschehen.

Weil keine Hoffnung besteht, dass so viele Diener der Kirchen durch öffentliche Gelder [*stipendiis publicis*] hinzukommen, kann diesem Mangel also nur so abgeholfen werden, dass einige von den Zuhörern, jedenfalls ein grosser Teil von ihnen, das tut, was ein jeder seinem Nächsten kraft seines Priestertums zu tun schuldig ist.

Weil aber dies für uns mit einer enormen Arbeitserleicherung einhergeht oder besser: weil das, dem wir nicht genügen, auf diese Weise sogleich auf andere Schultern abgewälzt wird, so wird das dies (3) zur Folge haben: Wenn es mehrere sind, die privat das tun, was wir öffentlich tun, wird unser Eifer mehr und mehr durch das Beispiel jener wachsen, und denjenigen wird es zugleich zur Kräftigung gereichen, die in Teilen ihres Amtes hinter den Anforderungen zurückbleiben; und

---

1   Zu Gottlieb Spizel s. Brief Nr. 1 Anm. 1.
2   Im Original überlieferter Brief; Übersetzung des Auszuges aus FB 1, Nr. 89, Z. 88–134. 181–200.
3   Vgl. 2Tim 3,16.

wiederum werden diejenigen unsere [griech.] Werkwei-
ser werden, die wir selbst eher aufzumuntern hätten.
Sofern noch Schamgefühl da ist, wird es den Pastor be-
schämen, dass er in dem Durchforsten der Heiligen
5 Schriften, in der Einrichtung von Frömmigkeitsübungen [*exercitia pietatis*] oder in dem Zurechtweisen der
Sitten anderer träger als jene erfunden wird, über welche er in diesem allem die Aufsicht führen müsste.

Gewiss wird auf diese Weise die Wiederbelebung die-
10 ses bei uns fast der Vergessenheit anheimgeratenen
Priestertums zu den wirksamsten Mitteln zur Korrek-
tur der Mängel gehören, die wir in unserem Berufs-
stand [*ordo*] entdecken. Besonders, wenn die Unsrigen
ihrer Vollmacht [*potestas*] gemäß uns zu dem Amt er-
15 mahnen, worin wir zu fehlen scheinen, die zwar wie
Schafe unserer Sorge als Hirten untergeben sind, aber
gewiss wie Brüder das Recht zu ermahnen haben. Dass
ich davon schweige, welcher göttliche Segen für die übrigen zu heilenden Bösen zu erhoffen sei, wenn mehrere
20 mit solchem Eifer begännen, sich dieser Sorge zu widmen, die unser aller erste Sorge sein müsste, und wenn
die Ämter des Christen nicht mehr länger zu den Ne-
bensachen gezählt würden.

Und ich frage, was hat in der ersten Kirche anders
25 eine so grosse Reinheit erhalten, als dass niemand es als
fremd empfand, seinen Bruder zu lieben, und daher
auch zu seiner Erbauung beitrug, so viel er vermochte.
Dieser sehr brennende Eifer ist ein gewisses Zeugnis gewesen eines inneren, aus göttlicher Liebe brennenden
30 Feuers, und dieses konnte sich wiederum nicht zurück-
halten, dass es nicht mit allem Eifer andere neben sich
ansteckte. Was hat aber nachher die christliche Sache,
besonders unter den römischen Schatten, so zuge-
schüttet, als dass jene Auffassung den Menschen einge-
35 prägt wurde: dass allein denjenigen, die mit einem un-
rechtem Monopol[4] den Namen von Klerikern und Geist-

lichen [*spirituales*] an sich gerissen haben, jede Sorge um geistliche Dinge, jedenfalls was den Nächsten anbelangt, anvertraut sei? Dass das Bemühen eines Laien um das Heil eines anderen in verschiedenen aufgetragenen Pflichten als [griech.] Eingriff in eines anderen Aufsicht[5] oder als [griech.] Geschäftigkeit[6] erschien? Denn so ist es gekommen, dass die Seelen, die von Christus edleren und heiligeren Aufgaben geweiht sind, allein Zeit für weltliche Sorgen haben und von jenem, was sie allein beschäftigt, auch Schaden auf sich ziehen: wiederum dass diejenigen, die alles an sich gerissen haben, kaum ihrer einzigen Pflicht Genüge getan haben, weshalb das wahre Priestertum sogar völlig vom christlichen Erdkreis verschwunden war, bis endlich Gott durch seinen Knecht[7] in der Reformation des vorigen Jahrhunderts jenes wiederhergestellt hat. Oh, wenn wir doch mit mehr Sorge den wiederhergestellten [griech.] Schmuck[8] erhalten und bewahrt hätten!

[...] Bevor ich diesen ziemlich langen Brief schließe, will ich noch eines anschließen, worüber ich Dein Urteil erbitte, nämlich über eine Frömmigkeitsübung [*pietatis exercitio*],[9] welche einige mit mir in meinem Haus zu halten pflegen. Was der Sinn und die Art dieser Einrichtung ist, erklärt das beigelegte Blatt,[10] das Du behalten kannst, weil ich es durch die Hand eines *Amanuensis*[11]

---

4   Vgl. *Pia Desideria* 1676, S. 106–109 (PD 58,35–60,29).
5   1Petr 4,15.
6   Seit der Antike negativ besetzt als blinder, sich in Fremdes einmischender Aktionismus (vgl. *Thukydides:* Historiae 6,87,3).
7   *Martin Luther* (1483–1546) und seine Lehre vom Allgemeinen Priestertum aller Gläubigen (vgl. *Harald Goertz:* Allgemeines Priestertum und ordiniertes Amt bei Luther, Marburg 1997 [Marburger Theologische Studien, Bd. 46]).
8   Vgl. Jes 61,10 (priesterlicher Schmuck).
9   Die Frankfurter *Exercitia Pietatis* (s. Brief Nr. 6 Anm. 9).
10 In der Spizelschen Briefsammlung in Augsburg liegt eine Kopie des Auszuges aus dem Brief an [Balthasar Bebel] (s. Brief Nr. 7).
11 Jemand (Student, Pfarramtskandidat), der einem Gelehrten bei Schreibarbeiten o. ä. zur Hand geht.

habe abschreiben lassen, damit ich es nicht zweimal schreiben musste. Ich hoffe aber, dass die Sache dieser Übung selbst keinem Frommen missfallen kann und dass sie in jenen Bibelstellen ihre Berechtigung findet:
5 Kol. 3,16; Hebr. 3,13; 10,24.25; 1. Thess. 4,18; 5,14; Röm. 15,14; Eph. 5,19 etc.[12]

Immerhin, warum sollte das missbilligt werden, was in allen christlichen Zusammenkünften geschehen müsste, nur weil es geplant zu festgesetzter Zeit und an festge-
10 setztem Ort stattfindet? Wenn aber Freunde etwas an dieser Art zu bedenken geben, was verändert werden könnte, werde ich gerne dazu bereit sein und mich ihnen verpflichtet wissen. Vielleicht ist dies auch eines von den Mitteln, wodurch einige zu einer gewissenhafteren Erfül-
15 lung ihres Priestertums angetrieben werden können. Du wirst darüber nachdenken und den Dich darum ersuche-nen Freund zu bedenken geben, was Du davon findest.

Leb wohl im HERRN JESUS, der bestimmen möge, dass auch dieses Jahr und viele weitere, die nach seinem
20 Willen auf einander folgen sollen, Dir auf dass glück-lichste gelingen und einzelne Tage mit neuen Segnun-gen und neuen Verdiensten für sein Reich geschmückt werden!

Geschrieben Frankfurt am Main, 4. Iden des Januars
25 1671.

Deiner sehr zu verehrenden Größe zu Gebet und Ge-horsam ergebenster

Philipp Jacob Spener, D.

Mit eigener Hand. […]

---

12 Kol 3,16; Hebr 3,13; 10,24 f.; 1Thess 4,18; 5,14; Röm 15,14; Eph 5,19. –
    Auffälligerweise fehlt hier die Begründung mit 1Kor 14, wie sie in den *Pia
    Desideria* (vom Frühjahr 1675) 1676, S. 97–104 (PD 55, 13–58,10) zum er-
    sten Mal erscheint. Vgl. Brief Nr. 6 Anm. 19 und Brief Nr. 7 Anm. 7 f.

9. An [Balthasar Bebel[1] in Straßburg], 20. Januar 1671[2]

[...] Im übrigen gehe ich sogleich dazu über, was Du selbst in Deinem Brief das erste sein lassen wolltest, weil Du nämlich mit freundschaflicher Freiheit Dein 5 Urteil über die Übung dargelegt hast, die in meinem Haus regelmäßig gehalten wird.[3] Für diesen Dienst sage ich Dir sehr viel Dank, nämlich um so mehr Dank, mit um so größerer Offenheit Du geschrieben hast, wie es sich unter Freunden geziemt, besonders bei einem hei- 10 ligen Gegenstand. Eben das, dass Du Offenheit liebst, hat in mir das Vertrauen vermehrt, und Du wirst es nicht unwillig tragen, dass ich mit gleicher Freiheit das Recht unserer Freundschaft gebrauche und Dir ein we- nig ausführlicher über jene Einrichtung berichte. 15

[1.] Die Bezeichnung eines Kollegiums [*collegium*], wie jenes manchmal verstanden zu werden pflegt, ha- ben wir unseren Zusammenkünften nicht beigegeben, und wir glauben nicht, dass sie ihnen hinreichend zu- komme; es ist nicht nach unserem Willen geschehen, 20 dass einige hier sich dieser Bezeichnung bedienen, von denen, wie ich annehme, diese Bezeichnung Euch auch zugetragen wurde. Es gibt bei uns keine feste Zahl der Personen, keine festen Statuten, oder was sonst einem Kollegium eigen ist. Zugleich ist nichts anderes festge- 25 legt als gewisse Uhrzeiten[4] und eine Methode,[5] wenn überhaupt der feste Ablauf so genannt werden kann,

---

1   Zu Balthasar Bebel s. Brief Nr. 7 Anm. 1.

2   Nur im Druck (Cons. 3, 1709, 328–333) überlieferter und dort anonymi- sierter Brief; Übersetzung des Auszugs aus FB 1, Nr. 91, Z. 7–266. Spener antwortet auf einen nicht überlieferten Brief Balthasar Bebels.

3   Die Frankfurter *Exercitia Pietatis* (s. u.); vgl. die Briefe an Johann Ludwig Hartmann (Nr. 6), an [Balthasar Bebel] (Brief Nr. 7) und an Gottlieb Spi- zel (Brief Nr. 8) als die ältesten Quellen über den Beginn der Frankfurter *Exercitia*.

4   Vgl. Brief Nr. 7, bei Anm. 16.

5   Vgl. Brief Nr. 6, S. 45, Z. 4–18, Brief Nr. 7, S. 50, Z. 13 – S. 51, Z. 3 u. ö.

der nach der Entscheidung derer, die dabei sind, festge-
setzt wurde und den ich nicht zögere zu verändern,
wenn wir über eine passendere Methode belehrt werden. So vernimm, wie sich die Dinge verhalten, die Du
5 geklärt haben willst.

Ich habe mich niemals um eine ausdrückliche Zustimmung der Autorität des Stadtrates bemüht und halte sie
auch jetzt nicht für notwendig: so sieht es, wie ich weiß,
auch unser [Pfarrer-] Kollegium. Die Sache selbst, dass
10 Christen untereinander Gedanken über Dinge austauschen, die die gegenseitige Erbauung betreffen, ist eine
unserer ersten Christenpflichten [*officiis*]. Ja, es ist zu
bedauern, dass dieses nicht immer geschieht, so oft diejenigen untereinander zusammenkommen, die durch
15 dieses Zeugnis alle auch lehren [*docere*] müssten, dass
das Reich Gottes ihre erste und einzige Sorge sei,[6] es sei
denn, sie vernachlässigten leichtfertig die Gelegenheit,
über jene Dinge zu reden. Was also nach göttlichem Gebot alle tun müssten, hat keine erneute Genehmigung
20 des Stadtrates oder des Predigerministeriums[7] nötig. Außer wir würden behaupten, dass eine solche auch dann
[jedes Mal] verlangt werde, wenn ein Familenvater in seinem Haus eine private, heilige Andacht durchführt und
seinen Hausgenossen Handreichungen zur Frömmigkeit
25 gibt, oder wenn jemand seinen Nächsten aus dem Gebot
der christlichen Nächstenliebe ermahnt, zurechtweist
oder tröstet.

Die einzige Festlegung besteht in unserer Einrichtung darin, dass wir geplant zu festen Zeiten und zu
30 einem gewissen Zweck zusammenkommen, der auch
ausserhalb einer solchen Einrichtung von allen verfolgt
werden sollte. Diese Festlegung ist aber nicht der Art,
dass dafür eine öffentliche Autorität nötig wäre. Wenn

---

6   Vgl. Mt 6,33.
7   Das Pfarrerkollegium einer Stadt.

aber jemand glaubt, dass dem eine zivile (bürgerliche) Sache entgegenstände, [dann] ist die Verfassung dieser Stadt zu bedenken, der eine solche Versammlungsfreiheit nicht widerspricht. In dieser Stadt verbietet nämlich kein Gesetz, sich wegen ehrenwerter Dinge zu versammeln, wie der gewöhnliche Brauch zeigt. Von daher ist für solche Zusammenkünfte keine besondere Genehmigung nötig.

Übrigens geschehen diese Zusammenkünfte nicht eigentlich vor dem Stadtrat verborgen, weil er alles vorher wusste. Seine für die Kirchensachen zuständigen ordentlichen Vertreter sind die Scholarchen:[8] von denen einer unter den ersten war,[9] die dazu Anstoß gaben und durch einen Familienangehörigen[10] die Sache unterstützt hat; der wäre auch selbst Mitglied dieser Übung geworden, wenn er nicht in der zweiten oder dritten Woche bald von einer Krankheit befallen worden wäre, aus der er uns entrissen wurde. Von dem anderen sind die Söhne (und jene sind gewiss keine Heranwachsenden mehr, sondern mit Doktorgraden versehene) nicht nur dabei, sondern der eine ist auch unter den ersten Anregern gewesen, nicht nur nicht in Unkenntnis seines Vaters, sondern mit dessen Unterstützung.[11] Ein anderer[12] konnte die Sache nicht genug loben, nachdem

---

8 S. Brief Nr. 7 Anm. 18.
9 Der Scholarch Konrad Stein (1604–1670) war seit dem 24. August 1670 bettlägerig und starb am 13. September 1670. Anhand dieser Angaben lässt sich der Beginn der *Exercitia pietatis* auf den Beginn August 1670 datieren (*Wallmann:* Spener, S. 275 Anm. 33).
10 Laut *Spener:* Sendschreiben 1677, S. 47, ein „Vetter", also ein naher männlicher Angehöriger; möglicherweise handelt es sich um Steins Verwandten, den Mitbegründer Johannes Anton Dief(f)enbach (s. Brief Nr. 6 Anm. 14).
11 Die beiden Söhne des Scholarchen Achilles Uffenbach (1611–1677) und promovierten Juristen, Zacharias Conrad Uffenbach (1639–1691) oder Johann Christoph Uffenbach (1643–1684); vgl. Brief Nr. 6 Anm. 14.
12 Die beiden anderen Scholarchen waren Philipp Christian Lersner (1611–1684) und Johann Hektor Bramm (gest. 1680) (*Wallmann:* Spener, S. 275; vgl. *Philipp Jacob Spener:* Sendschreiben 1677, S. 47).

ich über die Sache berichtet hatte. Keiner von ihnen hat
je daran gedacht, dass es notwendig sei, dass es dem
ganzen Stadtrat mitgeteilt werden müsse, was aber ihre
Pflicht gewesen wäre, wenn sie geglaubt hätten, dass
5 durch dieses Unternehmen das Recht der Oberen verletzt werde. So besuchen auch Söhne, Familienmitglie-
der und Personal anderer Senatoren und Schöffen unsere Versammlungen mit ihrer Billigung. Nur die
Stimme eines einzigen[13] ist mir zugetragen worden
10 (und weder weiß ich, noch spüre ich auf, wer jener gewesen ist), der mit, ich weiß nicht welchen, absurden
Verdächtigungen das Vorhaben verurteilte und sich,
wie es heißt, einmal in einem privaten Gespräch für ein
Verbot ausgesprochen habe. Andere, die von diesem Ur-
15 teil gehört haben, haben darüber gelacht oder wurden
zu der Annahme bewogen, dass jener Mensch keine Ah-
nung von der Art dieser Übung gehabt habe.

Was meine Herren Kollegen betrifft, wurde ihnen
nichts verheimlicht, auch wenn ich es nicht für nötig
20 hielt, dass wir über diese Sache in unserer förmlichen Sitzung berieten. Niemand aber hat es missbilligt: eher haben es alle, mit denen ich über das Vorhaben gesprochen
haben, gebilligt und gelobt. Einige wollten auch nicht nur
einmal dabeisein und an den Gesprächen teilhaben, von
25 anderen sind Söhne und Verwandte anwesend, weil sie
selbst durch Geschäfte verhindert sind. Keiner hat mit einem Wort widersprochen oder bezeugt, dass ihm die Sache missfalle: Wenn jemand diese Einrichtung unserer
Kirche auf irgendeine Weise für schädlich gehalten hätte,
30 hätte immerhin das geschuldete kollegiale Vertrauen verlangt, dass er mich brüderlich ermahnte. So sehr ist die
Übung bislang ohne jeden Widerspruch geblieben, außer
dass anfangs, wie es bei solchen Sachen zu geschehen

---

13 Nicht zu ermitteln; vgl. Brief Nr. 7 Anm. 20.

pflegt, deren Art noch nicht bekannt ist, in der Bürgerschaft manchmal einiges Murren sich breitmachte, wo
diese Einrichtung hinführe; das hat endlich aufgehört,
nachdem deutlich wurde, dass wir nichts anderes tun, als
was überall und bei jeder Gelegenheit zu geschehen ge-   5
wünscht werden müßte.

[2.] Was aber das andere betrifft, verhält es sich so,
wie du wolltest: Es sind nur solche anwesend, über deren ernsthaften Eifer und Bemühen um die Frömmigkeit niemand einen Grund zu zweifeln hat. Keiner ist   10
heterodox, keiner des Glaubens wegen verdächtig, keiner weltlich gesinnt, dessen wir oder andere uns schämen müssten.

(3.) Du mahnst dazu, dass die Schrift[14] und die Bekenntnisschriften[15] nicht aus dem Blick geraten. Das be-   15
achte ich überhaupt geflissentlich und mit mir die Anwesenden. Die einzige Norm ist uns das Wort GOTTES,
an das uns die Autorität des Redenden[16] bindet, weil wir
Christen sind. Wir erkennen, dass in den Bekenntnisschriften die göttliche Wahrheit enthalten ist, der wir   20
auch, weil sie aus der [Heiligen] Schrift gezogen sind, unser volles Vertrauen schenken. Wenn die Furcht bestehen könnte, dass etwa auch nur aus Unwissenheit gegen
sie verstoßen werde, so verhütet meine oder meiner anwesenden [Amts-]Brüder Aufsicht dies hinreichend.   25

(4.) Was die Rangordnung betrifft, besteht keine andere, als dass die Leitung und Moderation bei denen
liegt, die wir aus dem Predigerministerium anwesend
sind. Wir sehen nicht, mit welchem Grund von einem
Gesprächskreis, der keine anderen Gesetze kennt als ir-   30
gendein anderes vertrauliches Treffen unter Freunden,
gefordert werden muss, dass auch unter den übrigen

---

14   Zur Sache vgl. Brief Nr. 7, S. 54, Z.1–19 und Brief Nr. 10 bei Anm. 11.
15   Die Bekenntnisschriften der Lutherischen Kirchen, enthalten im Kon-
      kordienbuch von 1580 (BSLK).
16   Nämlich Gottes.

[Teilnehmern] eine Rangordung bestehen müsse. So oft
wir zusammenkommen, wird ein Kapitel aus einem
Buch vorgelesen, darauf der Gegenstand des Gelesenen
von denen, die von unserem [Pfarrer-]Stand da sind,
5 wiederholt, erklärt und bemerkt, was beachtenswert
ist. Daraufhin bringt von den übrigen jeder, der will, etwas zu dem Gelesenen oder Gesagten vor, fragt etwas,
legt seine Zweifel vor oder legt dar, was ihm dazu eingefallen ist oder was er für einen Teil des Christentums,
10 sei es zum Verständnis der Katechese, sei zur Übung
der Frömmigkeit, für nützlich erachtet. Wer etwas hat,
um dieses ferner zu illustrieren, bringt es vor, wer
nichts hat, schweigt; es wird nämlich nicht jeder gebeten, etwas zu sagen; geradeaus, wie in anderen Gesprä-
15 chen mit geziemender Freiheit ohne skrupulöse Achtung der Reihenfolge der Redner vorgebracht wird, was
zum vorgelegten Gegenstand etwa beizutragen ist.
Wenn Du so willst, beurteilen deshalb diejenigen, die
nach den ersten reden, das Gesagte. Nachdem diese
20 aber anfangs ihr Verständnis erklärt haben, achten sie
darauf, dass niemand durch etwas aufgebracht werde,
oder dass wenn jemand aufgebracht ist, nicht eine Rede
gehalten werde, durch die die Anwesenden nicht erbaut
werden können oder die nur der Neugierde dient, und
25 sie lösen die Zweifel auf, indem sie auf die vorgelegten
Fragen antworten. Ich glaube, dass Du daran nichts zu
wünschen übrig findest.

Was (5.) die von uns behandelte Materie betrifft, besteht unser erster Vorsatz nicht darin, dass wir die
30 Glaubensartikel selbst erläutern oder ihre These und
Antithese betrachten oder prüfen. Sondern wir fragen
uns, auf welche Weise das, was allen bekannt ist (uns ist
es nämlich nicht mit vollkommen rohen und ihres Glaubens unkundigen Menschen zu tun), zur Stärkung des
35 Vertrauens auf GOTT, zur Ausübung eines größeren Eifers in der Frömmigkeit oder zum Trost in Widrigkei-

ten herangezogen werden muss. Wenn wir aber das tun,
dann sage ich damit nicht, dass wir überhaupt nichts
über die Glaubensartikel sagen; denn selbst jene Trostworte können nicht aus den Glaubensartikeln gezogen
werden, wenn nicht zugleich deren Erklärung, soweit es   5
nötig ist, hinzukommt oder die Irrtümer benannt werden, die ihnen entgegenstehen. Aber wir befleißigen
uns nicht in erster Linie, jene [Glaubensartikel] zu erklären, besonders aber beanspruchen wir keine akademische Genauigkeit, weil die Schulterminologie nicht   10
allen in gleicher Weise bekannt ist und wir hier nicht
diejenigen belehren, die irgendwann mit den Gegnern
zusammentreffen müssen, sondern diejenigen, die den
Vorsatz haben, das, was sie gelernt haben, in die Praxis
über das Angedeutete hinaus umzusetzen, und sich ih-   15
res Glaubens sicher genug sein können, welchen sie aus
den offenbaren Worten der Schrift gezogen haben, auch
wenn sie nicht auf einzelne Entgegnungen der Gegner
kräftig antworten können. Trotzdem müssen sie durch
jene nicht mehr zum Zweifel bewogen werden als ir-   20
gendein Bauer, der glaubt, er sei mit Hörnern versehen
nach jenem [griech.] bekannten Trugschluss.[17] Allen
Entgegnungen des Feindes Genüge zu tun, liegt im Interesse der Kirche und der Wahrheit und geschieht so
auch notwendig durch ihre Gelehrten. Dass es aber von   25
Einzelnen geschehe, würde ich nicht für notwendig halten. Es genügt ihnen, die aus der Schrift hinreichend er-
wiesenen Fundamente ihres Bekenntnisses[18] und die
Haltlosigkeit jener Einwürfe zu kennen, welche vielleicht bei anderen in gewisser Weise etwas bewegen   30
könnten.

---

17 Nach *Diogenes Laertius:* Vitae 7,187; *Gellius:* Noctes 18,2,9: „Was du nicht
    verloren hast, das besitzt du; du hast keine Hörner verloren, also hast du
    Hörner (bist du gehörnt)".
18 Dass in der Heiligen Schrift (Bibel) alle zum Heil notwendigen Kenntnisse
    beschlossen sind.

In der Tat, wie ich viel von der Kenntnis von These und Antithese in der Theologie halte, so wirst Du mir zugeben, dass nicht alles daran gelegen ist, wenn es allein dabei bleibt. Wie oft, frage ich, hat nicht jede Gelehr-
5 samkeit der theologischen Dinge, die das Ihre bis zur Subtilität durchgeführt hat, nicht nur nicht gerettet, sondern auch in keinem Stück besser als andere gemacht, die solches nicht kannten? Während im Gegenteil eine gründliche, obwohl nicht so ins Einzelne gehende,
10 sondern einfache Erkenntnis ihres Gottes und dessen, was zum Heil notwendig ist, sehr viele gebessert und nicht nur zu Bürgern des himmlischen Reiches, sondern auch zu heilsamen Werkzeugen in der Erbauung des Nächsten gemacht hat. Weil jene nämlich, wenn sie alles
15 aus Gelehrsamkeit und bloßer Erkenntnis aufsagen, sorglos um die Früchte sind, die folgen müssen, und weil sie zugleich in ihrem Wissen sich selbst suchen und nicht dem Heiligen Geist Raum geben, der nicht nur alle zu erleuchten, sondern auch zur Liebe ihres Gottes anzuzün-
20 den sich bemüht; weil sie niemals dem wahren Glauben folgen, der ja nicht in bloßer Erkenntnis und angeeignetem Wissen besteht, ja, eher den Glauben, den sie einmal in der Taufe empfangen haben, erlöschen lassen. Und indem sie das Heilige täglich auf unheilige Weise behan-
25 deln, treiben sie mit größerer Sünde den Göttlichen Geist aus, ohne welchen der Glaube nicht sein kann: Diese aber, obwohl ihre Erkenntnis sich nicht auf so viele Gegenstände erstreckt und nicht jene Genauigkeit erreicht, haben allein einen wahren heilswirksamen Glau-
30 ben, welcher seine Wirksamkeit in den überreichen Früchten zeigt und sie des Heils teilhaftig werden lässt, weil sie nämlich das, was sie erkennen, im Geist GOTTES erkennen, der in ihnen durch sein Wort wirksam ist und sie durch sein Zeugnis versiegelt.[19]

---

19   Vgl. 2Kor 1,22; Eph 1,13; 4,30; Apk 7,3.

Wenn aber der Geist GOTTES in unserem Herzen wirken muss, ist es gewiss notwendig, dass wir uns geduldig von der Liebe zur Welt und dem, was ihr anhängt, fortreißen lassen und so sehr lernen, in der göttlichen Erkenntnis nicht uns, sondern GOTT zu suchen. 5 Wenn dies nämlich nicht der Fall ist und wir die heilige Erkenntnis auf etwas anderes richten, wird der Verstand wohl mit irgendeiner erworbenen, allerdings nur menschlichen Kenntnis, das Herz aber nicht mit göttlichem Glauben erfüllt. Also ist es notwendig, dass wir 10 die Artikel, welche wir auch immer meditieren, so meditieren, dass wir nicht allein die These zusammen mit der Antithese erwägen, sondern uns bemühen, die Früchte daraus hervorzubringen, die daraus hervorgebracht werden müssen: weil ferner der in uns wirken 15 wird, der alles Gute wirkt,[20] wenn wir nicht widerstehen. So affiziert dasjenige, was wir lernen, unsere ganze Seele und bleibt nicht allein im Verstand hängen. Und dann endlich wird die Seele, die wahrhaft so mit dem Heiligen erfüllt ist, weit besser bestärkt werden gegen welche Verführungen auch immer, als wenn allein der 20 Verstand bis in alle Kleinigkeit alle kontroversen Fragen so durchleuchtet hat, dass kein Widerspruch mehr möglich ist, den er nicht auf sehr gelehrte Weise zu lösen verstünde.

Gewiss, wie viele sehen wir täglich, die von uns zu re- 25 ligiösen Irrtümern abfallen; aber ich zweifle nicht, dass wir uns jedenfalls irren, wenn wir glauben, dass die meisten von ihnen aus reiner Unkenntnis abfallen.[21] Der Grund ist eher, dass die Seele von der Liebe zur Welt er-

---

20 Vgl. Jak 1,16.
21 Vgl. Brief Nr. 1, S. 13, Z. 4–19, und Brief Nr. 3, S. 22, Z. 3 – S. 23, Z. 13, und
    FB 1, Nr. 105, Z. 23–78, wo Spener den Verlust der Relevanz des (lutherischen) Christentums beklagt, den er in einer nur oberflächlichen Religionsausübung begründet sieht, die dem Wirken des Heiligen Geistes keinen Raum gewährt.

füllt ist, wodurch sie sogleich gegen ihr eigenes Gewissen dazu übergehen, wovon sie sich ein angenehmeres Leben erhoffen, die alles nach der zeitlichen Bequemlichkeit beurteilen; oder sie stoßen auf das gerechte
5 göttliche Gericht, so dass sie – nachdem der Heilige Geist durch die Liebe zu den zeitlichen Dingen ausgeschlossen wurde – in wirksame Irrtümer verfallen. Nachdem jener herausgeworfen ist, sind sie nicht schwieriger zu verführen, wenn sie auch sonst in den
10 Kontroversfragen brilliant sind, sondern sie sind wie fleischlich gesinnte Menschen. So hast Du nichts Wahreres sagen können, als wenn du sagst, dass nicht mehr weiter christlich gefühlt wird, weil nicht mehr weiter christlich gelebt wird. Welches Dein wahres Wort mich
15 zu diesem Exkurs eingeladen hat.

Und wie könnte es anders geschehen? Ohne ein christliches Leben ist der Glaube keiner; ohne einen Glauben, der in einem festen äußeren Bekenntnis erkannt werden kann, ist da [nur] eine Halsstarrigkeit und nicht in der
20 Lage, Versuchungen zu widerstehen. Umgekehrt wird ein Heterodoxer denjenigen, der sich seines Glaubens aus der Heiligen Schrift durch die Wirkung des Heiligen Geistes gewiss ist, vergeblich mit irgendwelchen Einwürfen auf seine Seite herüberzubringen sich bemühen,
25 wenn jener auch nicht alle Subtilitäten der Streitfragen kennen würde, weil, wer den Willen des himmlischen Vaters tun will,[22] der versteht allein sein Wort auf getreue Weise, und dessen Licht wird nicht so leicht durch die ausgebreiteten Schatten menschlicher Vernunft ausge-
30 löscht. Weshalb ich immer geglaubt habe, dass das alles nicht durch Disputieren zu erlangen sei, was notwendig ist, um die Irrtümer aus dem Herzen der Menschen zu reißen. Der Verstand kann überzeugt werden, aber, dass der Gelehrige die Gnade des Heiligen Geistes zulässt,

---

22   Vgl. Joh 7,17.

wird allein durch dieses Mittel nicht erreicht. In der Tat
ist der Mensch dahin zu führen, dass er zu wünschen be-
ginnt, aus jenem, was jeder leicht versteht und was nicht
so strittig ist, seinen Gott zu erkennen und zu genießen[23]; einen Willen zu haben, der das Seinige dem gött- 5
lichen Willen überlässt und nicht davor zurückschreckt,
sich selbst zu verleugnen.[24] Wenn wir solche Menschen
bekommen, mit denen uns zu tun wäre, würden die Irrtümer auch mit einer einfachen Disputation beseitigt:
wenn nicht, wird auch der gelehrteste Disputator in sei- 10
nem fleischlichen Sinn keinen Glauben wecken, wenn er
es auch dahin brächte, dass keiner ihm zu antworten
wüßte.

Wenn ein größerer Teil unserer Kirche so reformiert
würde, dass er den ursprünglichen und ersten Zustand 15
wiederum mit jener Liebe der göttlichen Dinge, Verachtung der weltlichen Dinge und daraus entspringender
Heiligkeit des Lebens anzöge, würde die Wahrheit ohne
Zweifel in kurzer Zeit weit mehr Fortschritte machen,
und werden sich die Ungläubigen und die Heterodoxen 20
ohne große Gegenwehr leichter ergeben als jetzt durch
jedes Studium und noch so solide und akkurate Widerlegung der falschen Sätze. So nämlich werden durch dieses
Beispiel solche Gemüter, die jetzt einzig in sich versunken sind und bei uns kaum ein anderes Leben beobach- 25
ten als bei den Ihrigen, eher von dem weltlichen Leben
abgezogen. Wenn dieses Hindernis weggeräumt ist, wird
die göttliche Sonne die Gemüter durch ihre Strahlen
ohne Zweifel erleuchten, die durch Böswilligkeit nicht
mehr zerstört werden können. 30

---

23 *Gott genießen* bedeutet Gott als Ziel des eigenen Sehnens zu wollen und
    Gott oder das religiöse Verhalten nicht als Mittel zu anderen Zwecken *ge-
    brauchen* zu wollen. Diese Unterscheidung (zwischen lat. *frui* und *uti*) ist
    durch Augustinus (354–430) zu einem Standardargument abendländi-
    scher Theologie geworden (Vgl. Augustinus-Lexikon, Bd. 3. Hg. von Cor-
    nelius Mayer, Basel 2010, Sp. 70–75).
24 Zur Selbstverleugnung vgl. oben Brief Nr. 4 Anm. 17.

So macht auch uns selbst allein die Erkenntnis nicht besser, wie wir sehen, dass die meisten, die mit ihrem Bekenntnis sehr genau bekannt sind und sie gegen alle möglichen Leute verteidigen können, trotzdem nicht
5 rechtschaffener sind als andere, nicht gebildete Menschen. Sondern, was der Verstand erfasst, ist mit sorgfältiger Meditation [*ruminatione*] in Fleisch und Blut zu verwandeln, und es ist nicht so sehr dafür zu sorgen, dass wir viel wissen, als dass wir das, was wir wissen, frucht-
10 bar wissen. Es kann daher nicht als Fehler angerechnet werden, wenn man sich mit besonderem Eifer nicht so sehr um einen Zuwachs an Erkenntnis bemüht, als vielmehr darum, wie das, was wir wissen, in die Praxis umzusetzen wäre, und darin seinen Freunden eine Hand-
15 reichung bietet. Denn was der Erkenntnis dienen kann, wird sehr häufig behandelt, und die Gelegenheiten, darin voranzukommen, sind sehr bequem. Weil man schließlich zugeben muss und aus dem Angeführten erhellt, dass eine bloße Erkenntnis, wenn sie allein bleibt, nie-
20 mals zum Heil nutzen kann.

Inzwischen sei es ferne, dass wir das Studium der Kontroversen, wenn es mit Maß geschieht und aus Liebe zur Wahrheit eingerichtet ist, ablehnten, nur weil wir in manchen auch jene [praktische Umsetzung] er-
25 warten, oder dass wir nicht wollten, dass die in der Erkenntnis wachsen, denen vielleicht wenigeres zum Heil ausreicht. Eher verhält es sich anders: welcher dieses Wenige im Glauben ergreift und in diesem die Süße[25] der göttlichen Wahrheit geschmeckt hat, wird sich nicht mäßigen können, dass er nicht sofort mehr und mehr,
30 so viel es ihm in dieser Sterblichkeit erlaubt ist, sich bemüht, in die göttlichen Geheimnisse einzudringen und so auch in der Kenntnis Fortschritte zu machen: Und

---

25 Wohltat; vgl. *Friedrich Ohly:* Süsse Nägel der Passion. Ein Beitrag zur theologischen Semantik, Baden-Baden 1989 (Saecula spiritalia, Bd. 21).

nicht wird er es allein aus der uns angeborenen Wiss-
begierde oder aus einem fleischlichen Affekt heraus
tun, sondern aus dem heiligen Wunsch, seinen GOTT
mehr zu verherrlichen. Welche Erkenntnis endlich
auch nicht steril sein kann und weit eine andere ist, als 5
welche der fleischliche Mensch begreift.

Daher wird alles, was wir in dieser Übung behandeln,
mit jenem wenigen erreicht (was ich auch in den öffentlichen Predigten mich mehr und mehr zu beachten
bemühe), dass wir lehren und lernen, wie der Glaube 10
nicht in müßiger Spekulation des fleischlichen Herzens
ohne göttliche Veränderung bestehe, sondern wie notwendig es sei, dass wir, indem wir das Wort meditieren
oder hören, es in uns dazu wirksam sein lassen, dass in
uns das Göttliche Ebenbild[26] allmählich immer mehr er- 15
neuert werde und seine Wirkungen, so viel in diesem
Stande der Unvollkommenheit möglich ist, in unserem
ganzen Leben hervorleuchten. Wozu es einer täglichen
Reinigung und weit intensiveren Pflege bedarf, als die
Menge derer es sich einbildet, die, obwohl sie sehr nach 20
dem Fleisch leben, doch Christen heißen wollen. Lasst
uns also meditieren und einzig darüber gemeinsam reden, auf welche Weise die [griech.] Stützen aus dem einen oder anderen Glaubensartikel zu dieser Sorge beitragen; die uns die [griech.] Gestalt dieser Welt [*seculi*] 25
mehr und mehr verschwinden lassen, uns davon abbringen, sie zu begehren, und uns antreiben müssen,
dass wir uns dem einen Notwendigen[27] widmen: dann
besonders durch welche Mittel der heilige Vorsatz, den
ein jeder ergreift, zur Ausführung gebracht werden 30
kann, und auf welche Weise die sehr starken Hinder-
nisse durch göttliche Macht beseitigt werden können.

---

26 Nach Gen 1,27 ist der Mensch nach dem Bilde Gottes geschaffen; das
    eigentliche Ebenbild Gottes ist im Neuen Testament Jesus Christus (Kol
    1,15; 2Kor 4,4; Hebr 1,3).
27 Lk 10,42; vgl. Brief Nr. 7 Anm. 15.

Du hast hier den ganzen Gegenstand und eine Zu-
sammenfassung unserer Gespräche, und du wirst den
Nutzen davon, wie ich weiß, nicht bestreiten, sondern
billigen und loben: Wenn wir mit diesem heiligen Vor-
5 satz so oft zusammenkommen und ihn bestätigen, ist
das nicht ein ausgezeichneter Fortschritt? Denn, was
wir mit diesem Geist weiter an Erkenntnis zunehmen,
wird heilig sein, weltlich aber, was wir ohne jenen Vorsatz lernen, nur um zu wissen. Ferner treiben wir uns
10 so mehr und mehr an, dass ein jeder sich auch um das
Heil seines Nächsten sorgt. Gewiss, ich verhehle nicht,
dass wir niemals beieinander waren, ohne dass ich mich
für meinen Teil erbaut und mich im Guten bestärkt
fühlte: was ich auch von den anderen hoffe und höre.
15 Was [6.] Du als sechsten Punkt gewollt hast, dass
nämlich die öffentlichen Gottesdienste durch diese private Übung nicht behindert werden, brauchst Du keinen Zweifel zu haben, dass von uns auch dafür Vorsorge
getroffen ist. Weshalb auch eine Stunde nach dem
20 Schluss des Gottesdienstes zu der Übung bestimmt ist,
so dass diejenigen aus der Kirche in mein benachbartes
Haus einkehren, welchen es gefällt.[28]
Endlich, was Du [7.] zuletzt anfügst, dass zu verhüten sei, dass irgendwelche Leute diese unsere privaten
25 Versammlungen unter einen Vorwand missbrauchen
und solche Konventikel zelebrieren, in denen anderen
Unvorsichtigen ein Gift eingeflößt wird, ermahnst Du
mit Recht: aber hier ist auch vorgesorgt. Denn ich bekenne, dass für solche privaten Gesprächszusammen-
30 künfte immer die Aufsicht eines rechtgläubigen Predigerministeriums nötig sei, und die solche nicht haben,

---

28 Nach der nachmittäglichen Betstunde (s. Brief Nr. 6 Anm. 10), die som-
    mers um 5 Uhr, winters um 4 Uhr in der Barfüßerkirche gehalten wurde
    (*Karl Christian Becker:* Ueber die Kirchenagende der evangelisch–luthe-
    rischen Gemeinde zu Frankfurt am Main, Frankfurt a. M. 1848, S. 23).

halte ich für gefährlich und für verdächtig, die sich diesem überhaupt entziehen möchten. Wir wissen aber, dass wir alle geistliche Priester sind,[29] und es wäre zu wünschen, dass das ganze Volk GOTTES prophezeie;[30] aber dem Predigerministerium ist die [griech.] Aufsicht 5 über die übrigen Priester und Propheten anvertraut, auf welche Weise sie ihr Amt ausüben oder missbrauchen, indem sie entweder [griech.:] vorangehen [Werkweiser sind] oder jene darin, worin sie irren, korrigieren. 10

Inzwischen glaube ich, dass Du diese Einrichtung nicht nur auf Grund des besonderen Vertrauens gegen mich billigst, der ich dir bekannt bin; sondern Du wirst es auch billigen, wenn ein anderer, legitimer, orthodoxer Diener der Kirche dasselbe an seinem Ort anstellt 15 oder ausübt, wie besonders, wenn die Zahl der Unsrigen stark anwächst, dass wir nicht bequem beieinander sitzen können, und jeder von unseren Herren Kollegen, ohne mir Abbruch zu tun, vielmehr durch mich ermutigt, aus seinem Recht eine ähnliche Übung einrichten 20 könnte.

Das ist, zu verehrender Bruder, was hinreichend auf Deinen Brief antworten müsste, der du wolltest, dass wir uns ausführlicher über diese Sache austauschen, worüber ich voller Vertrauen bin, dass Du es in demsel- 25 ben Geist aufnehmen wirst, in dem es geschrieben ist; wiederum bin ich bereitwillig, wenn Dir noch etwas einfällt, was zum besseren Nutzen dieser unserer Übung zu tun ist, dieses aufzunehmen und ihm zu folgen, der ich in allem diesen nicht meinen Vorteil suche und er- 30 strebe, sonder einzig das, was der Erbauung dient.

---

29 Zum Geistlichen Priestertum vgl. Brief Nr. 7 Anm. 10.
30 Num 11,29.

Leb wohl im HERRN, der verordnen möchte, dass dieses Jahr und viele mehr Dir auf das glücklichste verlaufen, und mit jeder Art des Segens reichlich erfülle.

Geschrieben, Frankfurt am Main, 20. Januar 1671.

10. An [Balthasar Bebel[1] in Straßburg], 1671[2]

Ich verstehe es als eine Wohltat, was Du mir mahnend dargelegt hast, weil du mich gewürdigt hast, mir freimütig mitzuteilen, was du von unserer Einrichtung[3] denkst: Es sei nur ferne, dass Du Dich in dieser Sache dafür entschuldigen müsstest. Ich antworte trotzdem schneller, als bei mir üblich oder auf Grund der Notwendigkeit, unter den vielen Briefen die Zeit zu teilen, geschehen kann; auch weil ich glaube, dass Du kein Interesse daran hast, dass ich mit mehr Bedacht antworte.

Du stimmst in allem mit uns überein, außer dass Du eine andere Meinung darüber hast, was die Genehmigung des Stadtrates betrifft. Darüber am Ende; zu dem übrigen halte ich es für nötig, Dir das eine oder andere genauer darzulegen, als ich es vielleicht im vorherigen[4] getan habe.

1. Den Namen eines Kollegiums im spezifischen Sinne lehnen wir nicht ab, wie wir ihn aber auch nicht beanspruchen, weil er in einem gewissen Sinne verdächtig sein könnte.[5]

2. Hinsichtlich der Teilnehmer wird auch ferner dafür gesorgt werden, dass niemand hinzutritt oder lange geduldet wird, auf den irgendein Verdacht gefallen ist.[6]

3. Was wir bislang gelesen haben, sind zwei Bücher,

---

1   Zu Bebel s. Brief Nr. 7 Anm. 1. – Fortführung der Aussprache über die *Exercitia pietatis;* zur Datierung s. FB 1, Nr. 116 Anm. 1.
2   Nur im zeitgenössischen Druck (Cons. 3, 1709, S. 543–548) überlieferter und dort anonymisierter Brief; Übersetzung des Auszugs aus FB 1, Nr. 116, Z. 1–219.
3   Die Frankfurter *Exercitia Pietatis* (s. Brief Nr. 6 bei Anm. 19).
4   S. Brief Nr. 9, S. 62, Z. 4–27.
5   S. Brief Nr. 9, S. 61, Z. 16 – S. 62, Z. 5.
6   S. Brief Nr. 9, S. 65, Z. 7–13.

Lütkemanns[7] *Vorgeschmack göttlicher Güte*[8] (Du erinnerst Dich, mit welchem Lob[9] unser seliger Vater Dannhauer diesen sehr frommen Mann zu preisen pflegte) und die *Praxis Pietatis,* die von dem Calvinisten Bayly
5 geschrieben ist, aber bei Euch gereinigt[10] wurde. Beide Bücher sind frei von Irrtümern, und was in diesem an abergläubischen Sätzen steht, wenn sie im Sinne des ersten Autors begriffen werden, oder [griech.] Trügerisches zu fördern scheint, passiert bei der Lesung nicht
10 ohne Anmerkung. Wir hätten auch ein biblisches Buch zur Hand genommen, wenn wir nicht den Eindruck gehabt hätten, dass mehr Studium und Vorbereitung nötig seien, als wenn wir Autoren lesen, die den Gegenstand, den sie behandeln, schon so aufgeabeitet haben,
15 dass alles verdaulich und leicht zu verstehen ist.[11]

4. Die Gespräche werden geführt mit ziemendem Respekt und vorausgeschicktem Gebet, bevor wir zu lesen anfangen; und es ist nicht zu fürchten, dass es wertlos ist, worüber wir uns unterreden, auch wenn die Rang-
20 ordnung oder die Reihenfolge der Redenden durch keine Regel vorher festgelegt ist. Niemand spricht trotzdem dazwischen oder stört den anderen, weil ein

7 Joachim Lütkemann (1608–1655), seit 1649 Hofprediger und Generalsuperintendent in Wolfenbüttel, bedeutender Erbauungsschriftsteller; vgl. *Wolfgang Sommer:* Gottesfurcht und Fürstenherrschaft. Studien zum Obrigkeitsverständnis Johann Arndts und lutherischer Hofprediger zur Zeit der altprotestantischen Orthodoxie, Göttingen 1988 (FKDG, 41), S. 255–314.

8 *Joachim Lütkemann:* Der Vorschmack Göttlicher Güte, Wolfenbüttel 1653 mit ca. 30 Auflagen im 17. Jahrhundert.

9 Vgl. das Lob Johann Conrad Dannhauers (s. Brief Nr. 7 Anm. 12), der Lütkemann ein [Übers.] „Wunder von einem Menschen" nennt, „weil er in einer sehr seltenen Verbindung in herausragender Weise eine überaus tiefe Gelehrsamkeit mit größter Frömmigkeit hat verbinden können" (*Johann Conrad Dannhauer:* Hodosophia Christiana, Straßburg ²1666, S. 629 f. [³1713, S. 317]).

10 *Lewis Bayly:* Praxis Pietatis (zuerst als The Practise of Pietie, directing a Christian how to walke that he may please God, London 1613), ein weitverbreiteter, reformiert-puritanischer Longseller des 17. Jahrhunderts. Spener meint hier die in Straßburg konfessionell-lutherisch redigierte Ausgabe von 1634 und die ihr folgenden Drucke.

jeder nicht seine Meinung zu vertreten sich bemüht,
sondern mit den übrigen vorankommen will.

[5.] Ich missbillige nicht Gespräche über politische
oder ökonomische oder andere Dinge, die zum weltlichen Leben gehören, im Wissen, dass wir nicht nur   5
Christen, sondern auch Menschen sind; und Christen
ist es auch nicht unwürdig zu besprechen, was die Angelegenheiten der einzelnen Stände betrifft. Das aber
hast Du bislang mit mir zweifellos nicht ohne Schmerz
beobachtet, dass nicht nur die meisten, sondern bei-   10
nahe alle Gespräche, die im gewöhnlichen Umgang geführt werden, sich nur mit jenen Dingen beschäftigen.
In der Tat, soweit ich weiß, wird am seltensten überhaupt dessen nur Erwähnung getan, was, obwohl es das
übrige nicht ausschließt, trotzdem für sich vor allem an-   15
deren den ersten Platz fordert. Der Mönche, Eremiten
und alten Euchiten[12] Aberglaube (wenn das der Geist
gewesen ist, den man ihnen zuzulegen pflegt) sehe ich
nicht weniger, als ihn zu bedauern. Wenn sie sich nämlich allein der ersten Tafel[13] hingeben wollten, vergin-   20
gen sie sich dadurch, weil sie auf andere Weise, als
GOTT vorgeschrieben hat, ihn zu verehren sich bemühten; GOTT, der nämlich das erste Gebot gegeben
hat, anerkennt nicht, dass er verehrt werde, wenn er
nicht auch zugleich in der Liebe zum Nächsten verehrt   25
werde: so hängen die Aufgaben, welche wir Gott und

---

11   Zur veränderten Praxis, statt Erbauungsbücher die Bibel zu lesen, s. *Wall-*
     mann: Spener, S. 294 f., und *Matthias:* Petersen, S. 51–58.
12   Euchiten (Messalianer): Spiritualistische Bewegung des 4. und 5. Jahr-
     hunderts in Syrien. Ihr Gedankengut, insbesondere die Aufforderung zum
     anhaltenden Beten und Lesen in der Heiligen Schrift, findet sich in ost-
     kirchlichen wie abendländischen Mönchsorden wieder. Bedeutendster
     Theologe und wichtigste Quelle ist Symeon von Mesopotamien, dessen
     Schriften als Makarios-Homilien bekannt und im Pietismus durch Gott-
     fried Arnold ins Deutsche übersetzt wurden; vgl. *Hermann Dörries:* Die
     Theologie des Makarios-Symeon. Göttingen 1978 (Abhandlungen der Aka-
     demie der Wissenschaften in Göttingen, Philologisch–Historische Klasse,
     Bd. 103).
13   S. Brief Nr. 3 Anm. 6.

welche wir dem Nächsten schulden, eng zusammen,
dass sie nur zusammen bestehen können.[14] Deshalb,
wenn wir uns aus diesem Grund bemühen, in der
Kenntnis GOTTES zu wachsen, richten wir alles darauf
5 hin, dass wir befähigt werden, unseren Nächsten durch
unser Beispiel und die gemeinsamen Pflichten des
christlichen Priestertums allmählich zu erbauen. Und
wenn wir uns bemühen, uns von der Welt abzusondern,
verstehen wir niemals das darunter, was wir in einzel-
10 nen Orden von göttlicher Ordnung[15] sehen, sondern
das, was uns an Fehlern von der Welt her noch anklebt,
was an weltlichen Sorgen zuviel ist und was die GOTT
geschuldete Zeit beansprucht; aber davon findet derjenige in den meisten [Angelegenheiten] zu viel, der in
15 der Furcht des HERRN sein Leben betrachtet, wie es
gemeinhin geführt zu werden pflegt.

6. Was die Sache selbst betrifft, sehe ich nicht, dass
wir unterschiedlich denken, wenn ich von dir richtig
verstanden wurde oder ich dich richtig verstehe. Wir
20 glauben, dass der Glaube nicht nur derer leer ist, die
sich mit der bloßen Kenntnis und Zustimmung beruhigen; sondern, dass auch viele Tausende dem noch ein
festes Vertrauen[16] hinzufügen, das aber kein wahres
und göttliches, sondern fleischliches Vertrauen ist, eher
als Sicherheit denn als Glaube zu bezeichnen, weil sie
25 sich nämlich ernsthaft auf das Verdienst Christi verlassen, während sie zugleich Sünden nachgeben, dass sie
in ihnen herrschen. Deren Glaube, es trete nun das

---

14 Vgl. Mt 22,34–40.
15 Kirchliche Orden, die sich auf göttliches Recht (biblische Anweisungen)
    berufen, oder vergleichbare radikal-reformatorische Gruppen.
16 Das Glaubensvertrauen (*fiducia*) bezeichnet über die reine Kenntnis und
    Einsicht der theologischen Lehre das im Willen („existentiell") zu verord-
    nende feste Vertrauen auf das mit der Lehre verkündete Heil. Es fällt auf,
    dass Spener anders als Luther und die Lutherische Orthodoxie das Glau-
    bensvertrauen (*fiducia*) auch als eine (falsche) Sicherheit deuten kann.

feste Vertrauen hinzu oder scheine hinzuzutreten, ist so wenig Glaube wie ein Affe für einen Menschen gehalten werden kann. Zugleich kann ich auch ihre Erkenntnis und ihre Zustimmung nicht für wahrhaft halten, weil sie nicht in einem göttlichen Licht bestehen (da ja der Heilige Geist ausgeschlossen ist), sondern durch menschliche Überlegungen hervorgebracht ist und erhalten wird.[17]

Aber ich leugne nicht, dass nicht weniger an Anstrengung in das Wachstum der Erkenntnis zu setzen ist als in die Liebe gegen GOTT und den Nächsten, und gerne räume ich ein, dass GOTT nur in dem Maße geliebt wird, wie er erkannt wird, und dass nicht richtig geliebt wird, was nicht richtig erkannt wird. Aber jene Erkenntnis ist trotzdem immer auf den Zweck der Liebe auszurichten oder besser, wenn sie göttlich ist, wird sie freiwillig dazu gebracht. Womit angezeigt ist, dass die profane Gelehrsamkeit heiliger Dinge (weil sie in profanem Geist ohne das Wirken des Heiligen Geistes geschieht oder irgendeine theologische Kompetenz [*habitus*] ist, gewonnen aus den Schriften über diesen [geistlichen] Gegenstand, wie er auch in der Jurisprudenz, der Medizin oder Philosophie aus den Schriftstellern jederzeit erworben werden kann, die über jene Materie handeln)[18] von der wahren und heilbringenden Erkenntnis der Gläubigen, die im Geist die göttlichen Geheimnisse durch das Wirken des himmlischen Geistes verstehen, sehr gut unterschieden werden kann.[19]

---

17 Vgl. zur pietistischen Rechtfertigungslehre *Markus Matthias:* Rechtfertigung und Routine. Zum Verständnis der Rechtfertigungslehre im lutherischen Pietismus. In: Reformation und Generalreformation. Luther und der Pietismus. Hg. von Christian Soboth und Thomas Müller-Bahlke, Halle a. S. 2012 (Hallesche Forschungen, Bd. 32), S. 1–19.
18 Vgl. Brief Nr. 4, bei Anm. 10–12.
19 Vgl. 1Kor 2,6–16. – Zu Speners Unterscheidung zwischen einer Gelehrsamkeit von theologischen Gegenständen, die wie andere Wissenschaften ohne Wirksamkeit des Heiligen Geistes erworben werden kann, und der

Jene bleibt und ist nämlich ihrer Natur nach steril, sie verändert das Herz nicht und macht den Menschen nicht besser, manchmal sicherer: diese bemüht sich, alles, was sie erkennt, zu übertragen auf die Liebe dessen,
5 welchen sie als die Liebe selbst[20] erkennt und fühlt. Deshalb schreibe ich die Tatsache, dass die Wissenschaft vieler ohne Frucht bleibt, nicht der Ursache zu, dass das Wort GOTTES, aus dem sie diese ziehen, an sich nicht wirksam genug gewesen sei; sondern ich stimme Dir zu,
10 der Du das alles der Bosheit der Menschen zuschreibst, die dem Wort GOTTES ein Hindernis entgegenstellen.[21] Folglich zweifle ich aber nicht, dass ihre Kenntnis von einer gläubigem Erkenntnis, die GOTT in den Herzen der Seinen wirkt, die nicht widerstehen, himmel-
15 weit unterschieden ist. Diese Erkenntnis bleibt niemals allein, jene aber meistens sehr wohl.

Was die vom Glauben Abtrünnigen [*apostatis*] betrifft, bekenne ich, dass das Wissen, das sie früher gehabt haben, nicht seines Gebrauches entbehrte, selten
20 ist trotzdem dieser Gebrauch ein anderer als derjenige, mit dem sich die [griech.] sich selbst Verurteilenden[22] einst schwerer verdammt haben [und wodurch] später die Zahl der zurückkehrenden [Abtrünnigen] sehr hoch war. Inzwischen kann ich trotzdem nicht anders glauben, als dass diejenigen sehr selten sind, die allein aus
25 Mangel an Kenntnis abfallen, sondern [ich glaube, dass sie abfallen], weil sie entweder niemals mit wahrem

---

wahren Theologie, die sich dem Wirken des Heiligen Geistes verdankt, vgl. Briefe Nr. 4, S. 30, Z. 10 – S. 38, Z. 23, Nr. 9, S. 69, Z. 31 – S. 71, Z. 13; ferner *Pia Desideria* 1676, S. 14. 133 f. (PD 17,21–31; 71,16–35) und *Ph. J. Spener:* Die allgemeine Gottesgelehrtheit aller gläubigen Christen und rechtschaffenen Theologen, Frankfurt a. M. 1680; vgl. Brief Nr. 4 Anm. 8.

20   Vgl. 1Joh 2,4 f.; 4,16.

21   Nach lutherischer Gnadenlehre ergeht das Heilsangebot Gottes im Evangelium an jeden Menschen, wird aber von vielen nicht angenommen, weil sie sich ihm auf Grund ihrer eigenen Bosheit widersetzen.

22   Vgl. Tit 3,11.

Glauben begabt waren, was von den meisten wahr ist,
die nicht nur mittelmäßig die Glaubensartikel kennen,
oder weil sie, obwohl sie den Glauben haben, ihre Seelen mit der Liebe zur Welt angefüllt haben und sich
nicht bemühten, Früchte, die jener göttlichen Wohltat 5
würdig sind, zu erbringen; so waren sie schon abgefal-
len, bevor sie zu anderen Lagern übergingen. So oft
fehlt es vor jenem Übertritt nicht so sehr an einem
Glauben dessen, was sie glauben, sondern es fehlt an
einem Glauben, womit sie glauben[23], um ein wahrer 10
Glaube zu sein. Wiederum, wenn du auf die Kenntnis
der Kontroversen siehst, erkennen sicher die meisten
gut, dass die ganz einfachen Menschen die Verfolgun-
gen oder andere Versuchungen mit Hilfe der göttlichen
Tugend besser bestanden und durchgehalten haben. 15
Deshalb hütet der sich noch nicht genug vor dem Glau-
bensabfall, der allein den Verstand mit der Erkenntnis
der Artikel, in welchen die anderen irren, anfüllt, wenn
er nicht zugleich gelernt hat, alles und besonders die
zeitlichen Annehmlichkeiten und die Schmeicheleien 20
des Glücks seinem Gott und der Wahrheit hintanzuset-
zen. Wenn dies nämlich nicht gefordert ist, was spricht
dagegen, das Bekenntnis zu ergreifen, dessen Lehre ich
selbst als falsch erkenne, aber das ich mir nützlich zu
sein glaube? Dieses Verderben unseres Grundes birgt 25
mehr Böses als die Unwissenheit selbst, von der ich
nicht zweifele, dass sie sehr gefährlich ist. Die Erfahrung spricht für mich, dass ich wahr rede.[24] Ich lege Disputationen nicht weniger Bedeutung bei, als du selbst

---

23 Spener unterscheidet mit der augustinischen Tradition (z. B. *Augustinus:*
    De trinitate II,5; PL 42, 1016 f.) häufig zwischen der subjektiven und der
    objektiven Seite des Glaubens, nämlich dem Glaubensgegenstand, der ge-
    glaubt wird (*fides, quae creditur*) und dem Glaubensakt, mit dem man
    glaubt (*fides, quae credit*) (s. z. B. LBed. 3, 59. 128; *Philipp Jacob Spener:*
    Daß von den Gläubigen durch Christum abgewendete göttliche Gericht,
    Frankfurt a. M. 1675, S. 341).
24 Vgl. FB 1, Nr. 105, Z. 23–78, an Abraham Calov.

ihnen zuschreibst. Sie zeigen nämlich eine Überzeugung, nicht eine Bekehrung, was die angeführten Beispiele der von Christus gehaltenen Disputationen zeigen. Und aus ihnen selbst ist klar, was ich allein [zeigen]
5 wollte, dass nicht jenes alles durch Disputieren erlangt werde, was zur Bestätigung und Erhellung der Wahrheit erfordert wird.

Dem Wert heiligen Lebens schreibe ich nicht eine größere Kraft zur Bekehrung der Ungläubigen zu, als
10 einem der pädagogischen Mittel, vgl. 1Petr 3.[25] Und dieses Medium fördert auch nicht so die Kraft des Wortes, wie der Skandal eines weltlichen Lebens jene hindert. Deshalb: Wenn eine andere Art des Lebens und, was dazu gehört, ein anderer Zustand unserer Kirche [*facies*
15 *nostrae Ecclesiae*] ohne Zweifel einen gewaltigen zukünftigen Zuwachs brächte,[26] dann nicht so sehr wegen der Kraft des Exempels, als weil das gegenteilige Exempel eines Lebens, das von dem Bekenntnis überhaupt abweicht, was bedauernswerter Weise [*proh do-*
20 *lor*] geschieht, nicht weiter die Kraft und Wirkung des Wortes in den von jenem Skandal erfüllten Seelen besonders behindert. Ein verbrecherisches Leben hindert nicht allein jenes Wirken des Heiligen Geistes, das in den Bekehrten weiter andauern muss, sondern auch
25 sehr häufig jenes, wodurch zuerst die Ungläubigen zu bekehren gewesen wären. Ungeachtet, dass wir die Gnade nicht verdienen, noch an uns ziehen, noch die angebotene Gnade ergreifen können, können wir ihr aber widerstehen.[27] Der Widerstand ist aber kräftig ge-
30 nug in einem Herzen, das sich ganz der Welt hingibt.

---

25 1Petr 3,13–17 PL 42 1016 f..
26 Auch hier hat Spener offenbar die Möglichkeit einer Hoffnung besserer Zeiten im Blick; vgl. Brief Nr. 2, bei Anm. 5.
27 Abgrenzung gegenüber der tridentinischen (römisch-katholischen) Rechtfertigungslehre.

Ohne die Wirkung des Heiligen Geistes, abgestorben der Gnade, können wir keine geistliche Bewegung vollführen: es bleibt trotzdem, wie ich aus unserem Seligen Lehrer erinnere, *Hodos. p.* 299. 301[28], eine gewisse unvollendete Freiheit in der Hinführung zur Religion 5 [*paedagogia religionis*]. Aus dieser kann der Mensch durch das Licht seines Verstandes erkennen, dass die wahre Glückseligkeit nicht in jenen Gütern liegt, welche die Welt mit ihren Reichtümern, Ehre und Wollust bewundert: wie weit die philosophischen Möglichkeiten 10 reichen, ist gleichwohl keinem unbekannt. Wenn nichts anders entgegensteht, läßt aber ein solcher leichter das Wirken des Heiligen Geistes im gepredigten Wort zu, als wer überhaupt versunken ist in der Tiefe des Geizes, der Ambition oder im Schmutz der Wollust. Trotzdem 15 kann man nicht sagen, das er sich auf die Gnade vorbereitet habe, wenn er aus der Zahl [griech.] der Heiden ist (*Hodosophia, Editio posterior, p.* 1306[29]); er kann also auf eine Weise von der ungebändigten Liebe zur Welt abgeführt werden, auch wenn er ein unwiederge- 20 borener Geist ist: aber wahre Absonderung, und dass der Mensch der Welt abstirbt, ist endlich die Frucht des Glaubens.

---

28 *Johann Conrad Dannhauer:* Hodosophia Christiana, Straßburg 1649, S. 299. 301 [²1666, S. 446; ³1713, S. 230 f.]: [Übersetzung:] „Eine unvollkommene, brüchige Freiheit wird dem Menschen zugeschrieben in der Hinführung zur Religion, was diejenigen zur Religion führenden Akte betrifft, die nach der göttlichen Ordnung […] als in Gang setzende, äußere oder zu unterlassende (negative) Akte gefordert werden. Von denen liegen in der Freiheit des Menschen [Am 8,11 f.; 1 Kön. 10,1] das Wort [Gottes] zu suchen und sich danach zu sehnen [Mk 6,20; Apg 13,7; 24,24], das gefundene Wort [Gottes] freudig zu hören sowie den göttlichen Regungen zu widerstehen oder nicht zu widerstehen, von denen der letzte Akt (nicht widerstehen) nicht notwendig einen positven Akt der Willenskraft erfordert. […] Das Fenster, durch das das Licht hereintritt, widersteht nicht dem Licht, ist aber trotzdem nicht die Ursache der Erleuchtung.“

29 *Johann Conrad Dannhauer:* Hodosophia Christiana. Straßburg ²1666, S. 1306 (1649, S. 856; ³1713, S. 654 f.). Dannhauer unterscheidet innerhalb des rechtfertigenden und seligmachenden Glaubens drei Momente, nämlich die auch bei den Nichtwiedergeborenen mögliche vorhergehende Ausrich-

7. Die Unsrigen werden über die Religion in den öffentlichen Versammlungen[30] hinreichend instruiert, und wir werden nicht ablassen, sie zu instruieren: wie auch über die geschuldete Ehre, welche nach GOTTES
5 Willen dem öffentlichen Predigtamt entgegengebracht werden soll. Ich selbst nämlich sehe auch oft die Verachtung des Predigtamtes nicht ohne Seufzen und Herzeleid. Ach, wenn doch nicht aus unserem Stand selbst einige zu jener Verachtung sehr viel beitrügen! Wir ma-
10 chen uns oft dadurch verächtlich, dass wir uns bemühen, uns von Verachtung zu befreien.

8. Es wird die Aufsicht bei dem Predigerministerium bleiben, so lang es diese Übung geben wird. Das Priesteramt, das allen anbefohlen ist, hat hinsichtlich der Art
15 der Ausübung seine Grenzen. Dass eine Unterweisung des Nächsten auch jenen obliege, die nicht Gelehrte oder Schriftausleger [*prophetae*] sind, hat, glaube ich, unser *Megalander*[31] Luther aus den heiligen Schriften auf vollkommen hinreichende Weise und nicht nur einmal be-
20 wiesen, und er hat dargelegt,[32] wie die einzelnen geistlichen Priester nach Maßgabe der ihnen verliehenen Gnade gehalten sind, für ihren Nächsten dazusein. Es ist ein besonderer Sinn, in welchem wir alle Propheten sind, die wir an dem prophetischen Amt ebenso wie an dem priesterlichen und dem königlichen Amt teilhaben, wel-
25 che drei Ämter unser Heiland führt.[33] Aber wie die übri-

---

tung auf das ewige Leben von der dem Wirken des Heiligen Geistes zuzuschreibenden Ergreifen des Heils und der Gestaltwerdung des Glaubens als Erkenntnis, Zustimmung und Vertrauen. Jenes Ergreifen identifiziert er mit dem Glauben, sofern er rechtfertigt (*fides qua justificat*), diese Gestaltwerdung mit dem Glauben, der rechtfertigt (*fides quae justificat*).

30 Öffentliche Gottesdienste.

31 Grosser Mann: häufig von Spener verwendeter (humanistischer) Ehrentitel für Martin Luther.

32 Vgl. *Pia Desideria* 1676, S. 104 f. (PD 58,11–34); vgl. die Lutherbelege in: *Philipp Jacob Spener:* Das Geistliche Priesterthum. Frankfurt a. M. 1677, S. 76–113.

33 Zur Lehre vom dreifachen messianischen, nämlich priesterlichen, königli-

gen zwei, so hat auch dieses seine Grenzen, und nicht alle
sind Propheten im Reichtum der Gaben und in der Berufung in ein öffentliches Amt. So gehört es sich überhaupt, dass eine Ordnung in der Kirche GOTTES sei,
aber nicht, dass die übrigen Glieder der Kirche von den   5
Ämtern ausgeschlossen werden, die der gemeinsame
Herr auch jenen Gliedern anvertraut hat.

Wenn manche aus dem Stand meiner Herren Kollegen, mit wachsender Zahl, dasselbe einzurichten be-
schlössen, wird die Sache mit jener Vorsicht behandelt   10
werden müssen, dass nicht ferner etwas zu fürchten ist,
was unsere Eintracht verletzen oder den Hörern ein Ärgernis geben könnte. Dieses scheint zu den Punkten zu
gehören, in welchen Du mir überhaupt zuzustimmen
scheinst; nur dass ich mich in meinem vorherigen Brief   15
nicht genug erklärt habe.

Was nun das zweite betrifft, glaubst Du immer noch,
dass die Zustimmung des Stadtrates notwendig sei. Ich
erinnere mich, schon in dem vorherigen Brief angeführt
zu haben, dass jene nicht fehlt, weil unsere Scholar-   20
chen, keiner ausgenommen, nicht nur die Einrichtung
gebilligt haben, sondern sie sogar loben.[34] Diese aber
sind die ordentlichen Vertreter unseres Stadtrates in
Kirchensachen, und es ist an ihnen, was sie [dem Stadt-
rat] berichten, auch in Dingen von größter Bedeutung.[35]   25

Was aber dasjenige ist, was ihre Vollmacht übersteigt,
das müssen sie selbst wissen und wissen es auch: Und
sie wissen es so genau, dass sie es nicht hätten billigen
können und gehalten gewesen wären, eine Entschei-

---

chen, und prophetischen, Amt Christi s. *Johann Conrad Dannhauer:* Hodosophia Christiana, Straßburg 1649, S. 461–507. 508–588. 588–594
(^{2}1666, S. 677–726. 726–816. 816–823; ^{3}1713, S. 341–366. 367–413. 413–
416).

34   Zur Billigung der *Exercitia* durch die Scholarchen s. Brief Nr. 9, bei Anm. 9.
35   S. Brief Nr. 9, bei Anm. 8.

dung dem ganzen Stadtrat zu überlassen, wenn die Versammlungsfreiheit mit der Verfassung dieses Gemeinwesens im Widerspruch stände.

5 Ich weiß nicht, woher du es hast, dass es auch einige in dem kichlichen Lehramt gibt, die die Einrichtung nicht billigen. Es hat mir gegenüber nämlich bisher niemand etwas Derartiges gesagt; vielmehr hat kein Kollege, mit dem ich gesprochen habe, auch nur mit einem Wort widersprochen. Wenn aber jemand anderen ge-

10 genüber seine Vorbehalte äußerte, dann handelte er ohne Zweifel gegen das brüderliche Vertrauen, in dem wir einer dem anderen als Kollegen zur Ermahnung verpflichtet sind.

Die Reformierten haben hier kein Recht auf öffentli-

15 che Ausübung ihrer Religion;[36] und trotzdem pflegen weniger ihre Pastoren und Senioren als andere aus der Gemeinde häufig zusammenzukommen, indem sie auch das behandeln, was auf eine Vorentscheidung [der Anerkennung] unserer Sekte [*nostrae Sectae*] hinausläuft;

20 diesen Versuchen, eine Art Konsistorium aufzubauen, haben wir häufig widersprochen. Aber nicht einmal darin erhalten wir von unserer eigenen Obrigkeit, was wir wünschen: Um so abwegiger ist es, dass sie irgendwelche Zusammenkünfte von einigen [Menschen] für öffentliche Akte halten.

25 Ich bestreite nicht, dass unsere Übung einen gewissen Anschein des Öffentlichen hat, weil mehrere und nicht nur bestimmte Personen zusammenkommen: Aber nicht alles, was dieser Art ist, ist so öffentlich, dass es der öffentlichen Kontrolle bedarf. Es gibt bei uns Bei-

---

36 Vgl. das abschlägig beantwortete Gesuch von 1674: Unterthäniges Bitt=Schrifftlein Unser Der Niederländischen Reformirten Gemeinen allhier / Umb grosg. Erlaubung und Benahmung eines Orts ausser der Statt zu Erbawung eines Hausses zu unserm Gottes=Dienst. In: Franckfurtische Religions=Handlungen, Frankfurt a. M. 1735, Beylagen, S. 212 f.

spiele dafür, dass in gewissen einzelnen Wochen, auch regelmäßig, mehrere nach Möglichkeit zusammenzukommen pflegen, um sich musikalischen Übungen hinzuge-
ben. Keinem ist in den Sinn gekommen, dafür um Erlaubnis zu fragen, oder dass damit die Autorität des 5
Stadtrates verletzt würde, weil eine solche Erlaubnis
nicht beantragt wurde. Nicht anders ist über unsere Versammlung zu urteilen, die sich kaum von jenen unterscheidet, außer hinsichtlich des Gegenstandes. Ja, ich
könnte noch hinzufügen, dass in dieser Stadt (was ich 10
nicht geschehen lassen wollte) geduldet wird, dass mehrere zu bestimmten Zeiten in bestimmten Häusern zusammenkommen, um mit Glücksspiel, Spielen und Trin-
ken ihre Zeit zu vergeuden, und sie werden das zu tun
nicht gehindert, weil man nämlich will, dass für die Bür- 15
ger die Versammlungsfreiheit unangetastet bleibt.

Dass ich das Vorbild eines Hausvaters angeführt habe, der seine Hausgenossen [religiös] unterweist[37], bezieht sich darauf, dass die christliche Lehre nicht nur an
die öffentlichen Predigten und allein an das Predigtamt 20
gebunden ist. Ich bekenne, dass es da im Blick auf unsere Versammlungen einen Unterschied gibt, weil diejenigen, die sich gegenseitig besuchen, keine Hausgenossen sind: aber du erinnerst dich an die Stelle bei D.
Luther, 7. Bd. *Jen.*, *p.* 345,[38] dass er das Priesteramt 25
nicht auf die Hausgenossen beschränkt. [Folgt im Original auf Deutsch:] „Ob wir wohl nicht alle im öffentlichen Amt und Beruff sind / so soll und mag doch ein jeglicher Christ seinen Nechsten lehren / unterrichten /
vermahnen / trösten / straffen durch GOttes Wort / 30
wenn und wo jemand deß bedarff / als Vatter und Mut-

---

37 Zum Vergleich mit der Hauskirche des Familienvaters s. Brief Nr. 9, S. 62,
    Z. 20–27.
38 Jenaer Lutherausgabe, Teil 7, S. 345 = WA 41, S. 79–239, hier S. 211, Z.
    18–22.

ter ihre Kinder und Gesinde / ein Bruder / Nachbar /
Bürger und Bauer den andern". Was einzelnen oder wenigen unter einander erlaubt ist, ist auch einer etwas
größeren Zahl erlaubt: trotzdem mit dem Unterschied,
5   dass, weil in dieser Versammlung eine grössere Gefahr
des Irrtums besteht, die Diener der Kirche dafür Sorge
tragen und nicht daran gehindert werden, was ihres
Amtes ist, sondern dass sie mit ihrer Aufsicht bewirken,
dass in der Versammlung nicht abgeirrt werde.
10   Wenn der Stadtrat auch einen Verdacht hinsichtlich
des Gegenstandes gehabt hätte, der in jenen Versammlungen behandelt wird, hätte er nach seinem Recht Er-
kenntnisse darüber einziehen (wie auch bei anderem,
was in der Stadt getrieben wird und was irgendwie et-
15   was Gutes oder Schlechtes nach sich ziehen könnte)
und daraufhin die Einrichtung so zurechtweisen können, dass die sehr gute Intention ihr Ziel nicht verfehle
und trotzdem von ihr nichts zu fürchten sei. Ich verhehle nicht, dass es unrecht wäre, den Stadtrat von die-
20   ser Aufsicht ausschließen zu wollen, sofern er sie ausüben will. Ob es aber nötig sei, wird er selbst bei sich in
Weisheit beschließen.
Außerdem, was unsere Einrichtung betrifft, konnte
er anfangs um so weniger über eine erforderliche Er-
25   laubnis beraten, weil wir vier oder fünf[39] gewesen sind,
die in der kleinsten Form einer öffentlichen Versammlung zusammenkommen konnten, und es nicht fest-
stand, ob andere hinzukommen würden; endlich aber
ist es geschehen, dass bald dieser, bald jener zugelassen
30   zu werden bat; und die Verdächtigungen wären nicht
ausgeblieben, wenn wir andere nicht zugelassen hätten,
als ob wir etwas täten, was nicht die Anwesenheit von
Urteilsfähigen erträge. Allmählich ist die Zahl gewach-

---

39   S. Brief Nr. 6 Anm. 14.

sen, obwohl sie auch jetzt nicht so sehr groß ist; und wenn sie sehr viel mehr stiege, würde [die Übung] auch ihrem Zweck nicht mehr gerecht.[40] Aber vielleicht bin ich in diesen [Fragen] zu ausführlich; Du aber, zu verehrender Bruder, wirst wie meine vorherigen [Briefe] so auch diesen zum Guten kehren und der Freiheit unseres freundschaftlichen Vertrauens zuschreiben; dann, glaube ich, dass ich aus diesem Austausch Nutzen ziehen kann.

---

40 Spener hat mit Erscheinen der *Pia Desideria* seine inzwischen zahlenmäßig stark angewachsenen Frömmigkeitsübungen zu Apostolischen Versammlungen nach 1Kor 14 umstilisiert und damit ihrem eher öffentlichen Charakter Rechnung getragen; zugleich ging damit der ursprüngliche Zweck eines vertrauten Umgangs mit einzelnen Christen verloren; vgl. *Markus Matthias:* Collegium pietatis und ecclesiola. Philipp Jakob Speners Reformprogramm zwischen Wirklichkeit und Anspruch. In: Pietismus und Neuzeit. Ein Jahrbuch zur Geschichte des neueren Protestantismus, Bd. 19 (1993), S. 46–59.

11. An [Hans Eitel Diede zu Fürstenstein[1] in Friedberg], [Ende August/Anfang September[2]] 1675[3]

Daß Ew[er] WohlEhrenv[est] meine einfältige, aber
5 treu gemeinte gedancken in der gemachten vorrede[4]
ihro belieben lassen, erfreuet und bekräfftiget mich so
vielmehr.

Es wird ietzo diese vorrede besonders in kleinem for-
mat[5] getruckt, zusamt eines christlichen *Theologi* sehr
10 stattlich gemachten *additionen* und *animadversionen*.[6]
Soll, geliebt es GOtt, in die messe[7] heraus kommen.
GOTT lasse nur auch einige frucht zur verlangter erbauung und besserung folgen. Dann wo nichts werckstellig[8] gemachet wird, so sind alle *consultationes*[9] end-
15 lichen vergebens. Jedoch hoffe, es werden einige gottselige *Theologi* seyn, die ihres orts nicht ermangeln
werden, etwas davon in übung zubringen. Wie dann es
auch lauter solche vorschläge sind, die fast von jedem

---

1   Hans Eitel Diede zu Fürstenstein (1624–1685), seit 1671 erwählter Burg-
     graf zu Friedberg (Hessen): Geboren in Wellingerode, wurde er nach dem
     Studium in Straßburg und einer akademischen Reise zunächst Kammer-
     junker und Gesandter in Kassel, 1653 Hofmeister und Geheimer Rat in
     Darmstadt, 1660 Richter am Samtgericht in Marburg, 1663–1665 Ge-
     sandter auf dem Reichstag zu Regensburg, 1665 Oberamtmann der Graf-
     schaft Nidda in Nidda, 1671 Burggraf zu Friedberg, dann auch Haupt-
     mann der rheinischen Ritterschaft, 1682 Unions-Kriegsrat und 1683 Kai-
     serlicher Rat. – Diede zu Fürstenstein war ein gründlicher Kenner der
     Schriften Jacob Böhmes und gehörte zu dem an hermetischer Literatur
     interessierten Zirkel des Darmstädter Hofes.
2   Datierung nach FB 2, Nr. 32 Anm. 2.
3   Nur im Druck (Bed. 3, 1702, S. 113–116) überlieferter und dort anonymi-
     sierter Brief; Edition in FB 2, Nr. 32.
4   *Philipp Jacob Spener:* [Postillenvorrede] (s. Brief Nr. 14 Anm. 10).
5   *Philipp Jacob Spener: Pia Desideria* (s. Brief Nr. 14 Anm. 11).
6   Zufügungen und Hinweise: Gemeint ist das Gutachten von Speners
     Schwager Johann Heinrich Horb (1645–1695); das zweite Gutachten, das
     seines Schwagers Joachim Stoll (1615–1678), erschien erst kurz vor Ab-
     schluss der Drucklegung (s. FB 2, Nr. 41, bei Anm. 7).
7   Die Frankfurter Herbstmesse vom 6. bis 25. September 1675 (s. Brief
     Nr. 14 Anm. 12).
8   Praktisch umgesetzt.
9   Beratschlagungen.

Theologo und prediger, auffs wenigste gantzem *ministerio*,[10] seines orts etlicher massen werckstellig gemacht werden mögen und nicht nöthig haben, daß erst anderwertliche hilffe dazu erwartet werde. Indem ich sehe, daß wo man auff solche warten will, so versäumet man endlich alles, weil das jenige, worauff man wartet, doch nicht geschicht. Daher für dißmahl fast nichts mit unter mischet habe, worinnen man des weltlichen und obrigkeitlichen stands und seines arms sonderlich benötiget[11] wäre: sondern lauter solche dinge, da es allein bedarff, daß ein treuer diener GOttes sein amt fleißig thue und anfangs etliche, allgemach aber andere mehrere in seiner gemeinde gewinne.

Und komme ich mehr und mehr auff die gedancken: Nach dem wir insgemein die *Consilia*[12] von den mitteln, die zwar die kräfftigste wären, daß nemlich alle drey *ordines*,[13] sonderlich aber die zwey obere, mit gesamter hand zusammen setzten und dem werck auß dem grund zu helffen suchten, auch die widersetzliche damit in etwas zu zähmen vermöchten, gantz fruchtloß abgehen sehen, weil solche zusammensetzung weder bißher erhalten worden, noch jetzo mehrere *apparenz*[14] ist, daß sie zu nechst folgen werde: Daß dann fast am dienlichsten seyn wolle, wir unterlassen zwar auch jene *consilia* nicht, sondern treiben nach vermögen, ob eine allgemeine oder doch eine merckliche zusammensetzung der *ordinum* erhalten werden könte, aber setzen gleichwol nicht alles biß dahinauß, sondern greiffen jeglicher

---

10   Predigerministerium (s. Brief Nr. 9 Anm. 7).
11   Benötigt sein: bedürfen (DWB 1, Sp. 1474 f.).
12   Ratschläge.
13   Die drei Stände (Funktionen) innerhalb der (lutherischen) Gesellschaftsordnung: Der Regierstand (Obrigkeit; *ordo politicus*), der Lehrstand (Kirche und Schule, *ordo ecclesiasticus*) und der Nährstand (Wirtschaft; *ordo oeconomicus*).
14   Anzeichen, Wahrscheinlichkeit.

seines orts die sach auff die art an, wie wir bereits jetzt
vermögen.

    Das geschiehet dann, wo jeglicher prediger bey seiner
gemeine sich das werck des HErren mit ernst lässet an-
5 gelegen seyn: und zwar also (als wo hin alle meine vorschläge mit abzwecken[15]), daß er die allermeiste mühe
nehme, an denen jenigen gliedern seiner gemeinde zu
arbeiten, die er erkennet, daß sie ohne das schon von
GOtt den meisten trieb und gute *intention* haben, ihrem
10 Christenthum als dem einignothwendigen[16] vor allem
abzuwarten,[17] die vor andern die [griech.] Geeigneten
sind zu dem reich GOttes, Luc. 9,62.[18] Mit denen gehe
denn der prediger viel und offters um, suche sie zu der
Schrifft und in derselben immer tieffer hinein zu trin-
15 gen, so wol in fleißigem privat=lesen,[19] als, wo sichs tun
läßt, dergleichen *conferenzen,* davon ein vorschlag gethan[20]; er gebe so fleißig acht auff sie, gleich ob wären
sie ihm allein anbefohlen, bemercke, ob und wie sie zunehmen, sonderlich ob und wie ihr leben die früchten
20 der erkäntnüß weise oder nicht: Er stiffte unter solchen
leuten selbs eine heilige und vor andern genauere
freundschafft, daß sie acht ieglicher auff sich selbs und
seine brüder haben und unter sich ihr priesterliches
amt[21] eyffrig zutreiben eine weil sich gewöhnen, da bin

15   Vgl. die Vorrede zu den *Pia Desideria* 1676, S. 21 f. (PD 8, 25–36).
16   Einzig notwendige (DWB 3, Sp. 206–210, hier Sp. 207) nach Lk 10,42 (s. Brief Nr. 7 Anm. 15).
17   Pflegen, achthaben (DWB 1, Sp. 147).
18   Lk 9,62.
19   Vgl. *Pia Desideria* 1676, S. 96 f. (PD 54,26–55,5).
20   Der Vorschlag zur Einrichtung von Apostolischen Erbauungsversammlungen nach 1Kor 14 in den *Pia Desideria* 1676, S. 97–101 (PD 55,13–56,37).
21   Allgemeines (geistliches) Priestertum mit den Ämtern des (geistlichen) Opferns, des Betens und Segnens sowie dem (in der christologischen Ämterlehre eigentlich prophetischen) Amt des göttlichen Worts (s. *Philipp Jacob Spener:* Das Geistliche Priesterthum, Frankfurt a. M. 1677, S. 9); vgl. die Forderung nach Ausübung des geistlichen Priestertums in den *Pia Desideria* 1676, S. 104–110 (PD 58,11–60,29).

ich versichert, daß durch GOttes segen es nicht so lange anstehen solle, daß nicht in einer gemeinde ein gesegnete außwahl bald sich zeigen solte von solchen, die rechte kern=Christen[22] seyen und mit welcher hilff nachmal der prediger vieles, so sonsten ihm allein nicht 5 müglich wäre, außrichten möge. Ihr gut exempel, die unter sich übende brüderliche liebe und bezeugungen aller christlichen pflichten gegen jederman[23] wird bald andere bewegen, sich auch dazu zuschicken und hingegen die gantze ruchlose, wo nicht bessern, doch gantz 10 schamroth machen. Und zu solchen allen bedürffen wir weder zwang noch viele weitläufftige anstalten, sondern kan mit anruffung GOttes dergleichen von jeglichen predigern geschehen.

Dabey aber die gewisse hoffnung gemacht werden 15 [kann]: Wo in unterschiedlichen gemeinden dergleichen anzahl von wahren Christen werden gesamlet werden, so möge solches ein anfang seyn zu viel kräfftiger *reformation,* dazu man jetzo noch nicht kommen kan. Jetzo manglets gemeiniglich daran, daß, weil der jenigen, die 20 einem prediger anvertrauet sind, alzuviel sind, mans bey dem allgemeinen bleiben lässet. Da haben alsdenn die gute gemüther keine gelegenheit zu zunehmen, ihr eyffer wird nicht *excitirt,*[24] oder denselben mit zulänglichem beystand geholffen, daher er auch erkaltet, und 25 gehet damit jeder wiederum den gewohnlichen weg und gedencket nicht, täglich zu zunehmen; es kennen christliche gemüther sich nicht selbs untereinander, und weißt[25] also niemand fast, von wem er erbauet wer-

---

22   Ein bei *Heinrich Müller:* Geistliche Erkwick=Stunden, Oder Dreyhundert
     Hauß= und Tisch=Andachten, Frankfurt a. M. 1673, zu findender Be-
     griff; vgl. *Pia Desideria* 1676, S. 122 (PD 65,34).
23   Vgl. Röm 12,17; 13,7; Gal 6,10.
24   Angestachelt.
25   Weiß (DWB 30, Sp. 748–770, hier Sp. 748).

den oder wo er erbauen könte. Damit bleibet alles ste-
cken, und haben die auch ruchlose keine rechtschaffene
exempel vor sich, die ihnen in die augen leuchteten.
Deme allem ziemlich gerathen wäre, wo sich ein predi-
5 ger auff diese weise zu der sach anschickte, nachmal erwartende anderer kräfftiger mittel, damit folgens weiter durch getrungen und die in dem weg gelegene hindernüssen der widersetzlichen überwunden werden
mögten. Woran es GOtt, wo wir jetzo bereits seiner
10 gnade uns so gebrauchen, als uns gegeben ist, nicht
wird ermanglen lassen. So sollen wir dennoch mit hertzlichem anruffen GOttes einen muth fassen und dem
fürsten dieser welt[26] mit einem *strategemate*[27] eines abgewinnen, daß, da er meinet, sein reich sicher gnug zu
15 behalten, in dem er an hohen orten durch seine hoff=
und regimentsteuffel[28] die allgemeine verfassungen und
consilia hindert und sich vor dem übrigen wenig be-
fahrt,[29] er endlich sehe, daß man auff andere weise ihm
nachtrücklich eingebrochen und ein loch in seine fe-
20 stung gemacht.

E. WolEhrnv. hertzlichen eyffer lobe und liebe ich
hertzlich: wünsche auch von dem aller Höchsten nach-
trücklichen *success.* Kan auch nicht unbillichen, wo E.
WolEhrnv. auff den Creiß= oder Reichs=tag[30] deswe-
25 gen etwas ansuchung thun wolte. Ich bekenne aber dabey offenhertzig, daß ich noch wenig hoffnung sehe
einer guten folgenden frucht: Auch mich entsinne, daß

---

26 Joh 12,31; 14,30; 16,11.
27 Kriegslist.
28 Figur der Teufels-Literatur, einer theologisch-erbaulichen literarischen
    Gattung zur Aufdeckung moralischer Missstände (*Karl Goedeke:* Grund-
    riss zur Geschichte der deutschen Dichtung, Bd. 2, Dresden ²1886, § 161).
29 Sich fürchten, sich sorgen (DWB 1, Sp. 1246–1248).
30 Die Burggrafschaft Friedberg gehörte zum oberrheinischen Kreis, war seit
    dem 15. Jahrhundert Reichsstand und hatte als solcher Sitz und Stimme
    auf dem Reichstag.

grossen theils, wo GOtt seiner kirchen hat helffen lassen, solches nicht geschehen seye durch vor der welt an-
sehnliche mittel und mit=würckung der grossen in der
welt: Sondern gemeiniglich geschahe es durch geringe
anfänge, da man dergleichen viele gute früchte nicht 5
hoffen könte, biß endlich GOtt die hand derer mit dazu
kommen hat lassen, die er zu seines reichs amtleuten[31]
gemacht. Jedoch sind die wege des HErrn wunderbahr
und uns unerforschlich,[32] und jetzt braucht er diese, ein
andermahl ein ander art. Daher man allerley versuchen 10
und endlich dem HErren die sache befehlen mag, welchen weg er zu seinen ehren segnen wolle.

Was einen *General-synodum* von allen 3 Religionen[33]
anlangt, sorge ich, daß bey dem werck unüberwindliche
difficulteten seyen. Dann 1. von Päpstischer seite nim- 15
mermehr darin mag gehellet[34] werden, weil ohne des
Papsts *consens* etwas dergleichen nur in die gedancken
zufassen bey ihnen das gröste *crimen laesae majestatis
pontificiae*[35] wäre. Von dem Papst aber ist eine solche
permission[36] nicht nur zu hoffen, man gebe ihm dann, 20
daß er das *praesidium* und *directorium ea autoritate*[37]
führe, welches er in allen nur etlicher massen auff das
geistliche *reflectiren* den Sachen *praetendiret*[38].

2. So ist ein grosses stück der vor augen schwebenden
greuel eine sache, so noch zu dem *fermento pontificio*[39] 25
gehöret, und haben die meiste mißbräuche aus dem

---

31 Vgl. SapSal 6,5.
32 Vgl. Röm 11,33.
33 Allgemeine Synode der drei Konfessionen; gemeint sind hier die lutheri-
    sche, reformierte und römisch-katholische Konfession (DWB 8, Sp. 801).
34 Zustimmen, übereinstimmen (DWB 4 II, Sp. 969 f.).
35 Das Verbrechen der Verletzung der päpstlichen Majestät (Majestätsbelei-
    digung).
36 Erlaubnis.
37 Das Recht des Vorsitzes und der Leitung auf Grund seiner Autorität.
38 Beansprucht.
39 Päpstlicher Sauerteig (vgl. 1Kor 5,6; Gal 5,9).

Papstum den ursprung genommen[40]: Daß viele darunter seind,[41] so ein Papist behaupten, uns zu trutz verfechten oder doch entschuldigen wird.

3. So gibt es auch die *ratio status Pontificii*[42] nicht zu,
5 daß sie helffe die ärgernüß unter den Ketzern abzuschaffen und nur das wenigste darzu zu helffen: Dann je übler es in unsern kirchen hergehe, so viel mehreren vorwurff haben sie wider uns und wollen also nicht gern, daß ihnen etwas ihres obwol eitlen und falsch an-
10 gemaßten ruhms, daß sie allein seyen, bey denen die gottseligkeit gefördert und auff die heiligkeit getrieben werde, entgehe. Ziemlicher aber wäre es mit einem *synodo orthodoxorum*,[43] dadurch vielleicht viel gutes möchte gestifftet werden. [Lat.] O, wenn man doch die-
15 ses in diesen Zeiten hoffen dürfte! Nun, GOTT wird helffen auff art und weise, wie ers zu seinen ehren dienlich befindet. Dessen heiliger hut und segen reicher gnade empfehlende verbleibe u.s.w. 1675.

---

40 Vgl. *Pia Desideria* 1676, S. 71 (PD 43,19–22).
41 Zur Form s. DWB 16, Sp. 228–345, hier Sp. 232.
42 Die päpstliche Staatsräson; zum Begriff s. Staatsräson. Studien zur Geschichte eines politischen Begriffs. Hg. von Roman Schnur, Berlin 1975.
43 Eine Synode der lutherischen Theologen.

12. An [Christoph Huth[1] in Friedberg], [Ende August/ Anfang September[2]] 1675[3]

Ich bedancke mich zum allerfördersten dienstlich wegen der genommenen mühe und brüderlichen vertrauens, aus deme nach meiner bitte dieselbe ihr wohl meinendes bedencken[4] mir haben *communici*ren wollen.

Ich habe nunmehr etlich[5] und 20 Christlicher und der kirche nützlich dienender männer brüderliche und treue bedencken über meine *praefation*[6] empfangen:[7] unter welchen mich auch das von Eure Wohl=Ehrw[ürden] hertzlich erfreuet und bekräfftiget. Wolte GOtt, wir sehen auch diese freude, daß, was von vielen Christlichen hertzen gebillichet und nützlich erkant wird, auch an ein und ander orten in das werck gerichtet und also einiger nutz geschaffet würde, in deme sonsten alle anstellende *consultationes*[8] vergebens sind.

---

1 Christoph Huth (gest. 1706), seit 1658 Pfarrer in seiner Heimatstadt Friedberg und Inspektor der Burg Friedberg: Huth hatte in Straßburg (seit 1646) und Gießen (seit 1650) studiert und war 1653–1657 Pfarrer in Assenheim und 1657–1658 Rektor der Lateinschule in Friedberg.

2 Datierung nach FB 2, Nr. 31 Anm. 2.

3 Nur im Druck (Bed. 3, 1702, S. 105–107) überlieferter und dort anonymisierter Brief; Edition in FB 2, Brief Nr. 31.

4 Spener antwortet auf die im Ganzen positive Stellungnahme Huths zu den *Pia Desideria* vom 10. Juni 1675 (FB 2, Nr. 140), worin dieser allerdings (Z. 33–57) zu bedenken gibt, die *Exercitia pietatis* könnten durch Leute, „die etwas, sonderlich in geistlichen dingen, zuverstehen sich einbilden" (Z. 39–41), missbraucht werden, um vorwitzige, schwer zu beantwortende und damit die Autorität des Pfarrers schwächende Fragen zu stellen.

5 Einige zwanzig: zwanzig und mehr (DWB 3, Sp. 1175–1177, hier Sp. 1177).

6 Vorrede.

7 In mehreren Briefen berichtet Spener von der steigenden Anzahl schriftlicher Reaktionen auf seine an verschiedene Persönlichkeiten versandte Postillenvorrede (*Pia Desideria*). Es handelt sich um folgende Schreiben: FB 2, Nr. 31, Z. 3–5 (Ende August / Anfang September 1675) und Nr. 41, Z. 69–73 (23. September 1675): mehr als zwanzig; Nr. 61, Z. 55–57 (Anfang Januar 1676): mehr als dreißig; Nr. 69, Z. 13–16 (22. Januar 1676): mehr als vierzig Reaktionen.

8 Beratschlagungen.

Was Eure Wohl = Ehrw. bedencklich achten wegen der versamlungen, da die zuhörer ihre *dubia proponi*ren[9] möchten,[10] bin nicht in abrede, daß auch noch zwey *Theologi*,[11] deren der eine *Professor* in einer benach-
5 barten *Universit*ät,[12] denselben vorschlag in bedacht ge-zogen und gesorget haben, es möchte der kirche einige unordnung daraus entstehen; gleichwohl setzte der eine[13] dabey, daß, wo dergleichen eingeführet wäre und von einem guten mann in seinen gewissen schräncken
10 *dirigirt* würde, wolte ers so gar nicht unbillichen, daß ers auch lobete, aber jeglichen orts finde er nicht, daß es anzustellen wäre.

So bringen auch die von Euer Wohl = Ehrw. ange-führte ursachen so viel zu wegen, daß freylich mit sol-
15 cher sache behutsam und bedächtlich zu verfahren, wo man den verlangten nutzen dardurch erhalten soll. Je-doch halte ich davor, daß alle dergleichen sorgende un-ordnungen oder beschimpffung der predigern wohl ver-hütet werden könne, wo die sache also angestellet
20 würde:[14]

Daß, wer dergleichen in gedancken hat, nicht so bald mit vielen die sache anfange, sondern, wo er erstlich eine zeitlang etliche gute gemüther, die sich das wort Gottes vor andern lassen angelegen seyn, kennen ler-
25 nen und sie zu fleißiger lesung der Schrifft angefrischet,

---

9   Zweifel vortragen.
10   Der Vorschlag zur Einrichtung von Apostolischen Erbauungsversamm-lungen nach 1Kor 14 in den *Pia Desideria* 1676, S. 97–101, hier S. 99 (PD 55,13–56,37, hier 56,1 f.); vgl. FB, Nr. 140, Z. 18–57.
11   Philipp Ludwig Hanneken (s. Brief Nr. 13 Anm. 1) in Gießen und Baltha-sar Bebel (s. Brief Nr. 7 Anm. 1) in Straßburg.
12   Universität Gießen.
13   Ph. L. Hanneken (wie Anm. 11).
14   Zum folgenden Abschnitt S. 100, Z. 21– S. 102, Z. 6 vgl. die ähnlichen (la-teinischen) Ausführungen in den Briefen an Johann Ludwig Hartmann vom 9. Juli 1675 (FB 2, Nr. 20, Z. 163–200 mit Anm. 40), an Gottlieb Spi-zel vom 6. August 1675 (FB 2, Nr. 25, Z. 119–161) und an Philipp Ludwig Hanneken vom Mai/Juni 1675 (FB 2, Nr. 16, Z. 94–139).

sie aber, wie gewiß geschehen wird, finden werden, daß sie nicht aller orten fortkommen können, mag sich alsdann dazu anerbieten, daß er ihnen hierinnen willig an hand gehen wolte und sie deswegen zu gewissen zeiten zu sich kommen lassen und dergleichen übung unter gantz wenigen guten gemüthern anfangen. 5

Wo gleich unter ihnen dieses ausgemacht werden müste, daß sie gantz nichts hohes, *subtiles*, fürwütziges suchen wolten, sondern blosser ding bey der einfalt und denen dingen, die sie in nothwendiger stärckung des glaubens bekräfftigen und zur übung der wahren Gottseligkeit antreiben möchten, bleiben. Was wegen dann alle fragen, die nicht dazu nützlich wären, so bald abgeschnitten werden solten. 10

Wann solches einmahl *lex congressuum*[15] ist, so berufft man sich darauff nachmahl allezeit. Ist auch von den ersten, welche von guter Christlicher *intention* zu seyn *praesupponi*ret[16] werden, dergleichen nicht zuvermuthen, daß sie nicht entweder sich dergleichen unnützlicher frag von selbs enthalten oder so bald mit geschehener abweisung solten zu frieden seyn. 15
20

Ich wolte auch dieses rathen: Wo zu erst eine solche frag von jemand käme, da man erkennete, daß es aus guter meinung geschehe, entweder solche auch abzuleinen[17] und so bald zu weisen, wie uns nichts zu erbauung aus deroselben beantwortung zuhoffen, oder das erstemahl drauff zu antworten mit dem vorbehalt, künfftig dergleichen nicht weiter zuthun: Sähe man aber, daß es von einem fürwitzigen *ingenio* käme, gar zur antwort sich nicht zuverstehen, sondern, wie unnütz es wäre, so bald zu weisen. Auff keine dieser weisen, wann mit 25
30

---

15 Regeln der Versammlungen.
16 Vorausgesetzt.
17 Ablehnen, abwenden (DWB 1, Sp. 72); vgl. FB 2, Nr. 140, Z. 76–82.

freundlichkeit den leuten begegnet wird, ist einige verachtung zubesorgen; sonderlich weil die andere, so dabey sind, wann je ein fürwitziger etwas dergleichen *mo-
vi*ret hätte und nicht abgewiesen zu werden gemeinet,
5 leicht auff die vorstellung beyfall geben und zufrieden
seyn werden.

Wann also erstlich der grund unter etlichen besten
gemüthern aus einer gemeinde geleget und die sache in
ordnung gebracht, so möchten allgemach mehr und
10 mehr andere, so auch verlangen darnach hätten, mit zu-
gezogen werden, die aber gleich sich nach den ersten zu-
richten verbunden wären. Jedoch hat jeder seines orts
zu sehen, was nach denen jeder orten *varii*renden umständen bey ihm das vorträglichste und erbaulichste
15 seyn mag.

Der vorschlag, die Bibel in die jugend in den schulen
zu bringen,[18] ist auch vortrefflich und billich von jeglichen, so etwas darzu zu thun vermögen, zu *practici*ren:
Dann dabey bleibts, je reichlicher das wort GOttes, je
mehrere und gewissere früchten desselben sind zu hof-
20 fen.[19] 1675.

---

18 Huth plädiert in seinem Brief dafür, die Heilige Schrift und ihre (richtige)
    Interpretation durch die Schullehrer unter die Leute, insbesondere unter
    das „rohe bawernvolck", zu bringen. Ziel sei es, die gesamte Jugend eines
    Dorfes (Gemeinde) mit dem Bibelwort zu erziehen. Dann würde auch „das
    übrige leichter von statten gehen" (FB 2, Nr. 140, Z. 76–82).
19 Kol 3,16; vgl. *Pia Desideria* 1676, S. 95 (PD 54,11) und Briefe Nr. 6 Anm.
    13, und Nr. 8 Anm. 12.

13. An [Philipp Ludwig Hanneken[1] in Gießen], 8. Juli 1675[2]

Für Deinen vorherigen Brief[3] schulde ich Dir vor allem gebührenden Dank und rechne es zu Deinen Wohltaten, dass es dir erneut[4] nicht verdrießlich gewesen ist, Dich um meinetwillen einer Mühe zu unterziehen.

Es ist ja so, dass dieser Sache überhaupt nichts abgeht, ob wir nun hinsichtlich der Hypothesen über den noch künftigen Zustand [der Kirche] übereinstimmen oder nicht; und mir genügt es, wenn denen, die dieses aus den heiligen Prophezeiungen[5] herauslesen, ihre Überzeugungen gelassen werden, gerade auch als Motive ihrer Frömmigkeit. In der Tat habe ich einen Freund,[6] der einen neuen Antrieb [*stimulus*] für ein christenwürdiges Leben gefühlt zu haben bekannt hat, nachdem er jene Hoffnung gefasst hatte. Und er hat das oft weiter empfohlen.

---

1   Philipp Ludwig Hanneken (1637–1706), seit 1670 ordentlicher Professor für Theologie und Assessor des Konsistoriums in Gießen: Hanneken stammte aus Marburg, war in Lübeck aufgewachsen und hatte in Gießen, Leipzig, Wittenberg und Rostock studiert. Seit 1663 war er Professor der Eloquenz und der hebräischen Sprache und seit 1667 außerordentlicher Professor der Theologie in Gießen. 1677 übernahm er neben seiner Professur die Superintendentur des Gießener Kreises, 1693 wurde er Professor der Theologie in Wittenberg. – Hanneken war im Jahre 1670 mit Spener in brieflichen Kontakt getreten und wurde einer der scharfsinnigsten Gegner des frühen Pietismus. Der vorliegende Brief ist die Fortführung einer früher begonnenen Diskussion.

2   Nur im Druck (Cons. 1, 1709, S. 187 f. und 2, 1709, S. 69 f.) überlieferter und dort anonymisierter Brief; Übersetzung des Briefes FB 2, Nr. 19. – Den Brief verfasste Spener während seiner Sauerbrunnenkur in (Bad) Schwalbach a. d. Aar von Ende Juni bis Ende Juli 1675 (s. FB 2, Brief Nr. 17 Anm 27).

3   Nicht überliefert.

4   Nicht überliefert.

5   Die exegetische Begründung für einen noch zu erwartenden besseren Zustand der Kirche auf Erden mit Röm 11,25 f. und Apk 18 und 19 nach den *Pia Desideria* 1676, S. 72 f. (PD 43,31–44,23).

6   Vermutlich Johann Jacob Schütz (1640–1690), Advokat in seiner Geburtsstadt Frankfurt a. M.: Nach dem Studium in Tübingen war er zunächst am Reichskammergericht in Speyer tätig, seit 1667 in Frankfurt als Advokat. Spener hat immer bezeugt, dass er ihm außerordentlich viel zu verdanken habe (s. *Wallmann:* Spener, S. 299). Gleichwohl hat sich Schütz seit 1676 – mit zunehmender Öffnung der *Exercitia pietatis* für alle Interessierten –

Was die Frauen betrifft, bitte ich Dich allein darum, dass Du von mir nämlich nicht glaubst, als habe ich jemals die Meinung begünstigt, als sollte auch ihnen das Recht des Redens in öffentlicher Predigt oder in einer
5 Zusammenkunft vieler Männer, die zu einer heiligen Untersuchung angestellt ist, zugestanden werden. Ich habe nämlich niemals das im Sinn gehabt, was [Ihr] aus meinen [Briefen] gelesen zu haben scheint. Denn auch aus dem anderen Brief wird deutlich, dass Euch dieser
10 Skrupel noch nicht genommen ist. Darin wird offenbar, dass meine Briefe über diese Sache nicht ausführlich genug gewesen sind.

In der Zusammenkunft, die ich in meinem Hause zu halten pflege,[7] hat niemand jemals ein Wort einer Frau
15 gehört, wie diese nicht einmal unter den Männern ihren Platz haben; sondern ihnen steht es frei, hinter einem Vorhang zuzuhören; und wenn sich eine einmischen würde, würde ich das auf keinen Fall dulden.

Ich habe das Beispiel der Priscilla[8] angeführt, um zu
20 zeigen, dass dies solchen Frauen privat und ausserhalb von Zusammenkünften erlaubt sei, die entweder öffent-

---

schrittweise von der verfassten Kirche gelöst, so dass es 1682 zum offenen Bruch zwischen ihm und Spener kam. – Schütz selbst führte einen umfangreichen Briefwechsel, durch den er Kontakte mit anderen, vornehmlich spiritualistischen Kreisen knüpfte (Frankfurt a. M., Senckenbergische Bibliothek, Schütz-Nachlass; vgl. *Deppermann:* Schütz).

7   Zu den in Speners Pfarrhaus gehaltenen *Exercitia pietatis* s. Brief Nr. 6 bei Anm. 9; über die Teilnahme nur zuhörender Frauen vgl. Philipp Jacob Spener: Sendschreiben 1677, S. 63: „Es finden sich auch ziemlich viele Christliche Weibspersonen / Frauen und Jungfrauen / dabey ein / die aber von den andern abgeschieden sind / daß man sie nicht sehen / sie aber gleichwol alles hören können. Würde ihnen aber nicht gestattet / etwas drein zu reden oder zu fragen / wie sich auch keinmal einige etwas dergleichen unterstanden hätte."

8   Eine der ersten Unterstützerinnen des Apostels Paulus (Apg 18,2.18.26; Röm 16,3; 1Kor 16,19); vgl. Speners Brief an Hanneken von [Ende Mai/ Anfang Juni 1675], wo Spener sich auf das Beispiel der Priscilla beruft, die nach Apg 18,26 zusammen mit ihrem Mann Aquila Paulus „den Weg Gottes" ausgelegt habe (FB 2, Nr. 16, Z. 76–78).

lich oder öffentlichen gleichzustellen sind; das wird, glaube ich, niemand leugnen außer demjenigen, der überhaupt nicht will, dass dem anderen Geschlecht etwas vorzubringen erlaubt sei.

Warum wird an der Stelle Joel II, 28.29[9] deutlich den Töchtern des Neuen Testamentes auch die Gabe der Prophetie [Schriftauslegung] zugesprochen und versprochen, wenn davon nie ein Gebrauch gemacht wird? Deshalb werde ich zwar niemals einen öffentlichen Gebrauch erlauben, aber ich würde mich auch nicht schämen, von einer Priscilla manchmal etwas privat zu lernen.

Am Tag des 8. Juli 1675.

---

9   Jo 2,28 f. (=3,1 f.).

Die Reform des Theologiestudiums

14. An Gottlieb Spizel[1] in Augsburg, 5. März 1675[2]

Gnade, Heil und Friede von dem HERRN JESUS, der für uns gelitten hat!

Sehr zu verehrender und hervorragendster Mann, Herr, Freund und in CHRISTUS zu ehrender Bruder.

Der Gegenstand und die Ursache dessen, was Du eingeschlossen[3] findest, sind sehr wichtig. Es haben sich einige Freunde untereinander beraten, ob nicht ein Weg (*modus*) gefunden werden könnte, wie sich die Studenten auf den Universitäten allmählich an das Studium der Frömmigkeit gewöhnten und anfingen, solche Menschen zu werden, wie wir sie endlich zu sein wünschen, wenn sie in die Pfarrämter [*muneribus sacris*] befördert werden. Bevor mit einem Universitätsprofessor darüber gesprochen wird, scheint es [nützlich], diese Sache noch etwas zu überlegen und [verschiedene] Meinungen darüber einzuholen, wie das intendierte Ziel am besten erreicht werde und welche Mittel auszudenken wären, die dahin führen könnten.[4]

---

1   Zu Gottlieb Spizel s. Brief Nr. 1 Anm. 1. – Vorliegenden Brief hat Spener unmittelbar nach Abschluss seiner Postillenvorrede geschrieben (s. S. 109, Z. 4–8), die er am 10. März 1675 zum ersten Mal auf dem mittwochs tagenden Predigerkonvent vortrug (vgl. *Kurt Aland:* Spener-Studien, Berlin 1943, S. 1–66, hier S. 2 Anm. 7).

2   Im Original und im zeitgenössischen Druck (Cons 1, 1709, 299 f.) überlieferter Brief; Übersetzung des Auszuges aus FB 2, Nr. 3, Z. 1–37.45 f.67–77.

3   Nicht überliefert. Es handelt sich offenbar um den an verschiedene Freunde, Johann Ludwig Hartmann am 9. März 1675 (FB 2, Nr. 5, Z. 18–33), Joachim Stoll am 7. April 1675 (FB 2, Nr. 10, Z. 74–89) und Elias Veiel am 16. April 1675 (FB 2, Nr. 11, Z. 86–90), verschickten Vorschlag der Einrichtung von akademischen *Collegia pietatis* (vgl. FB 2, Nr. 25, Z. 182–187), den Spener auch in die *Pia Desideria* 1676, S. 144–149 (PD 76,17–78,26) übernimmt. – Im August 1675 waren auch einzelne Theologieprofessoren eingeweiht, so Heinrich Müller (1631–1675) und Michael Cubabus (ca. 1610–1686) in Rostock sowie Christian Kortholt (1633–1694) in Kiel (FB 2, Nr. 25, Z. 182–187).

4   Die ersten beiden Vaterunser-Bitten (Mt 6,9 f.).

Einer[5] hat einiges auf Papier gebracht, was Du hier liest, die anderen beiden[6] haben Anmerkungen darüber gemacht, was ihnen zu den einzelnen Artikeln dünkte. Ich schicke Dir alles, dass Du es selbst auch erwägst; und wenn Du etwas in dieser Sache einzubringen hast – ich sehe aber mit Sicherheit voraus, dass Du vieles einzubringen hast –, dass du uns das mitzuteilen würdigen mögest. Wenn Du diesen Plan nicht überhaupt missbilligst, benenne bitte auch denjenigen, den Du aus der Zahl der akademischen Theologen am Anfang für diese Einrichtung am geschicktesten erachtest, bei und von wem das Experiment zuerst ins Werk gesetzt werden könnte.[7]

Gewiss, wenn diesen Plänen, jedenfalls ihrer frommen Intention, durch göttlichen Segen Erfolg beschieden sein wird, dann weiss ich nicht, ob etwas Heilsameres unternommen werden könnte oder wovon für die Kirche mehr zu erhoffen wäre.

Ich wünschte aber, dass vorläufig mit keinem anderen über diese Sache gesprochen werde, es sei denn, Du kennst einen Freund, der solchen Plänen besonders

---

5 Entgegen *Wallmann:* Spener, S. 315–317, hat Spener diesen Vorschlag selbst entworfen, Spizel aber eine Abschrift übersandt, um die Anonymität zu wahren; s. Bed. 4, 1702, S. 526–535, hier S. 529 = FB 5, Nr. [93], Z. 123–126 (26. August 1681): „Ich habe vor dem einen kleinen auffsatz gemacht / wie ein *collegium pietatis* von einem christlichen *professore* auff einer universität möchte nützlich angestellet werden / darüber drey christliche freunde ihre *observationes* und *animadversiones* mir *communiciret.*"

6 Anfang März (5. und 9. März 1675) spricht Spener von zwei, Anfang April (7. April 1675) von drei Freunden, die seinen Vorschlag kommentiert hätten, einer davon sei Jurist. Bei den ersten beiden Freunden handelt es sich vermutlich um Johann Jacob Schütz (1640–1690) (s. Brief Nr. 13 Anm. 6) und Johann Heinrich Horb (1645–1695), bei dem dritten um Gottlieb Spizel, wie aus Speners Brief an ihn vom 19. April 1675 (FB 2, Nr. 12, Z. 21 f.) hervorgeht.

7 Spizel übersandte den Vorschlag offenbar an Friedemann Bechmann (1628–1703) in Jena; Spener selbst hoffte seinen späteren Gegner Philipp Ludwig Hanneken (s. Brief Nr. 13 Anm. 1) in Gießen zu gewinnen (FB 2, Nr. 12, Z. 24 und Nr. 10, Z. 79–85).

wohlwollend gegenüber steht; solche, glaube ich, wer-
5 den Dir gewiss auch in Deiner nächsten Umgebung
nicht fehlen. Wenn mit solchen vertraulich gesprochen
wird, wollte ich dem nicht wehren.

Ach, wenn wir einmal unsere Gespräche beieinander
führen könnten, wieviel Freude würde mir das bedeu-
10 ten, und vielleicht wäre das nicht ohne Vorteil! Wenn es
aber keine Hoffnung gibt, irgendwann miteinander
[persönlich] zu reden, könnten wir eine Art entwickeln,
dass wir uns durch einen Freund, der in diese Sachen
eingeweiht ist und dem wir uns beiderseits ganz anver-
15 trauen dürfen, einander das sagen, was wir uns gerne
persönlich sagen würden. Überlege bitte auch dieses.

Nachdem ich gebeten[8] worden bin, um der sogenannten Arndtschen[9] Postille[10] (*Postillae Arndianae*), die bei
uns nun herausgegeben wird, eine Vorrede[11] voranzu-

---

8   Nach den *Pia Desideria* 1676, Bl. a2^v (PD 3,14–16) wurde Spener zu der
     Postillenvorrede durch den Frankfurter Verleger Johann David Zunner
     (gest. 1704) aufgefordert.
9   Johann Arndt (1555–1621), seit 1611 Generalsuperintendent des Für-
     stentums Braunschweig-Lüneburg in Celle. – Seine *Vier Bücher vom Wah-
     ren Christenthum,* zeitweise wegen ihrer mystischen, spiritualistischen
     und paracelsistischen Tendenzen heftig umstritten, wurden zum erfolg-
     reichsten Erbauungsbuch der lutherischen Kirche.
10   *Johann Arndt:* Postilla, Das ist: Geistreiche Erklärung Der Evangelischen
     Texte [...] Nebens einer neuen Vorrede an den Leser von gegenwertiger
     Edition, Hn. Philipp Jacob Speners, 2 Teile, Frankfurt a. M.: J. D. Zunner
     1675 (Folioformat).
11   Die (Postillen-) Vorrede (s. Anm. 10) und sogenannte Programmschrift des
     Pietismus datiert vom 24. März 1675. – Sie erschien zur Herbstmesse
     1675, datiert auf den 8. September 1675, als Separatdruck (in Oktavfor-
     mat) unter dem Titel: *Pia Desideria:* Oder Hertzliches Verlangen / Nach
     Gottgefälliger Besserung der wahren Evangelischen Kirchen / sampt eini-
     gen dahin einfältig abzweckenden Christlichen Vorschlägen / Philipp Ja-
     cob Speners / D. Predigers und Senioris zu Franckfurt am Mayn; Sampt
     angehengten Zweyer Christlichen Theologorum darüber gestellten / und
     zu mehrer aufferbauung höchst=dienlichen Bedencken, Frankfurt a. M.:
     J. D. Zunner 1676 (vgl. *Johannes Wallmann:* Postillenvorrede und Pia De-
     sideria Philipp Jakob Speners. Einige Beobachtungen zu Veranlassung,
     Verbreitung und Druck der Programmschrift des lutherischen Pietismus
     [1975]. In: *Ders.,* Pietismus und Orthodoxie. Gesammelte Aufsätze III.
     Tübingen 2010, S. 22–39).

stellen, habe ich in dieser Vorrede einiges zusammen-
getragen, was mich bisher hinsichtlich des Zustandes
unserer Kirche und einiger Mittel, wodurch ihr gehol-
fen werde könnte, beschäftigt hat. Ich hätte gewünscht,
Dir die Vorrede vorher mitzuteilen, aber die heranna- 5
hende Zeit der Messe,[12] in dem das Buch aus der Presse
heraus musste, bot keine Möglichkeit, um sie anderen
außer denen vor Ort bekannt zu machen. Ich werde Dir
aber ein Exemplar von der Messe aus schicken, damit
Du Dir keine Umstände machst, um mir Deine Meinung 10
darüber darzulegen. Gottes Güte wird kaum zulassen,
dass alle Pläne überhaupt ohne Ausführung bleiben;
und wenn wir nur etwas vorankommen, so wird das der
Lohn der Arbeit sein.

Die Strauchsche[13] Sache bringt Kirche und Stadt so 15
in Aufruhr, dass auch von deren Ausgang noch einiges
zu fürchten ist. [...] Ach, wenn doch eine Regelung gefunden werden könnte, wodurch der Kirche ihre Ruhe
zurückgegeben und die schlimmsten Skandale abge-
schafft würden. [...] 20

Geschrieben in Frankfurt 5. März 1675.

Deiner sehr zu verehrenden Würdigkeit zu Gebet
und allen Diensten sehr beflissener

Philipp Jakob Spener

Mit eigener Hand 25

Sei bitte Übermittler meiner guten Wünsche und
Empfehlungen an Euren sehr zu verehrenden und sehr
gewichtigen Senior [des Predigerministeriums].

---

12 Die zwei- bis dreiwöchige Frankfurter (Fasten-) Frühjahrsmesse, zu Spe-
    ners Zeit beginnend jeweils am Sonntag Judika (21. März 1675) und en-
    dend am Dienstag nach Ostern (6. April 1675). – Die ursprünglich am Bar-
    tholomäustag (24. August) beginnende Herbstmesse dauerte zu Speners
    Zeit entweder vom Montag vor (6. bis 8. September) oder nach (9. bis 12.
    September) Mariä Geburt (8. September) bis Ende September (*Alexander
    Dietz:* Frankfurter Handelsgeschichte, Bd. 1, Frankfurt a. M. 1910 [Ndr.
    Glashütten 1970] S. 37–41).
13 Zu den Unruhen um Ägidius Strauch in Danzig s. FB 2, Nr. 2 Anm. 15.

Deme WolEhrwürdigen Großachtbaren und Hochge-
lehrten Herren Gottlieb Spitzeln, der Evangelischen
Gemeinde in des H. Rom. Reichs Statt Augspurg treü-
eyfferigen predigern und Seelsorgern. Meinem inson-
ders HochgeEhrten Herren und in Christo vielgeliebten
Brudern.   Augspurg.

15. An Johannes Piker[1] in Königsberg, [Oktober – Dezember[2]] 1679[3]

Es hat mich desselben bereits in dem nechsten[4] sommer wohl eingeliefertes von hertzen erfreuet, und ich dancke billig GOtt, daß er mich daraus erkennen lassen, gleich wie er unter denjenigen, die an der kirchen dienst arbeiten, sowohl in vor der welt ansehnlichen als auch geringern stellen, sehr viele erhalten hat, welche sich das allgemeine verderben der christlichen kirchen, sonderlich aber unsers stands, von deme die erbauung und besserung außgehen solte, aber leider fast die meiste ursach des verderbens herkommet, lassen zu hertzen gehen, und wie sie es mit erleuchteten augen ansehen, also auch seufzen, verlangen und nach vermögen trachten,[5] wie demselben möchte gesteuret und die kirche wieder in den stand vermittels göttlichen segens gebracht werden, wie sichs geziehmet der außerwehlten braut[6] des hochgelobtesten Sohns Gottes, daß er also auch unter der zahl der jenigen, die er an der lieben jugend zu arbeiten beruffen hat, nicht weniger seinen heiligen samen übrig behalten habe,[7] durch die an der hofnung der lieben *posterit*ät[8] möge fruchtbarlich gearbeitet werden.

---

1   Johannes Piker (ca. 1640–1683), seit 1669 Prorektor an der Kathedralschule in Königsberg: Piker stammte aus Medenau (Samland), wurde 1665 Lehrer in Königsberg und begab sich 1667/68 auf eine Reise durch Deutschland, während der er in Jena studierte. Von Jena aus hatte er auch Spener besucht. Im Jahre 1681 wurde er Rektor in Insterburg

2   Die Datierung ergibt sich aus der Fertigstellung von Speners Postille Ende September (s. Anm. 15).

3   Nur im Druck (Bed. 3, 1702, S. 328–331) überlieferter Brief; Edition in FB 4, Nr. 85.

4   Letzten (nächsten im Blick auf die Vergangenheit) (DWB 7, Sp. 133 f.).

5   Vgl. Brief Nr. 19 Anm. 23.

6   Apk 21,2; vgl. Eph 5,32 (nach alttestamentarischen Vorbildern wie dem Hohenlied und den Propheten Jesaja und Jeremia).

7   Vgl. Jes 1,9; 6,13.

8   Nachkommenschaft.

Dieses freuete mich und freuet mich noch so viel hertzlicher, als mehr an solcher sachen gelegen ist, daß die liebe jugend recht zeitlich und bald zu der wahren erkäntnüß des wahren Christenthums geführet, was an
5 den verstockten und verharteten alten nicht mehr ausgerichtet werden kan, bey den zarten gemüthern in Gottes segen zu wegen gebracht und also ein grund zu einer besseren kirchen auf die folgende zeit geleget werde, an welche sorge doch diejenige, so vor alles sor-
10 gen solten, meistens so gar nicht mit gehörigen fleiß gedencken, damit aber verursachen, daß, was aus solcher versäumnis in den jungen jahren meistens[9] verdorben wird, sich folglich fast nicht anders bessern läßt und daher die boßheit der leut mit der zeit immer mehr zu-
15 nimmet: Ja, meine freude wurde auch dadurch so viel mehr vermehret, weil mir sonsten, da mir Gott bißher, wovor ihm ewig danck gesagt sey, die freude gegönnet, von sehr vielen lieben leuten in dem predig=stand zu erfahren und mit denselben in genauere kundschafft zu
20 gerathen, welche in und ausser Teutschland hin und wieder[10] sich die sache des HErrn mit aufrichtigkeit und hertzlichem eiffer lassen angelegen sein, hingegen aus dem stand derjenigen, so an der jugend treulich arbeiten, sehr wenige bekant gewesen sind, weßwegen ich
25 die jenigen, davon ich kundschafft erlange, so viel werther zu achten und GOtt davor so viel hertzlicher zu dancken habe: Weil auch die hoffnung dadurch wächset, der HErr werde sich seines zions gnädiglich erbarmen wollen,[11] weil er auch in solchem stande leute außrüstet
30 und erreget, die an der hoffnung der nachwelt arbeiten.

---

9   Hauptsächlich (DWB 12, Sp. 1952).
10 Hin und her, überall (DWB 4 II, Sp. 1371–1377, hier Sp. 1374).
11 Vgl. Ps 102,14.

Ich habe aber desselben liebe *intention* und verlangen, GOtt treulich nach dem empfangenen pfund zu dienen,[12] nicht nur aus dem liebreichen briefe und darinnen gethanen bezeugungen verstanden, sondern vornehmlich aus dem mitgeschickten sehr werthen büchlein,[13] welches ich, alß ich auf rath des *medici* zu bekräfftigung meiner gesundheit des Sauerbronnens mich zu Schwalbach bedienen muste,[14] mit mir dahin genommen und es meine ergötzung daselbst sein lassen.

Ich hätte auch eher geantwortet, alß ich aber wiederum zurück gekommen, überfiel mich die arbeit meiner herausgebenden Postill,[15] so gleichwohl erst bey dem ende der meß fertig worden,[16] dermassen, daß alle *correspondenz,* die nicht von unvermeidlicher eil war, so lange verschieben muste.

Ich habe aber solches liebe büchlein nicht nur gelesen, sondern, weil freundlich von mir verlanget worden, meine gedancken, wo ich etwas zuändern rathsam fin-

---

12 Vgl. Mt 25,14–30 par.

13 *Johannes Piker:* Aretologia Christiana, praeeunte potissimùm Sacrâ Scripturâ adornata, Et in gratiam discipulorum suorum aliorumque huiusmodi adolescentûm edita [Christliche Tugendlehre, vor allem mit der vorangestellten Heiligen Schrift belegt und herausgegeben um seiner Schüler und anderer dieser Art Jugendlicher willen], Frankfurt a.M.: Martin Hallervord 1681, mit einem Vorwort Speners vom 1. September 1680 (Bl. ¶2ʳ–¶11ᵛ). – Ursprünglich sollte das Buch den Titel tragen *Epitome Ethicae christianae* [Abriss einer christlichen Ethik]; auf Vorschlag von Spener (s. Anm. 17) hat Piker den Titel geändert und präzisiert.

14 Ende Juni 1679 war Spener zur Sauerbrunnenkur nach [Bad] Schwalbach gefahren; am 23. Juli war er spätestens wieder zurück; s. FB 4, Nr. 48, Z. 15–19; Nr. 50 (Datum) und Nr. 51 (Datum).

15 *Philipp Jacob Spener:* Deß thätigen Christenthums Nothwendigkeit und Möglichkeit / in einem Jahr=gang über die Sontägliche Evangelia in Franckfurt am Mäyn im Jahr 1677. gehaltener Predigten gezeiget; Zusamt einfältiger Erklärung Der drey vortrefflichen Episteln deß hocherleuchten Apostels Pauli an die Römer und Corinthier / so in den Eingängen der Predigten abgehandelt worden, Frankfurt a. M.: Zunner 1680; erschienen zur Herbstmesse 1679. – Das Werk wurde erst in den letzten Septembertagen fertig (s. FB 4, Nr. 69, Z. 3 f. mit Anm. 2).

16 Die Frankfurter Herbstmesse, beginnend am 8. September 1679 (s. Brief Nr. 14 Anm. 12).

den solte, dabey zu entdecken, so habe ich, wo ange-
stossen und einigen *scrup*el gehabt, solches auf *notir*et,
und sende hiemit in freundlichem vertrauen sothane
meine einfältige, aber treugemeinte *observationes*,[17] mit
5 bitte, sie in der furcht des HErrn reiflich zuerwegen
und, wo er dieselbe der wichtichkeit zu sein finden
würde, das wercklein darnach aller dings also einzurichten, wie es folglich ohne fernere änderung gedruckt
werden möchte, dann ich mir die erlaubnüs nicht neh-
10 men will, ohn eigenen *consens* zu ändern oder beyzu-
setzen.

Wie hingegen die an Hr. NN.,[18] von dem auch dieß-
mahl einen freundlichen gruß zu überschreiben habe,
übersandte *additiones* und *correctiones* bey dem druck
15 fleißig sollen in acht genommen werden.

Ich habe gewißlich niemahl billigen können, daß wir
biß daher in hohen und niedern schulen in *materia mo-*
rum[19] so gar schlechterdings bey den Heyden stehn geblieben sind und so wenig erwogen haben, daß wir zu
20 Schülern nicht Heyden, sondern Christen und solche
leute haben, die über die moral erbarkeit zu weitern tugenden und höhern gütern auf einem viel andern weg,
als die Heyden denselben haben zeigen können, geführet werden müssen:[20] Ja, daß auch aus dem licht der
25 vernunfft die *ethica Aristotelica*[21] viele *supplementa* und
correctiones[22] bedörfte, wie aus gegenhaltung anderer

---

17 Speners Anmerkungen in lateinischer Sprache sind abgedruckt in Bed. 3,
   1702, S. 331–334.
18 Vermutlich der Frankfurter Verleger, der im Auftrag des Königsberger
   Verlegers Martin Hallervord d. Ä. (*Benzing:* Verleger, 1156) auch Pikers in
   Anm. 13 genanntes Buch in Franfurt drucken ließ, wahrscheinlich Albert
   Otto Faber (wie Brief Nr. 6 Anm. 8).
19 Unterrichtsstoff der Sitten (Ethik).
20 Vgl. *Pia Desideria* 1676, S. 12 f.; 152 (PD 16,24–17,7; 80,3–11).
21 Die aristotelische Ethik, vor allem nach *Aristoteles:* Nikomachische Ethik;
   vgl. Brief Nr. 16 bei Anm. 29.
22 Ergänzungen und Korrekturen.

heydnischen *Philosophorum* augenscheinlich gezeiget werden kan.

Daher ichs vor ein sonderbar straffgericht GOttes achte, daß wegen unserer undanckbarkeit gegen seine warheit und so theures wort, hingegen allzugrosser liebe zu der vernunfft=lehr, derselbe zugelassen habe, daß man (ob schon der theure Lutherus so mächtig darwider zu seiner zeit geredet und geschrieben[23]) auch in unsern schulen den Heyden *Aristotelem* fast *pro norma veritatis*[24] gemacht und, gleichwie in den *theoreti*schen *disciplinen* die rechtschaffene erkäntnis der warheit sehr dadurch gehindert, also aus seiner *ethic* einige *principia* den jungen leuten bald erstl[ich] beygebracht, welche ihnen in ihrem gantzen leben an der rechtschaffenen Gottseligkeit ein anstoß gewesen seind,[25] ja die Heidnische *ethic* etwa nicht wenig darzu geholffen hat, daß man so viel heydnische[26] Christen bekommen. Ich hoffe aber, der HErr werde auch solchem verderben steuren und sich der armen jugend erbarmen, ihnen treuere handleiter,[27] als bey den Heyden nicht gefunden werden, zu geben. Wozu dann solche *Ethica Christiana* ein stattliches in seinem segen thun können, und ich die Göttliche güte auch von grund der seelen anruffe, daß sie diese arbeit dahin gnädiglichst segnen wolle.

Daß auch die lehr *de fide salvifica*[28] aus dem lieben Luthero sonderlich mit fleiß ausgeführet worden, ist sehr wohl gethan; ich hoffe aber, es werden meine *mo-*

---

23 Vgl. z. B. *Martin Luther:* Disputatio contra scholasticam philosophiam [Disputation gegen die scholastische Philosophie], 1517 (WA 1, S. 224–228).
24 Wahrheitsnorm.
25 Zur Form s. DWB 16, Sp. 228–345, hier Sp. 232.
26 Das Verhältnis von Philosophie und Theologie bildet auch das Hauptthema in Speners Vorrede (s. Anm. 13).
27 Handbücher.
28 Seligmachender Glaube; s. *Piker:* Areotologia, S. 23–61 (*Caput* II, [*quaestio*] 2: „*Describe fidem salvificam*" [„Beschreibe den seligmachenden Glauben!"]).

nita[29] dabey nach reifflicher erwegung nicht aus der acht gelassen werden. Wir haben in einer solchen sehr wichtigen sache uns sehr zu befleissen, daß wir nicht nur allein von der warheit in nichts abweichen, sondern
5 auch dieselbe so deutlich, völlig und mit solchen worten und redensarten, alß viel es müglich ist, allezeit vorzutragen suchen, damit allezeit böser argwohn verhütet und keinem lästerer anlaß gegeben werde, mit zimlichem schein die von unß vorstellende warheit zu wie-
10 dersprechen und zu cavilliren.[30] Wir werden doch mit allem fleiß und vorsichtigkeit nicht alles genug verhüten können, aber desto mehr gleichwohl zu verhüten trachten, was vorsichtig verhütet werden mag.

Ich hoffe, mein vielgeliebter HErr werde sich meine
15 freymütigkeit nicht lassen entgegen sein, sondern eben daraus mein aufrichtiges hertz gegen sich erkennen, wie ich dann auch dieser ursach wegen etliche dinge in meine *observationes* gebracht, die eben so grosser wichtigkeit nicht sind, zu zeigen, daß ich es fleißig und mit
20 bedacht zu lesen nicht ermangelt habe. Wo nach solcher einrichtung deß wercks nichts ferner anstößlich sich darinnen finde [und] einige wenige von mir dazuthuende vorrede nützlich erachtet werden möchte, so will ich mich auch solcher arbeit nicht entziehen.

25 Schließlichen[31] denselben in des grundgütigen Gottes treue obhut und genaden regierung empfehlende und wünschende, daß seine himmlische güte sich seiner noch ferner kräfftiglich als eines gesegneten werckzeugs seiner gnade gebrauchen wolle, verbleibe. etc.
30 1679.

---

29   Kritische Bemerkungen; s. Bed. 3, 1702, S. 331 f., wo Spener zu Pikers
     Glaubensbegriff Stellung nimmt.
30   Lächerlich machen.
31   Zur Form s. DWB 15, Sp. 710 f., hier Sp. 710.

16. An [einen Theologiestudenten[1] aus Lüneburg], [Ende[2]] 1679[3]

Es erfreuet mich hertzlich, daß derselbe, nachdem er sich dem *studio Theologico* gewidmet, solches nicht nur 5 so obenhin, wie etwa von den meisten geschihet, sondern mit gutem grunde und dermassen zu *tracti*ren gedencket, damit er mit göttl[ichem] segen ein tüchtiges werckzeug der gnaden werden, und nicht nur in einem gelehrten stande sein vergnügliches auskommen finden 10 (welches leider bey den meisten die absicht ist, daß sie in der welt in ehren leben und schätze samlen, so dann allerhand gemächligkeit des lebens geniessen möchten, daher bey so vielen ihr thun wenig gesegnet ist), sondern an seinem nechsten viel erbauen, also nach 15 göttl[icher] ordnung sich selbs und, die ihn hören, selig machen möge. Der HErr stärcke diesen hertzlichen vorsatz bey ihme und führe ihn durch seines H. Geistes kräftige gnade auf richtiger bahn, solchen H[eiligen] zweck zu erlangen! 20

---

1   Nicht ermittelt. – Der in FB 4, Nr. 86 Anm. 1 genannte Hermann von der Hardt (1660–1746) aus Melle (bei Osnabrück, Westfalen) ist sicher nicht der Adressat, da Caspar Hermann Sandhagen (s. Anm. 55) nicht sein Superintendent war, abgesehen davon, dass er mit Spener kaum auf Deutsch brieflich kommuniziert hätte. Von den in Jena (S. 123, Z. 19) eingeschriebenen Lüneburger Studenten kommt nur Leonhard Friedrich Krüger in Betracht, der sich am 18. Juli 1679 in Jena einschrieb, aber als späterer Senator und Inhaber von Siederechten in Lüneburg wahrscheinlich nicht Theologie studiert hat. Freilich ist nicht sicher, dass sich der Adressat wirklich in Jena immatrikuliert hat, wie die Nennung Erhard Weigels vermuten lässt; auch das 45 km entfernte Erfurt wäre als Nachbarstadt Jenas denkbar. Aber auch für diese Universität lassen sich keine Personen identifizieren, die mit hoher Wahrscheinlichkeit als Adressat des vorliegenden Briefes in Frage kommen (*Fritz Wiegand:* Namensverzeichnis zur allgemeinen Studentenmatrikel der ehemaligen Universität Erfurt für die Zeit von 1637 bis 1816. In: Beiträge zur Geschichte der Universität Erfurt [1392–1816] 9, 1962, S. 9–161 und 10, 1963, S. 13–165).

2   Zur Datierung s. Anm. 58 u. 66.

3   Nur in zeitgenössischen Drucken (Bed. 1 I, S. 418–424 und KGS 1, 1699, S. 1080–1087) überlieferter und dort anonymisierter Brief; Edition in FB 4, Nr. 86.

Wo ich etwas zu beförderung seiner *studien* mit bey-
tragen könte, achte ich mich, wie jederman, also vornehmlich demselben, von dessen hertzlicher *intention*,
GOTT zu dienen, aus solchem schreiben[4] zeugnüß ge-
5 sehen, dazu verbunden, würde auch dazu bereit willig
seyn: In dem dißmahligen allgemeinen *petito*[5] aber an
mich, wie die *studia* anzugreiffen und zu führen seyen,
finde bey mir das vermögen nicht also, wie mir etwa zu-
getrauet wird und die wichtigkeit der sachen erforderte.
10 Mir sind des Herrn vormahlige *studia*[6] nicht bekant,
so weiß auch die absonderliche absicht auff das künfftige
nicht so eigentlich, viel weniger die übrige beschaffenheit dessen *condition,* wie lang oder wenige zeit derselbe
sich des *studii Academici* gebrauchen wolte oder könne.
15 Da doch nach obigen umständen und der zeit nöthiger
abkürtzung oder erstreckung der rath sich allemahl richten und etwa so oder anders eingerichtet werden müste.
Vornemlich aber ists auch deswegen in abwesenheit
nicht so eigentlich zu rathen müglich, weil die *studia*
20 *Academica* sich meistens nach der gelegenheit der Universitäten und *professorum* richten müssen, daß wir
das jenige thun, wozu wir dißmahl die gelegenheit haben; dann was wir *propria industria et privato studio*[7]
zu thun vermögen, ist etwa nicht das vornehmste auff
25 den *Academien,* als deme wir auch anderwerts mit we-

---

4 Nicht überliefert.
5 Erbetenem.
6 Offenbar ist an eine propädeutische, gymnasiale Ausbildung gedacht, wie
   sie in Lüneburg insbesondere an dem *Gymnasium illustre (academicum)*
   geboten wurde, wo Vorlesungen über Theologie, Jurisprudenz, Recht,
   Logik und Rhetorik gehalten wurden. Diese Schule bestand (bis 1686)
   neben dem städtischen Johanneum und war 1660 entstanden als Teil eines
   auf dem Stiftungsvermögen der mittelalterlichen klösterlichen Michaelis-
   schule errichteten Schulkomplexes von *Schola classica* (Partikularschule),
   Ritterschule (1655–1850) (seit 1686 Ritterakademie) und *Gymnasium
   illustre.*
7 Durch eigenen Fleiß und privates Studium.

nigern unkosten abwarten[8] möchten, die zeit aber auf der Universität billich dazu anwenden, was solcher ort mit sich bringt. Daher dem Herrn besser gerathen seyn wird, wo er sich des treuen raths der gegenwärtigen Hrn. *Professorum* bediente, welchen der zustand ihres orts bekannt und, was daselbst mit nutzen gethan werden könne, vorzuschlagen leicht ist; da es hingegen geschehen kan, daß ich oder ein ander freund leicht etwas rathen möchten, wozu er dorten keine anleitung[9] hätte.

Damit aber gleich wohl der Herr nicht in die gedancken gerathe, daß ich meine liebe gebetener massen nicht erweisen wolte, so will allein ein und anderes melden, was meine gegenwärtige gedancken sind; zu desselbigen eigenem und ander verständiger freunde fernerm ermessen aussetzende, ob oder was davon ihm sonderlich diensam möchte seyn.

Es ist aber die frage von zweyerley, von den *studiis*, welche vor der *Theologie* vorhergehen, und von solcher selbs.

Jene belangend, bestehen sie in *Philosophia* und *Philologia*. In der *Philosophie* wird vielleicht der Herr bereits das meiste gethan haben,[10] was von derselben nöthig. Die sache aber selbs belangend, achte ich solches *studium* auch zu der *Theologie* sehr vorträglich,[11] wo wir die rechte *Philosophiam*, wie sie seyn solte, hätten. Ob aber die jenige *Philosophia,* welche heut zu tag fast meistens auf unsern schulen getrieben wird und grossen theils vielmehr *Aristotelis* meinungen als die rechte vernunfft=wahrheit in sich fasset,[12] zu solchem zweck

---

8   In Acht nehmen, sorgen, pflegen (DWB 1, Sp. 147).

9   Veranlassung.

10   Spener setzt bei dem Adressaten offenbar ein wenigstens propädeutisches Studium der Philosophie voraus; vgl. Anm. 6.

11   Nützlich, förderlich (DWB 26, Sp. 1771 f.).

12   Vgl. Speners kritische Haltung zur aristotelischen Philosophie in Brief Nr. 15, S. 115, Z. 3–24.

zuträglich seye, möchte etwa nach fleißiger erwegung
noch zimlich ursach zu zweiffeln seyn. Aber da wir noch
die sache nicht besser in allen stücken haben, müssen
wir einigerley massen endlich uns des gegenwärtigen
5 gebrauchen und sehen, wie wir hin und wieder ersetzen
aus andern *autoribus*,[13] was den gemeinen *compendiis*[14]
mangelt.

Meines erachtens solte nicht unnützlich seyn, u[nd]
habe ich mich selbs dabey nicht übel befunden, wo man
10 so viel zeit daran wenden kan, daß man, was auch von
der *Philosophia* der übrigen alten *Philosophorum* sich
antreffen ließe, mit *consuli*rete,[15] wozu *Plutarchi*[16]
opera Philosophica, Diogenes Laertius,[17] *Cicero*[18] und
dergl[eichen] *autores*, auch unterschiedl[iche] neue
15 *scriben*ten, so die sachen zusammen gezogen, nicht unnützlich seyn möchten. Wäre anleitung, die alte *Philosophiam Platonicam* und auch *Pythagoricam,* so dann
Stoicam[19] (worinnen *Lipsius*[20] zum vorgänger gnug
seyn möchte) gründl[ich] zu untersuchen, solten wir
20 vielleicht mehr gutes in derselben als in der *Aristote-*
lischen *philosophia* finden, als welche der alten Jü-

---

13 Autoren.
14 Den üblichen (kurz zusammenfassenden) Handbüchern.
15 Spener vertritt hier einen eklektischen Zugang zur Philosophie statt der
    Befolgung eines bestimmten Systems oder einer bestimmten Schule (z. B.
    Aristotelismus oder Ramismus).
16 Plutarch von Chaironeia (ca. 50–nach 120), wichtiger griechischer Philo-
    soph des sog. Mittelplatonismus; zu seiner Berührung mit christlicher
    Sittlichkeit s. TRE 26, 1996, S. 695 f.
17 Diogenes Laertios (3. Jh.), bekannt durch seine Philosophiegeschichte
    (RGG⁴ 2, 1999, Sp. 858).
18 Marcus Tullius Cicero (106–43), römischer Politiker, stilistisch vorbildli-
    cher Rhetor und Philosoph der Stoa.
19 Die Philosophie von Platon (428/27–348/47), Pythagoras (570–510) und
    der Stoa (4. Jh. v. Chr. bis 2. Jh. n. Chr).
20 Justus Lipsius (1547–1606), niederländischer späthumanistischer Staats-
    rechtler. Spener hatte schon als Jugendlicher Lipsius' *Politik* durchgear-
    beitet (*Wallmann:* Spener, S. 61 f.).

dis[chen] *philosophia*[21] allem ansehen nach näher kommet und einiges aus derselben übrig haben mag. Es ist aber nicht eines jegl[ichen] thun, sich so weit hineinzulassen.

In *Metaphys[ica]*, wie wir dieselbe zu *tracti*ren pflegen (als denen es noch an der rechtschaffenen erkäntnüß der *doctrinae Spirituum*,[22] so erst eine wahre *metaphysic* wäre, mangelt), finde wenig nützliches, anders, als daß wir darinnen der allgemeinen *terminorum* erklährung[23] haben, welche zimlich nöthig ist, weil sie fast in allen anderen *discipli*nen vorkommen, und deßwegen mein S[eliger] *Praeceptor D. Dannhauer*[24] die *metaphysic* nur [griech.] Definitionslehre zu nennen gepfleget: so dann, daß wir durch die gewohnheit einiger *abstractionum*[26] das *ingenium*[27] schärffen und lernen, *conjuncta*[28] nach nothdurfft zu unterscheiden.

---

21 Die hinter dem Alten Testament stehende jüdische Philosophie, die damit auch Maßstab christlicher Philosophie sein müsse.

22 Lehre der Geister; was Spener meint, ist nicht eindeutig. Möglicherweise denkt er an die in seiner Zeit noch aktuelle Lehre von den *Spiritus naturalis, vitalis* und *animalis* als den drei Vitalfunktionen der Seele, mit deren Hilfe ein einheitliches Gesamtsystem von Welt, Mensch und Gott sowohl medizinisch und wissenschaftsphilosophisch als auch theologisch konstruiert werden konnte (s. *Gerhard Klier:* Die drei Geister des Menschen. Die sogenannte Spirituslehre in der Physiologie der Frühen Neuzeit, Stuttgart 2002).

23 Begriffserklärungen.

24 Johann Conrad Dannhauer, Professor der Theologie in Straßburg (s. Brief Nr. 7 Anm. 12).

25 Definitionslehre; Dannhauer verstand die Metaphysik als Anhang zur Dialektik und bezeichnete sie als Lexikon philosophischer Lexika (*lexicon lexicorum philosophicorum*); vgl. *Johann Conrad Dannhauer:* Epitome Dialectica, [...]. Editio secunda. Cui acceßit ὁϱολογία, sive, explicatio terminorum & distinctionum generalium omnibus scientiis & utilis & usitata [Kurzgefasste Dialektik. (...) Zweite Auflage, zu der eine Horologie (Definitionslehre) hinzugetreten ist oder eine Erklärung der Begriffe und allgemeinen Unterscheidungen, nützlich für und gebraucht in allen Wissenschaften], Straßburg 1644, Teil 2, S. 2 f.

26 Abstrake Begriffe.

27 Verstand.

28 Beikommende Dinge.

Unsere *Ethic* insgemein, weil sie aus *Aristotele* genommen, ist sehr schlecht,[29] es solte aber die neue arbeit *L. Placcii*[30] zu Hamburg eine nicht undienliche anweisung geben, künfftig weiter zu gehen.

5 Vor einen künfftigen *studiosum Theologiae* aber
achte ich, die *Ethic* aus der schrifft selbs zu lernen oder
die gemeine *Ethic* aus derselben zu ersetzen, zu ändern
und vollkommen zu machen, die beste arbeit. Wie dann
die gesunde vernunfft, waß sie von wahrheit in solcher
10 materie hat, mit der schrifft übereinkommen muß und
aus dieser entlehnen, was ihr noch mangelt. Die *materia de principiis humanarum actionum*[31] ist fast noch
das beste, das wir in unsern gewöhnlichen *ethicis* finden
u[nd] fleißig uns bekant zu machen haben.

15 In *Politicis* finde so gar viel einem *Theologo* nicht nöthig, es seyen dann andere absichten, welche ihm solches nöthig machten. Hingegen solte Reinkings Biblis.
Policey[32] nicht unnützlich zu brauchen seyn.

---

29 Vgl. Brief Nr. 15 bei Anm. 21.
30 Vinzent(z) Placcius (1642–1699), seit 1675 Professor für Moralphilosophie
und Eloquenz am Hamburger Gymnasium. – Aus den Jahren 1676–1690
sind Briefe von Placcius an Spener im Original überliefert. Speners Antworten sind anscheinend nicht überliefert. – Die gemeinte Arbeit ist wahrscheinlich *Vincentius Placcius:* Philosophiae Moralis Plenioris Fructus
Praecipuus, qui est Agnoscere illius Ope, Philosophiam non sufficere beati-
tati solidae ulli constituendae, nedum acquirendae: Revelationem vero di-
vinam ei necessariam [...] [Die wichtigste Frucht einer umfassenderen Moralphilosophie, welche in der Erkenntnis besteht, dass die Philosophie mit
ihrem Bemühen nicht hinreicht, um eine Seligkeit zu begründen oder zu
erwerben; dass aber die göttliche Offenbarung dafür notwendig sei (...)],
Helmstedt 1677.
31 Der Gegenstand der Grundlagen menschlichen Handelns.
32 *Dietrich Reinking:* Biblische Policey / Das ist: Gewisse / auß Heiliger Göttlicher Schrifft zusammengebrachte / auff die drey Haupt=stände: Als
Geistlichen / Weltlichen / und Häußlichen / gerichtete Axiomata, oder
Schlußreden, Frankfurt a. M. 1653 ([6]1701). – Zu Dietrich (Theodor) Rein-
king(k) (1590–1664), Dr. iur., einflussreichem Politiker, Staatsrechtler und
Ethiker s. *Christoph Link,* Dietrich Reinkingk. In: Staatsdenker in der
frühen Neuzeit. Hg. von Michael Stolleis. München 1995, S. 78–99.

Die *physic* wäre wohl das vornehmste studium, wo wir eine rechtschaffene *physic* hätten. Die ich gleichwohl noch nicht weiß. Sonsten ists einmahl gewiß, daß neben dem buch der schrifft das buch der natur[33] ein treffliches mittel ist, einige göttl[iche] dinge, was zum ersten arti-   5
cul[34] gehöret, zu erkennen. Ob die Engelländis[che] *Societät*,[35] so mit vielen *physicis experimentis* umgehet, uns endl[ich] etwas taugliches bringen werde, wird die künfftige zeit geben. Ich weiß jetztmahl fast keine anweisung dazu vorzuschlagen, wie ich auch deßwegen auf das son-   10
sten so nützlich achtende *studium* mich selbs weniger gelegt, weil das jenige, so insgemein darinnen gethan wird, doch noch wenig *satisfaction* einem *ingenio*[36] gibet, so gern alles recht gründl[ich] verstehen wolte.

Mathesis wird fast das einige[37] *studium* seyn, da man   15
noch von einer vollkommenheit, wo wirs so nennen wollen, gegen andere zu rechnen, reden möchte, und hat man in deroselben die meisten wahrheiten, die unzweifflich gewiß sind. Und weil sie[38] in Jena den so berühmten mann Hr. *Weigelium*[39] haben, so wolte nicht   20

---

33 Zu dem schon mittelalterlichen Begriffspaar s. *Hubert Herkommer:* Buch der Schrift und Buch der Natur. In: Zeitschrift für schweizerische Archäologie und Kunstgeschichte, Bd. 43 (1986), S. 167–178; zur Bedeutung der Begriffe in Johann Arndts Wahrem Christentum s. *Hermann Geyer:* Verborgene Weisheit. Johann Arndts «Vier Bücher vom Wahren Christentum» als Programm einer spiritualistisch-hermetischen Theologie. Bd. 1–3, Berlin 2001, hier Bd. 2, S. 1–72.
34 Der erste Artikel des Glaubensbekenntnisses über Gott als den Schöpfer.
35 Die Royal Society in London, 1660 als erste Akademie der Wissenschaften gegründet, widmete sich fast ausschließlich der Mathematik und den Naturwissenschaften. Zum religiösen Hintergrund s. *Dieter Groh:* Göttliche Weltökonomie. Perspektiven der Wissenschaftlichen Revolution vom 15. bis zum 17. Jahrhundert, Frankfurt a. M. 2010 (Suhrkamp TB Wissenschaft, Bd. 1945), S. 558–640.
36 Einen Verständigen zufrieden stellen.
37 Einzig (DWB 3, Sp. 206–210, hier Sp. 207).
38 Hier wohl nicht als (den Adressaten einschließende) Anrede verwendet; gemeint sind die akademischen Bürger der Universität Jena. Den Adressaten redet Spener in dem vorliegenden Brief immer mit „der Herr" oder „derselbe" an.
39 Erhard Weigel (1625–1699), seit 1653 Professor der Mathematik in Jena,

mißrathen, sich seiner *operae*[40] zu bedienen oder doch von ihm zu vernehmen, was er zu seinem *scopo*[41] dienlich achtete.

Die *Philologia* möchte in sprachen und der *historie*
5 bestehen. Unter den sprachen ist wohl die Griechis[che] die nothwendigste, und, wo solches nicht schon voran geschehen ist, riethe ich neben dem N. T. und der *vers[ionis]* der *LXX*[42] in dem A. T. auch aufs wenigste einige der ältern Griechis[chen] *patrum* und daraus die *phra-*
10 *sin graecam,* sonderlich *Ecclesiasticam,*[43] sich recht bekant zu machen.

In dem Hebräis[chen] wird auch noch mehr fleiß anzuwenden seyn; vielleicht aber gibts gelegenheit, bey Hrn. *L. Ezardi*[44] in Hamburg sich eine weile aufzuhal-
15 ten, welches nie keinen gereuet hat, so sich seiner bedienet. Wo nun in dieser sprach das nöthige gethan ist, so hat die Chaldäis[che] und Syrisch[e] wenige schwehrigkeit mehr, sondern kan eine geringe anleitung so viel geben, als wir zu unserem zweck nöthig haben.

20 In der *historie* wird etwa die *historia profana*[45] nicht so hoch verlanget werden, doch ist nöthig, aufs wenigste einen *autorem* sich ziemlich bekant zu machen, der uns die gantze *seriem* der *imperiorum*[46] und änderungen der reiche der welt vor augen stellete, ohne deren

---

Lehrer von Gottfried Wilhelm Leibniz und Samuel Pufendorf (*Hermann Schüling:* Erhard Weigel [1625–1699], Gießen 1970 [mit Schriftenverzeichnis]).
40 Seines Dienstes.
41 Zweck.
42 Die Septuaginta (Übersetzung der Siebzig), die antike griechische Übersetzung des Alten Testamentes.
43 Der älteren griechischen Kirchenväter und daraus den griechischen, sonderlich den kirchlichen Wortlaut.
44 Esdras Edzard (1629–1708), seit 1656 Privatgelehrter in seiner Heimatstadt Hamburg, erfolgreicher Judenmissionar, als Lehrer für die orientalischen Sprachen von vielen Theologen geschätzt.
45 Profan- oder allgemeine Geschichte.
46 Abfolge der Weltreiche.

wissenschafft uns auch die ordnung der kirchen=historie nicht so wohl in die gedächtnüß kommt. Was aber diese anlangt, hielte ich davor, zu gegenwärtiger zeit solte das *compendium Gothanum*[47] genug seyn; die völlige *tractation* aber derselben, wo die lesung der alten *scriptorum* auch nöthig ist, möchte entweder weiter hinaus oder wohl gar in die zeit künfftiger dienste versparet werden, wie sie dann schier eine zeitlang einen gantzen menschen erfordert. Dieses wären meine einfältige vorschläge, belangend die *studia*, so vor der *Theologia* hergehen.

Was aber dieselbe selbs betrifft, so haben wir sonderlich acht zugeben, daß solche mit guter ordnung, so dann auf eine heilige und heilsame weise gehandelt werde.

Zu der ordnung gehöret, daß man etwa erst ein *compendium* oder *systema* (und nachdem[48] auf einer jeglichen Universität eines das gebräuchlichste, darüber man *manuduction* und *Collegia* haben kan, da immer ein sonst schlechteres, wo man einen *Praeceptorem*[49] dabey hat, einem sonst *accurate*ren ohne denselben vorzuziehen seyn würde) vor die hand nehme und solches

---

47 Das im Zuge der Reformanstrengungen unter Ernst dem Frommen (1601–1675) ohne Verfassernamen erschienene, von Veit Ludwig von Seckendorff (1626–1692) und Johann Heinrich Boecler (1611–1672) verfasste und mehrfach aufgelegte: *Compendium Historiae Ecclesiasticae*, Decreto Serenissimi Principis Ernesti, Saxoniae [...] Ducis in usum Gymnasii Gothani, Ex sacris literis et optimis, qui extant, autoribus, Libris duobus compositum, et ab Orbe condito ad nostra usque tempora deductum [Kompendium der Kirchengeschichte, auf Befehl des Erlauchtesten Fürsten Ernsts, Herzogs von Sachsen (...) zum Gebrauch am Gothaer Gymnasium aus den Heiligen Schriften und den besten verfügbaren Autoren in zwei Bücher zusammengestellt und reichend von der Gründung der Welt bis in unsere Zeiten], Bd. 1–2, Gotha 1660–1664 (s. *Klaus Wetzel:* Theologische Kirchengeschichtsschreibung im deutschen Protestantismus 1660–1760, Gießen 1983, S. 25–38. 524–526).

48 Je nach dem, was.

49 Private Begleitung (Handleitung) und Vorlesungen; wobei ein schlechtes Kompendium mit Privatlehrer besser sei als ein besseres ohne Privatlehrer.

mit fleiß sich bekant mache, um so wohl die *articulos* selbs und die wahrheit der *dogmatum* als auch, wie dieselbe an einander hangen und einer aus dem andern fliesse, und damit seine *analogiam fidei*[50] gründlich zu
5 fassen, daran das meiste gelegen ist.

Aber dabey ist fleiß anzukehren, daß man die *thesin* rechtschaffen lerne aus der schrifft gründen und sich daher die zeit nicht tauren[51] lasse, etwas langsamer die *articulos* durchzugehen, in einem jeglichen die haupt=
10 materien gleichsam in gewisse *theses* abzufassen und alsdann die dabey anziehende *dicta scripturae*[52] nicht obenhin, sondern *accurate* und also zu erwegen, daß man zu jeglicher *thesi* etwa ein oder ander der kräfftigsten *dictorum* herausnehme, dieselbe mit solchem fleiß
15 betrachte, nicht anders als ob man fast eine predigt oder *disputation* darüber machen wolte, um den verstand derselben gründlich einzusehen und nachmahl zu verstehen, wie die *thesis*, zu dero bestätigung solches angezogen wird, mit bündigem *argument* daraus erwiesen
20 werden möge.

Es fordert zwahr solches eine ziemliche zeit, aber ob[53] man langsamer durchkommet, so hat man hingegen auch etwas gründliches und kan in allem folgenden *studio* desto gründlicher fortfahren; da hingegen der mei-
25 ste mangel bey den meisten ist, daß man die *thesin* nicht recht tieff untersuchet und zu gründen getrachtet hat, sondern zu frühzeitig zu den *polemicis* schreitet.

Was diese betrifft, so hat der Herr seine zeit, *ingenium,* absicht, hoffnung und dergleichen wohl zu über-
30 legen, wie viel oder wenig von demselbigen ihm nothwendig seye; darinnen keine einige maaß vor alle gege-

---

50 Die Analogie des Glaubens (nach Röm 12,6) bezeichnet hier die systema-
    tische Ordnung der Glaubensaussagen als Interpretationsrahmen.
51 Dauern, leid sein lassen (DWB 2, Sp. 842 f.)
52 Beweisstellen der Heiligen Schrift.
53 Obgleich (DWB 7, Sp. 1046–1063, hier Sp. 1053 f.).

ben werden kan. Nur hat man sich zu hüten, daß man
von demselben nicht erstlich anfange, womit man sich
gemeiniglich *confundi*ret.[54] Man muß auch in solchen
materien abermahl achtgeben auf die gelegenheit, welche unsere Universität, da wir jedesmahl sind, uns an   5
die hand reichet.

Neben allem diesem und als der grund des übrigen ist
das *studium* der lieben Bibel das vornehmste, und wäre
zu wünschen, daß solches auf den hohen schulen aller orten mit höchstem fleiß getrieben würde. Hierinnen aber   10
will mir nicht wohl geziemen, meine vorschläge zu thun,
weil der Herr an Herrn Sandhagen,[55] seinem *Superin-
tendenten,* einen bessern rathgeber finden wird, der ich
die göttliche in ihn sonderlich gelegte gabe nicht genug
zu *admiri*ren[56] weiß und deroselben willig weiche.   15

Damit aber das *studium* auch heilig und heilsamlich
geführet werde, so müssen wir allemahl gedencken, daß
es mit dem *studio Theologico* gar eine andere bewandnüß als mit den übrigen habe, in dem wir in demselben
ohne die gnaden=würckung des heiligen Geistes nichts   20
vermögen, als welches von solchen materien handelt,
die allein in dem liecht Gottes wahrhafftig erkant werden und allen verstand des menschen weit übertreffen:
welches eine solche wahrheit ist, die zwahr von unver-
ständigen und fleischl[ichen] leuten vor eine Enthusia-   25
sterey[57] zuweilen geachtet und gelästert wird, damit

---

54 Verwirrt.
55 Caspar Hermann Sandhagen (1639–1697), seit 1672 Superintendent in
    Lüneburg, 1689 Generalsuperintendent in Gottorf, hoch angesehener Bi-
    belexeget.
56 Bewundern.
57 Vgl. *Johann Conrad Dilfeld:* Theosophia Horbio–Speneriana Oder Son-
    derbahre Gottes Gelahrtheit Hn. Henrici Horbs [...] Und seines Schwagers
    Hn. Philippi Jacobi Speners [...] Allen Hochgelahrten und rechtschaffenen
    Theologis reiner Evangelischen Lutherischer Kirche zu fernern und rei-
    fern Nachsinnen fürgestellet, [o.O.] 1679, S. 14: „Ich gebe hie es allen
    hochgelahrten Theologis zuerkennen / ob nicht in diesem Vorgeben eine /
    wiewohl subtiele Enthusiasterey verborgen liege".

ihre bey einem gottlosen leben fassende und besitzende wissenschafft auch eine wahre *Theologie* erkant werde und solchen nahmen behalten möge; aber die in GOTTES wort dermassen gegründet ist, daß wir entweder
5 dasselbe selbs samt unsern eigenen Symbolischen büchern müssen verwerffen oder dieselbe wahr erkennen, daher sie gegen jener elender einwürffe kräfftig gerettet werden kan und verhoffentlich durch göttliche gnade bald gerettet werden solle.[58]
10 Um solcher ursach willen aber so mags bey dem *studio Theologico* nicht mit lesen und *studi*ren blosser dings ausgerichtet seyn, gleichwie in andern *studiis,* sondern es erfordert dasselbe ein andächtiges, eiffriges und states gebet, daß doch GOTT unsere hertzen öffnen
15 wolle, auf daß sein wort hineintringe und daselbsten seine krafft erweise, daß er uns unsere augen öffne, wahrhafftig die dinge zu sehen, das ist, in unserer seelen zu erkennen, davon göttliches wort redet und wir ohne solches liecht des Geistes nichts als die wort und
20 unvollkommene menschliche *conceptus* davon fassen würden; daß er neben der erleuchtung unseres verstandes auch unsern willen erfüllen und ändern wolle, damit solche güter so wohl in demselben als in dem verstande seyen, davon wir hören und lesen, alldieweil ja
25 die *Theologia* nicht ein nur *theoreticus,* sondern wahrhafftig *practicus habitus* ist.[59]

---

58 Offenbar ist das Manuskript von Speners geplanter Gegenschrift (Die allgemeine Gottesgelehrtheit aller glaubigen Christen und rechtschaffenen Theologen. Auß Gottes wort erwiesen, mit den zeugnüssen vornehmer alter und neuer reiner Kirchen–Lehrer bestätiget Und Der so genannten *Theosophiae Horbio-Spenerianae,* Zur gründlichen verantwortung entgegen gesetzt, Frankfurt a. M. 1680) schon fast fertig. Am 1. März 1680 kündigt Spener gegenüber Spizel in Augsburg die Drucklegung für das zur Frühjahrsmesse erschienene Werk (FB 4, Nr. 96, Z. 37) an.

59 Praktischer *habitus,* praktische Kompetenz; der Begriff meint (eigentlich) die Beherrschung einer Wissenschaft, die in ihrem Gebrauch der Veränderung, z. B. der (medizinischen) Heilung, dient. Der praktische *habitus* des Theologen soll diesen in Stand setzen, Theologie so zu lehren (oder zu

Hierinnen thut gewißlich das gebet so viel als die übrigen *studien* insgesamt, und wer rechtschaffen beten
kan, der ist da der beste Student. Nechst dem, weil einmahl der Heilige Geist mit seinen gnaden=wirckungen
nicht will bey den jenigen wohnen und wircken, die der   5
welt sind und nach ihren fleischlichen lüsten leben
(dann von solchen fleucht er, und nimmt gewiß seine er-
leuchtende gnade nicht zu, wo man nicht zum allerfor-
dersten der straffenden gnade platz lässet), und wir
aber, wie wir hören, göttliche ding nicht anders als in   10
und durch seine gnade fassen können, so ists einmahl
die eusserste nothwendigkeit, wollen wir anders nicht
nur eine fleischliche *peritiam rerum Theologicarum*,[60]
sondern eine wahre göttliche *Theologiam,* die diesen
nahmen *meriti*re,[61] erlangen, daß wir müssen auch bey   15
unserm *studi*ren der heiligmachenden gnade des Heiligen Geistes bey uns platz geben und also so bald bey uns
die *resolution* fassen, auch dieselbe gleich antreten, ein
solches leben zu führen, das nicht mehr aus dem fleisch,
sondern aus dem geist gehe,[62] daß wir der welt und uns   20
selbs absterben[63] und dem HErrn uns gäntzlich auff-
opffern, auch nun in solchem unserem *studio* und übri-
gem wandel wahrhafftig und in der that nicht mehr uns
selbs, noch eigene ehr, nutzen, lust, gemächligkeit, sondern allein unsers himmlischen Vaters ehr, des nech-   25
sten bestes und unser heil suchen.

In solchem stande, da wir die schrifft, welche wir in
unserm *studi*ren lesen, als GOttes wort und demnach
mit ehrerbietigem gehorsam lesen, daß sie in wirckung

---

predigen), dass dadurch der Hörer zum Glauben kommt oder in ihm bestärkt wird. Spener versteht die Theologie offenbar als eine praktische
Haltung (*habitus*), die sich unmittelbar auch in dem eigenen Handeln
(Praxis) niederschlägt.
60 Kenntnis theologischer Sachen.
61 Verdiene.
62 Vgl. Röm 8,12 f.
63 Vgl. Kol. 2,20.

der heiligung bey uns kräfftig seye, so wird auch die erkäntnüß, so wir daraus schöpffen zu unserer *Theologia,*
geheiliget und eine nicht menschliche, sondern göttliche, das ist von seinem geist gewirckte erkäntnüß und
5 liecht seyn.[64] Hiernach haben wir zu trachten, denn was
ists sonsten, viel wort zu wissen und wiederum her er-
zehlen zu können und die sache selbs nicht in sich zu
haben, andere dermahleins auff den weg der seligkeit
weisen und selbs darneben hingehen, ohne geist seyn
10 und in dem jenigen, was wir nach Judä v. 9[65] natürlicher
weise verstehen, verderben? Also ists klahr, wie bereits
auff *Academien* ein *Studiosus Theologiae* gehalten seye
zu einem gantz andern leben, als insgemein geführet
und (ohne *approbation* solcher vermeinten *privilegien,*
15 die GOtt dazu gegeben hätte) der Academischen freyheit als wol entschuldiget beygemessen wird.

Hievon wünsche in aller Christlichen *Studiosorum
Theologiae* händen zu seyn die *Paraeneses super vera docendi ratione in scholis Christianis,*[66] welche neulich ein
20 rechtschaffener und mir vorhin nicht bekant gewester
mann, Hr. *Georg Grabovius,*[67] zu Berlin *edi*ret hat. Wo er,
gleich wie von andern materien hertzlich, also auch *de
modo tractandi Theologiam*[68] sehr nachtrücklich redet.

---

64 Vgl. *Pia Desideria* 1676, S. 144 (PD 76,17 f.).
65 Richtig: Jud 10.
66 *Georg Grabow:* Paraeneses, super Vera docendi Ratione in Scholis Chris-
    tianis, quibus Renata Juventus, Spiritu S. bene juvante, ad Imaginem Jesu
    Christi quotiedie magis magisque renovari potest, ac magnopere debet;
    nisi Disciplinae vitio plus deformetur, quam conformetur [Ermahnungen
    über die rechte Art, in christlichen Schulen zu lehren, wodurch die wie-
    dergeborene Jugend mit der günstigen Hilfe des Heiligen Geistes zum Bild
    Jesu Christi täglich mehr und mehr erneuert werden kann und überhaupt
    werden soll, wenn sie nicht durch den Fehler der Disziplin mehr verformt
    als geformt werden], Berlin 1680; bereits im Herbst 1679 (FB 4, Nr. 80, Z.
    1–3) erschienen.
67 Georg Grabow (Grabovius) (1637–1707), seit 1675 Konrektor in Cölln an
    der Spree, 1684 auf Empfehlung Speners Rektor in Frankfurt a. M., Ver-
    fasser etlicher pädagogischer Schriften.
68 Über die Art, Theologie zu betreiben.

Es will aber die kürtze eines brieffs dißmahl nicht ein mehrers zulassen. Der Herr wird aus diesem einigerley massen meine einfältige gedancken abnehmen und, was er davon in seinem hertzen selbs nach fleißiger nachsuchung wird diensam erkennen, zu seinem nutzen gebrauchen. Der ich schließlichen so wohl freundlich und treuhertzig erinnere, zu gedencken, was vor eine wichtige sache es seye, sich demjenigen *studio* gewidmet zu haben, wo man sein lebtag mit heiligen (und also gefährlichen, wo sie ungöttlich behandelt würden, als an sich selbs nützlichen) dingen umgehen soll und an dessen Christlicher führung etwa nicht nur unser eigen (so zwahr schon bereits wichtig genug!), sondern auch so vieler anderer heil hangen mag: damit er in hertzlicher furcht seines GOTTES, aber auch kindlichem vertrauen auff seine gnade, mit eiffrigem gebet und sorgfältiger führung eines Christlichen wandels sein *studium* führen und dermahleins ein gesegnetes werckzeug der göttlichen ehre werden möge: Wozu ich auch des Heiligen Geistes kräfftige gnaden=wirckung von dem himmlischen Vater, um unsers liebsten HERRN und Erlösers willen, ihm von grund der seelen anwünsche. 1679

17. An [Johann Christoph Frauendorff[1] in Leipzig], Dresden, [16. März] 1687[2]

Von dem angedeutetem, neu angesteltem *exercitio Biblico* zuvernehmen,[3] hat eine neue freude mir gemachet. Wie denn je mehrere sich auff solches *studium*, welches billich allen übrigen vorzuziehen ist, legen, so viel mehrere hoffnung habe ich, daß es mit unserer *Theologia* wiederum je länger je besser werde werden, daher dergleichen zu vernehmen ein grosses stück meiner freude ist, davor auch GOTT zu dancken ursach finde und, so viel an mir ist, dahin gern trachten wolte, daß bey allen dienst=*promotion*en die jenige, welche hierauff ihren sonderbahrsten fleiß gewandt, andern vorgezogen werden möchten.

Was aber die art anlanget, habe ich vergangen jahr Herrn *M[agister] Antoni*[4] auff sein damahliges ansuchen meine gedancken wegen des bekanten *collegii*[5] mit

---

1   Johann Christoph Frauendorff (Lebensdaten unbekannt), Magister in Leipzig; Begründer eines zweiten *Collegium Philobiblicum* in Leipzig. – In seinem Brief an Paul Anton in Leipzig vom 18. März 1687 (DB 1, Nr. 84) nimmt Spener Stellung zu der Satzung *(novae leges)* des von Paul Anton und August Hermann Francke gegründeten akademischen *Collegium philobiblicum* (s. DB 1, Nr. 23). Ferner befürwortet Spener in diesem Brief eine Aufteilung in mehrere *Collegia*, wenn die Zahl der Teilnehmer zu stark steige. Dabei heißt er auch das von Johann Christoph Frauendorff gegründete *Collegium* gut, dem er vor drei Tagen (*nudius tertius*) seine Stellungnahme darüber gesandt habe (DB 1, Nr. 84, Z. 52–60). Die Adressatenangabe in DB 1, Nr. 84 an „das zweite Collegium Philobiblicum in Leipzig" ist weder sachlich in den Quellen begründet noch historisch vorstellbar.

2   Nur im Druck (Bed. 4, 1702, S. 180–182) überlieferter und dort anonymisierter Brief; Edition in DB 1, Brief Nr. 83.

3   Nicht überliefert.

4   Paul Anton (1661–1730), Magister, Theologiestudent in Leipzig, Mitbegründer des Leipziger *Collegium philobiblicum;* Spener kannte Anton seit dessen Durchreise durch Frankfurt am Main im Jahre 1681.

5   Das *Collegium Philobiblicum* in Leipzig war unter dem Eindruck der *Pia Desideria* von Philipp Jacob Spener aufgrund einer Anregung Johann Benedikt Carpzovs (1639–1699) in einer Predigt am 18. Juli 1686 von einigen Magistern in Leipzig gegründet worden. Es sollte ein akademisches Kollegium sein, vergleichbar mit anderen Einrichtungen dieser Art, in dem man

wenigen überschrieben,[6] welcher ohne zweiffel, wo sie
verlangt werden solten, dieselbe, *si tanti videbuntur,*[7]
nicht ungern *communici*ren wird, so dürfften auch des
andern *Collegii leges,*[8] wo sie angesehen würden, einige
anleitung geben, auffs wenigste aus denselben so viel 5

sich philologisch mit Bibeltexten beschäftigte. Leiter des Kollegiums war
Paul Anton. Erst nach dessen Weggang spielte August Hermann Francke
(1663–1727) die entscheidende Rolle auch hinsichtlich der mehr und mehr
erbaulichen Zielsetzung. Man traf sich zunächst sonntags nach dem Gottesdienst. Abwechselnd wurde ein Text aus dem Alten und aus dem Neuen
Testament gelesen. Der akademische Charakter wurde dadurch unter-
strichen, dass man lateinisch sprach. Spener wirkte durch seine Briefe und
durch seine Kontakte in den nächsten Monaten darauf hin, dass die gegenseitige Erbauung stärker berücksichtigt wurde und das Leipziger Kollegium mehr seinen eigenen, in Frankfurt a.M. begonnenen, studentischen
Collegia entsprach.

6 DB 1, Nr. 23 (bes. Z. 40–116): Demzufolge müsse eine solche theologische
Einrichtung (1) mit einem Gebet beginnen, da allein der Heilige Geist
(nach Lk 11,9–13), von dem die Bibel inspiriert sei, auch das rechte Verständnis verleihen könne. Es komme auf die Intention an, mit der man
den Text lese, nämlich die Ehre Gottes, das eigene Seelenheil und das
Wachstum des Neuen Menschen sowie die Hinführung des Nächsten zu
Gott. (2) Obwohl Spener an der Inspiration des Alten Testamentes (mit
stillschweigendem Verweis auf das nizänisch–konstantinopolitanische
Glaubensbekenntnis, 3. Artikel) festhält, bevorzugt er (für den Anfang)
das leichter verständliche Neue Testament. (3) Für eine Zusammenkunft
oder eine Stunde rät Spener, statt eines ganzen Kapitels nur einzelne Verse
zu behandeln, um wirklich die darin verborgene Weisheit „zu schmecken".
(4) Als Methode schlägt er diejenige seines Straßburger Lehrers Sebastian
Schmidt (s. Brief Nr. 5 Anm. 1) vor, die von einer Übersicht (*oeconomia*)
über das zu behandelnde Buch oder Kapitel ausgeht, darauf die einzelnen
Verse in ihrem Zusammenhang betrachtet, um schließlich den genauen
Sinn zu ermitteln. Nachdem man dann die einzelnen Wörter und ihre Be-
deutungen überprüft hat, werden die verschiedenen (erbaulichen, mahnenden, belehrenden usw.) Arten von Lehren (*loci communes*) gesammelt
und das ganze Stück in einer Paraphrase zusammengefasst, in der der
Kern der Darlegung wiedergegeben wird. (5) Bei der Gelegenheit erinnert
Spener an sein *Collegium* mit Studenten in Frankfurt am Main über den
1. Johannesbrief. (6) Wichtig sei, dass nicht einer allein rede, sondern alle
Anwesenden. (7) Im Mittelpunkt dürften nicht philologische oder theologische Kontroversen, sondern müsse die Erbauung stehen. (8) Die Sitzung
solle mit Gebet beschlossen werden. (9) Zuhause sollten dann die Teilnehmer die Texte weiter meditieren und nachprüfen, was sie davon in sich
fühlten und was sie zur eigenen Verbesserung ihres Lebens tun könnten,
um später auch ihre Zuhörer zu bessern.

7 Wenn sie als so wichtig angesehen werden sollten.
8 Die Satzung des *Collegium philobiblicum;* abgedruckt bei *Christian Friedrich Illgen:* Historiae Collegii Philobiblici Lipsiensis Pars 1–4, Leipzig
1836–1841, 1, S. 12–20.

anzunehmen, als sie zu ihrem zweck dienlich erachten
möchten. Insgesamt aber will von nöthen seyn, daß unter beyden *Collegiis*, oder dafern deroselben noch weitere angefangen werden solten, unter allen denselben
5 ein gutes christliches vernehmen gestifftet, hingegen
alles, was nur den wenigsten schein einer *aemulation*[9]
gewinnen möchte, sorgfältig verhütet werde.

Dann weil sie die rechte kern=*Theologiam* aus der
heiligen schrifft zu fassen verlangen, von dero die *pra-*
10 *xis* keines weges sich trennen lässet, so gebühret denjenigen, welche hievon *profession* machen wollen, vor
allen andern, daß sie sich der welt und allen eignen
affecten, dahin *aemulation* und eiffer auch gehöret, abgestorben, hingegen also gesinnet weisen, daß sie hertz-
15 liche freude darüber haben, wo aller orten und von
jederman dieses allerliebste *studium* am angelegenlich-
sten getrieben wird, auch das, was von andern gutes geschiehet, jedem, so etwa in einer andern versammlung
sich befinde, nicht weniger angenehm seye, als wo es
20 von ihm selbs oder eigenen *commilitonibus*[10] geschehen
wäre. Ich hoffe aber, daß ichs mit solchen gemüthern zu
thun haben werde, die dieser sache weitläufftig erinnert
zu werden nicht bedörffen.

Was das buch in der schrifft anlangt, wird zu derosel-
25 ben eigenen ermessen stehen, wozu sie am meisten lust
oder worinnen sie die meiste erbauung zu finden hoffnung haben. Nach meinem vorschlag würden sie am
nützlichsten ein buch aus dem neuen Testament sich
wehlen, und zwar am besten ein kurtzes, alldieweil mit
30 demselben anfangs am besten zu recht zu kommen, daher vielleicht eine der kürtzern episteln am bequemsten
seyn möchte.[11]

9   Missgunst; vgl. DB 1, Nr. 84, Z. 56, wo Spener gegenüber Anton dieselbe
     Warnung ausspricht.
10   Mitstudenten.
11   Spener rekurriert hier auf seine eigene Erfahrung mit einem studentischen

In der *tractation* werden sie auff die beyde stücke sonderlich ihre gedancken schlagen, einmahl eine versicherung des wahren verstandes zu haben, dazu nun die *media legitimae interpretationis*[12] insgesamt mit fleißiger sorgfalt zu *adhibi*ren[13] nöthig und so lang zu suchen ist, daß der *sensus*[14] als viel möglich ohne einigen fernern zweiffel gefunden werde: so dann, wo der buchstäbliche verstand richtig, daß dann gleichsam die quelle recht geöffnet werde, damit so vieles von lehren und andern *usibus*[15] herausgezogen werde, als möglich ist.

Solte dem gethanen vorschlag nach zuweilen (dann vor ein *ordinarium*[16] wüste ichs nicht zu rathen) aus einem *versiculo,* der *explici*ret worden, eine *disposition* zu einer predigt gemachet werden, wolte ichs auch nicht ohne nutzen zu seyn achten, sonderlich wo man sich nicht so wohl auff andere *artificia oratoria*[17] darinnen befleisset, als vielmehr so zu reden demjenigen allemahl nachfolget, wohin der text in seiner natürlichen ordnung uns führet, so dann wo man jede *materie* nicht viel suchet, durch weiter hergeholte *amplificationes* in der predigt zu *extendi*ren,[18] sondern vielmehr den reichthum eines jeden texts mit fleiß heraus zu suchen und vorzulegen, wobey man hernach keine andere *amplificatio*nen nöthig haben, sondern so vieles aus denselben finden wird, daß man gemeiniglich mehr mühe zu *contrahi*ren als *extendi*ren bedarff.

Collegium pietatis in Frankfurt am Main, in dem er den 1. Johannesbrief las. Zu den ersten Nachahmern solcher *Collegia pietatis* für (Theologie-) Studenten zählen 1676 Johann Wilhelm Petersen in Gießen mit seinem Kolleg über einen Paulusbrief (*Matthias:* Petersen, S. 96) und Johann Conrad Hößlin in Bebenhausen über den 1. Johannesbrief (FB 2, Nr. 66, 83 und 120).

12 Die (wissenschaftlich) anerkannten Methoden der Interpretation.
13 Zuzulassen sind.
14 Sinn.
15 Lehren und Nutzanwendungen (*loci communes*).
16 Als regelmäßige Übung.
17 Kunstfertige Reden.
18 Durch Erweiterungen ... auszudehnen.

Sonderlich ist als denn gut, wo man alle *materias theoreticas* auch so fern *ad praxin* ziehet, wie uns jeglicher lehr=puncten so wohl eine auffmunterung zum guten als einen kräfftigen trost geben kan; massen[19] solche übung leute machet, die mit ihren predigten vieles erbauen mögen.

Zu allem gehöret letzlich, wo nun, was in einem text gefunden worden, besehen ist, daß jeglicher bey sich selbs gleichsam ein *exam*en anstelle, wie sein hertz gegen solche lehre stehe, ob er dero versiglung[20] und zeugnüß bey sich finde, ob er das jenige, was vorgeschrieben wird, in sich fühle, aber insgesamt, was er davon habe oder nicht habe: dieses *exam*en hilfft darnach, alles *in succum et sanguinem*[21] gleichsam zu *converti*ren, und könte der Director gleichsam allezeit eine kleine anleitung darzu geben. Ich wolte auch nicht mißrathen, weil es nicht eine übung vor das gantze *Collegium,* daß je zwey oder drey sich zusammen hielten, die nachmahl unter sich vertraulich solche prüffung anstelleten, und jeder dem andern mit zu seiner prüffung anleitung gebe, und sie also ihr hertz in jedem dahin gehörigen stück gegen einander ausschütteten: welche übung ich etlichen christlichen freunden von grossem vortheil weiß gewesen zu seyn und daher so viel lieber auch andern rathe.

So mögte auch einen nutzen haben, wo man sich gewöhnte, bey dem schluß des *Convents* ein nicht *ordinari* vorgeschriebenes, sondern solches gebet zu thun, zu dem alle *materie* der danksagung, bekäntnüß, bitte u.s.f. selbs aus dem text gezogen werde, welche übung so wohl zur eigenen andacht dienet, als uns zu dem künfftigen predigamt desto fertiger machet.

---

19 Weil, wie denn (DWB 12, Sp. 1737 f.).
20 Vgl. Brief Nr. 4 Anm. 15.
21 In Saft und Kraft (*Otto:* Sprichwörter, Nr. 1798).

Was andere umstände anlangt von zeit, ordnung und
dergleichen eusserlichen, kan nicht wohl was gewisses
vorgeschrieben werden, sondern man muß immerdar
darauff acht geben, wozu GOTT etwa selbs anleitung
giebet: Ohne was die zeit betrifft, daß eine solche zu 5
wehlen ist, wodurch keine andere *publica*[22], es seye nun
von öffenlichen GOttesdienst oder *lectiones publicae*[23]
gehindert werden, als welches sonsten so bald üblen
schein giebet, welchen wir aber in allem, sonderlich bey
dergleichen einem *officio pio*,[24] billich vermeiden sollen. 10
In übrigen giebet sich allezeit in dem fortgang ein und
anders von selbsten, was sich voran nicht sehen lässet,
so zu der mehrern beförderung dienlich seyn kan. Ich
ruffe also schließlich den himmlischen vater hertzlich
an, welcher auch dieses christliche vorhaben mit seiner 15
gnade *secundi*ren und ihnen den geist der weißheit und
der offenbahrung[25] verleihen wolle, in dem sie allemahl
seine wahrheit versichert einsehen, die darinnen verborgene schätze reichlich hervorbringen und sich so
wohl selber kräfftig dadurch erbauen als zu anderer er- 20
bauung und fruchtbarer handlung Göttlichen worts immer tüchtiger machen mögen. Ach, er heilige uns alle in
seiner wahrheit, sein wort ist die wahrheit.[26] 1687.

---

22   Öffentliche Veranstaltungen.
23   Öffentliche Vorlesungen.
24   Fromme Aufgabe.
25   Vgl. Eph 1,17.
26   Vgl. Joh 17,17.

Das richtige Lesen der Heiligen Schrift

18. An [eine Gräfin von Nassau-Idstein[1] in Idstein], 1676[2]

5 Was E[ure] Hoch=Gräfl[iche] Gn[aden], wofern dieselbige allhier eine zeitlang sich auffhalten solte, zu dero eigener erbauung und seelen=vergnügung zu thun gedencken, halte davor, daß E. Hoch=Gräfl. Gn. nicht weniger auch an dero geliebten Herrn Vaters[3] hof, wie in 10 vorigem[4] etwas meldung gethan zu haben mich entsinne, anzurichten und vorzunehmen vermögen, und solte vielleicht die mehrere stille und einsamkeit des orts gegen hiesiger stadt unruhigem thun eine mehrere beförderung eines GOTT allein suchenden und dem ei-15 nig=nothwendigen[5] nachtrachtenden lebens an die hand geben. Wozu es auch an verlangenden anleitungen und hülffes=mitteln durch GOttes gnade nicht manglen wird.

Es ist zwahr an deme, daß die Christliche *conversa-* 20 *tion* mit ihrer mehrern, die mit hertzlichem ernst ihren GOTT meynen,[6] eine nicht geringe beförderung der unter einander suchenden erbauung ist: aber wo auch nur 2 oder 3 in dem nahmen des HErrn und also mit hertz-

---

1   Eine Gräfin von Nassau-Idstein, offenbar eine Tochter des Grafen Johannes von Nassau-Saarbrücken in Idstein. – Der vorliegende Brief enthält eine gegenüber der in den akademischen *Collegia pietatis* gebrauchten Methode vereinfachte Anleitung, wie die Bibel mit Frucht zu lesen sei. Vgl. Speners Vorrede zu einer neuen Ausgabe der Lutherbibel (Biblia, Leipzig 1694), die dann auch separat unter dem Titel: Das nötige und nützliche Lesen Der Heiligen Schrifft, Frankfurt und Leipzig 1695 (abgedruckt in: EGS 2, 1699, S. 286–323) erschien.
2   Nur im Druck (Bed. 2, 1702, 191–194) überlieferter und dort anonymisierter Brief; Edition in FB 2, Brief Nr. 125.
3   Johannes von Nassau-Saarbrücken in Idstein (1603-1677).
4   Vgl. FB 2, Nr. 125, Z. 111–127.
5   Einzig notwendige (DWB 3, Sp. 206–210, hier Sp. 207) nach Lk 10,42 (s. Brief Nr. 7 Anm. 15).
6   Lieben (DWB 6, Sp. 1924–1935, hier Sp. 1930 f.).

lichem vorsatz, GOTT je länger je eiffriger nach seinem
willen zu dienen, versammlet sind, da ist Christus
schon mitten unter ihnen,[7] lässet ihm[8] nicht nur deroselben dienst wolgefallen, sondern schencket ihnen
auch seinen Geist in der jenigen maaß,[9] als er ihnen   5
nothwendig erachtet, durch seine würckung immer zu
wachsen in fleißiger forschung der schrifft, in höchster
einfalt seinen willen aus der erleuchtung des himmlischen Lehrers zu erkennen, in gottseligen übungen zu-
zunehmen und die anmuth eines das wahre gut, hind-   10
angesetzt der weltlichen lüste, allein suchenden lebens
vergnüglicher zu kosten, dardurch aber immer weiter
zum ernst und eiffer auf dem angefangenen wege fort
zu wandlen entzündet zu werden.

Ja, es wird die erfahrung geben, daß offters eine   15
kleine anzahl dahin hertzlich geneigter gemüther, da sie
unter sich das werck ihnen lassen ernstlich angelegen
seyn, in solchem wachsthum ehender[10] zunehmen werden, als da derselben mehrere sind, dabey es etwa nicht
ohne zerstreuung abgehet. Sonderlich wird der anfang   20
glücklicher unter wenigen gleich gesinnten gemacht,
biß solche durch göttliche gnade dermassen bekräfftiget, daß folgends auch mehrere allgemach dazu gezogen
werden. Weswegen E. Hoch=Gräfl. Gn. bereits an dero
geliebten Fräulein schwester[11] und, wo sie noch einige   25
gute seelen ihres orts wissen, so einen zweck haben,
gnugsame gesellschafft haben wird zu täglicher erbauung unter ihnen selbs und zu nützlichen dahin ziehlen-

---

7   Vgl. Mt 18,20.
8   Hier reflexiv: sich.
9   Die Maß (DWB 6, Sp. 1731–1737, hier Sp. 1733).
10 Früher (DWB 3, Sp. 46).
11 Christine Elisabeth (1651–1676), Eleonore Luise (1653–1677), Johannette
    (1657–1733) und Dorothea Amalie (1661–1740), die 1675 unverheirateten
    Töchter des Grafen Johannes von Nassau-Saarbrücken zu Idstein.

den übungen; worinnen der Herr *Superintendens*[12] vortreffliche anleitung und in allem vorfallenden getreuen rath zu geben so weißlich vermag, als immer willig seyn wird.

5   Es will aber der meiste anfang in allem solchen mit fleißiger lesung heiliger schrifft gemacht seyn, als aus welcher wir allein den willen unsers Heylandes erkennen und durch dero krafft ihm zu folgen bewogen werden.

10   In derselben aber mag etwa am rathsamsten das Neue Testament erst unterschiedliche mal ausgelesen werden, ehe wir zu dem Alten kommen, damit wir dieses duncklere nicht eher als mit aus jenem bereits erleuchteten augen einsehen mögen: So möchte vielleicht
15   selbs in dem Neuen Testament die erste milch=speise[13] in etlichen schrifften und episteln der Apostel, sonderlich in den so liebreichen episteln Johannis[14] gemachet und darnach immer weiter auf andere nach führung eines gottseligen handleiters fortgegangen werden.

20   In der lesung aber, gleichwie ein eiffriges gebet und betrachtung, daß jetzo der grösseste HERR himmels und der erden, vor deme auch die H[eiligen] Engel mit ehrerbietung stehen, mit uns in seinem wort reden wolle, woraus auch eine ehrerbietung und achtsamkeit erwecket
25   werden wird, nothwendig vorgehen soll, so muß nachmal auf alles genau acht gegeben werden, daß wir glauben, kein wörtlein stehe vergebens: und ist nicht rathsam, daß man auf einmal vieles nach einander lese, sondern weniges, aber mit fleißigem nachsinnen.[15]

30   Hat man auch etwa nur einen versicul gelesen, so bald nachzudencken, was solcher in sich fasse; wohin

---

12   Johann Philipp Elwert (1621–1699), seit 1655 Hof- und Stadtprediger sowie Superintendent und Geheimer Rat in Idstein.
13   Vgl. 1Kor 3,2.
14   1–3Joh.
15   Vgl. Brief Nr. 17 Anm. 6 (Punkt 3).

dieses, wohin jenes wort gemeinet seye, so viel nehmlich
unsere einfalt davon fasset. Wo dann nicht ohne nutzen
ist, daß, wo ihrer etliche personen bey solchem lesen
sind, jegliche derselben sage, was ihr von solchem versicul deuchte, ob sie ihn verstehe oder nicht. Fasset man 5
dann nun den verstand, wol und gut: man muß aber dabey gedencken, es stecke in solchem doch noch vielmehr, als wir darinnen erkant haben, und, wo wir dasjenige, was uns GOTT darinnen bereits hat erkennen
lassen, fleißig gebrauchen werden, so werde er, wo wir 10
ein andermal wiederum darüber kommen werden, noch
ein mehreres darinnen zeigen.

Ists aber, wie es offt geschicht, sonderlich anfangs,
daß wir einem spruch keinen geschmack abgewinnen,
das ist, keinen rechten erbaulichen verstand darinnen 15
finden, so sollen wir zum fördersten dabey uns unserer
angebohrnen blindheit des natürlichen verstandes de-
müthig erinnern und erkennen, daß auch dasjenige,
was wir gleichwol aus andern orten gefasset, eine gna-
den=erleuchtung GOttes gewesen; so dann entweder 20
bey gelegenheit einen treuen gottseligen Prediger darüber fragen, oder es, biß wir ein andermal es wieder lesen und etwa mehr verstehen möchten, verspahren. Immerdar aber trachten, alles, was wir gelesen haben,
auch in der that ins werck zu richten. Dann dieses ist 25
das sicherste und gewisseste mittel immer zu weiterer
erleuchtung zu kommen, wo wir das uns erstlich gleichsam zur prob von GOTT geschenckte geringere liecht
danckbarlich angenommen und uns zu gebrauchen be-
flissen haben. Hier heisset, wer da hat (das ist, der das, 30
so ihm gegeben worden, wircklich und in dem gebrauch
hat), dem wird noch mehrers gegeben, Matth. 13,25.[16]

---

16 Mt 13,12; 25,29; vgl. *Markus Matthias:* Bekehrung und Wiedergeburt. In:
Geschichte des Pietismus. Bd. 4: Glaubenswelt und Lebenswelten. Hg. von 35
Hartmut Lehmann, Göttingen 2004, S. 49–79, hier S. 65–67.

Wer aber nicht hat (wer dasjenige, so ihm einmal gegeben gewesen, nicht gebraucht und also in dem gebrauch
nicht hat), deme wird auch dasselbe genommen, was er
hat und nur müßig besitzet.

5 Gewißlich, es würde offt nicht so grosse unwissenheit
göttlicher dinge auch bey denjenigen, die etwa die
schrifft dem buchstaben nach offt vor sich haben, sich
befinden, wo der mangel nicht dran steckete, daß nemlich vieler *intention* nur dahin gehet, daß sie etwas wis-
10 sen und aus solchem nachmal bey andern sich hören
lassen möchten, damit also die wissenschafft ihnen allein eine übung ihres fürwitzes, hochmuths und ruhm=
sucht und also des alten Adams[17] bequemes futter werden solle: darüber GOTT auch solchen leuten zu ihrem
15 lesen seinen Geist und gnade nicht giebet, und wo sie
noch endlich etwas lernen, so ists nichts anders als eine
blosse buchstäbische wissenschafft ohne Geist und
krafft.

Wo aber die heilige begierde ist, das lernende zu gött-
20 licher ehre anzuwenden, und solche so bald in das
werck[18] gesetzet wird, so kans nicht fehlen; GOTT segnet solches verlangen und erfüllet den hunger einer solchen nach seiner himmlischen weißheit begierigen seele,
daß sie in ihrer höchsten einfalt gleichwol die hohe weiß-
25 heit ihres GOttes fasset und, nachdem sie das erste
pfündlein[19] wol angeleget, mit weitern begnadet wird.

Daher eine offtere untersuchung unser selbs nützlich, wie wir das bereits gelesene zu GOttes ehren angewendet haben oder nicht. Es wird aber zu allem sol-
30 chen dero getreuen Herrn *Superintendentis* rath viel
bessere anleitung in gegenwart geben, als meine einfältige feder solches vorschreiben mag.

---

17 Vgl. Röm 6,6.
18 S. Brief Nr. 17, S. 136, Z. 7–24.
19 Vgl. Mt 25, 14–30 (Lk 19, 11–27).

Der grosse GOtt, von deme alles gute allein kommet,[20] der GOTT des friedens, heilige sie durch und durch, und ihr Geist gantz, sampt der seele und leib müsse behalten werden unsträfflich auf die zukunfft unsers HErrn JEsu Christi! 5

Getreu ist er, der ruffet, der wirds auch thun. 1. Thess. 5,23.24.[21] 1676.

---

20   Jak 1,17.
21   1 Thess 5,23 f.

19. An [Johanna Eleonora von Merlau[1] in Wiesenburg], Dezember 1674[2]

Ich habe zum fördersten zu bezeugen, mit was innigli-
cher vergnügung gelesen,[3] wie gelassen dieselbe sich in
die regierung ihres GOttes gegeben[4] und nichts anders
ihren zweck oder richt=schnur seyn lassen, als dem ge-
benedeytesten willen des himmlischen Vaters sich ohne
außnahm auffzuopffern und deßwegen willig auch ihre
eigene, bereits gefaßte gedancken wiederum fahren zu
lassen, ja auch anderer nach=reden nicht zu achten.[5]
Also hat unser grundgütige GOTT auch vor dißmahl in
ihr seinen zweck erreichet, durch die gnade, die er in ihr
gewürcket: So wird sie zweiffels frey sich in ihrem in-
wendigen herrlich gestärcket finden, aus jetziger probe
auch auff das künfftige in allen kampff gerüsteter zu-
gehen.

Es wird auch derjenige mächtige GOtt, so bereits die
neue besorgte ungelegenheit wegen fürchtender un-
gnade der herrschafft gegen ihren geliebten Herren va-

1   Johanna Eleonora von Merlau (1644–1724), seit 1659 am Hofe des Her-
     zogs von Holstein-Sonderburg in Wiesenburg bei Zwickau als Hofjungfer
     der Prinzessin Sophie Elisabeth (1653–1684): Von Merlau war gebürtig
     aus Frankfurt und siedelte zur Ostermesse 1675 wieder nach Frankfurt
     a. M. zu Maria Juliane Baur von Eyseneck in den Saalhof über; dort be-
     gegnete ihr Johann Wilhelm Petersen (s. Brief Nr. 24 Anm. 1), mit dem sie
     am 7. September 1680 von Spener getraut wurde. Sie gehört zu den ein-
     flussreichsten Frauen im deutschen lutherischen Pietismus.
2   Nur im Druck (Bed. 3, 1702, S. 96–99) überlieferter und dort anonymi-
     sierter Brief; Edition in FB 1, Nr. 213.
3   Nicht überliefert.
4   Gedanken an eine Heirat mit dem Pfarrer Johann Winckler (1642–1705)
     (s. FB 1, Nr. 189 und 209; vgl. *Matthias:* Petersen, S. 83).
5   Vgl. ihre Autobiographie (*Johanna Eleonora Petersen, geb. von und zu Mer-
     lau:* Leben, von ihr selbst mit eigener Hand aufgesetzet. Autobiographie.
     Hg. von Prisca Guglielmetti, Leipzig 2003 [KTP, Bd. 8], S. 21, Z.15 f.): „Da
     hatte ich wieder eine neue Schmach in meinem Hertzen, weil ich merckete,
     daß über solchen Zurückgang [die Ablehnung des Heiratsantrags] viel
     Wundern's war".

ter[6] kräfftig in anderwertiger leitung der gemüther ab-
gewendet hat, mittel und wege wissen, woferne sonsten
noch in dem äusserlichen etwas daraus zu sorgen wäre,
dasselbige abzuwenden oder auch zu ihrem nutzen auß-
schlagen zulassen. Wie denn der welt hertzen ungleiche   5
urtheil nicht nur mit freudigen gewissen verachtet werden mögen, sondern auch, schickets GOtt also, daß der
von diesen entstehende schimpff seinen kindern eine
rechte ehren=krohn[7] vor ihm, ja auch vor anderen
frommen hertzen werden muß. So geschiehet durch   10
seine weise regierung öfters, daß jene selbst endlich ihre
unbilligkeit erkennen und sich deren schämen müssen.
Ihm aber, der sie bißher so kräfftig gestärcket hat und
deme einig[8] und allein preiß gebühret, sey vor solche
ihro auch dißmahl erwiesene himmlische gnade und   15
göttliche krafft inniglich danck und lob gesaget in zeit
und ewigkeit. Der stärcke uns noch alle ferner und lasse
uns in seiner gnade wachsen zur maß[9] des vollkommenen alters Christi,[10] biß wir uns allerdings in uns selbst
verliehren und nur in ihme noch finden.[11]   20
Hierbey sende nebst 2 leich=predigten[12] das längst
versprochene Tractaetlein von den lieben verfolgten
Christen der ersten kirchen,[13] so vor weniger zeit fertig
geworden: versichert, es möge derselben nicht unange-
nehm seyn, ein und andermahl darinnen anzusehen das   25
bild unserer lieben vorgänger und der theuren streiter

---

6   Zu Differenzen zwischen dem Vater Georg Adolf von Merlau (gest. 1681)
     und dem Herzog Philipp Ludwig von Holstein-Sonderburg (1620–1689) s.
     FB 1, Nr. 189 Anm. 2, und Nr. 209, Z. 67–72 mit Anm. 12.
7   1Petr 5,4.
8   Einzig (DWB 3, Sp. 206–210, hier Sp. 207).
9   Die Maß (DWB 6, Sp. 1721–1731, hier Sp. 1721).
10   Eph 4,13.
11   Vgl. Mt 10,39.
12   Vgl. FB 1, Nr. 204 Anm. 23.
13   *Christian Kortholt:* Creutz= und Gedult=Spiegel. Den Zustand derer umb
     der wahren Religion willen bedrengten Christen [...] auß der Kir-
     chen=Historie fürstellend, Frankfurt am Main 1674.

und streiterinnen unseres obristen der heiligen Heerscharen, welche er zu noch schwereren kampff, als er uns insgemein beruffet, geführet, aber ihnen also kräfftig bey gestanden hat, daß sie die siegs palmen und
5 krohnen davon getragen, auch wol mitten in der marter den GOtt ihrer stärcke,[14] gegen die die feinde nichts vermochten, gepriesen haben.

Nun der Geist, der in denselben solches gewircket, ist eben der jenige, so auch uns von dem Vater geschencket
10 ist. Und wo wir das vertrauen auff uns selbst und die liebe der welt gäntzlich ablegen, so mögen wir gewiß seyn, er werde auch nicht mangelen, mit seiner krafft dermassen uns auszurüsten, daß uns nichts zu schwer werden solle, sondern daß wir in allen, es seye verfol-
15 gung, angst, trübsal, hunger, fährligkeit, blösse, schwerdt, endlich weit überwinden um deßwillen, der uns geliebet hat.[15] Hierzu lasset uns unsere seele schicken:

Vielleicht möchte es seyn, daß GOtt uns zu schweh-
20 reren proben führete, als wir jetzo vorsehen; wie denn gegenwärtige zeit wenig leibliche ruhe oder wohlstand verspricht; Sondern das ansehen ist, göttliche gerichte wollen aller orten einbrechen, zur straff der ungehorsamen welt, und auch die seinen mit gewalt aus der ge-
25 meinschafft der allgemeinen ärgernüß zu ziehen, wo es zu weilen nicht mit leisen griffen hergehet, den Loth aus Sodom zu bringen.[16] Der höchst verlangende friede stehet in sehr weitem feld: Und solte er auch erfolgen, so wissen wir nicht, ob GOtt nicht eben solches mittels
30 zu schwerer und auff andere weise gefährlicher heimsuchung sich gebrauchen möchte. Nun er ist der HERR!

---

14 Vgl. Eph 6,10.
12 Vgl. Röm 8,35.37.
16 Vgl. Gen. 19.

Er mache es, wie es ihm gefällt:[17] So ist er auch Vater und wirds also wol machen:[18] Er gebe nur, daß wir allzeit seinen willen erkennen.

Zu Rom ists nun an dem, daß sie ihr so genantes jubel=jahr[19] anfangen, als ein gnädiges und erlaßjahr. Wir wollen menschen ihre menschen=sünde lassen und nichts anders davon versichern als vielleicht neue räncke und anschläge gegen die bekenner der wahrheit. Dem Höchsten aber seye danck gesaget, der uns hat erkennen lassen, daß, so wirs nur annehmen wollen, wir anitzo in dem Neuen Testament in einem stäten jubel= und erlaß=jahr leben, darinnen unser wehrtester Heyland uns täglich predigen lässet, den gefangenen eine erledigung, den gebundenen eine öffnung, und die zubrochenen hertzen zu verbinden, Jesa. 61,1 u.f.[20] Er lasse uns auch dieses vorstehende jahr ein solches zu seyn spühren.

Wie ich denn hiemit meiner allerliebsten schwester und allen denen, die samt ihr den HErrn lieben und fürchten, nichts besseres zur neu=jahrs gabe von dem Vater aller guten und vollkommenen gaben zu wünschen weiß, hiemit aber imbrünstig anwünsche, alß daß auch instehendes jahr deroselben seye ein gnädiges jahr des HERRN, in empfindung der reichen gnade unsers Heylandes JESU, in verbindung aller wunden des hertzens, durch den süssesten heiligsten trost des heiligen Geistes, in täglichem zunehmen der freyheit, darinnen uns unser liebster bruder geführt und gesetzt, durch stets wachsende erkäntnüß seiner theuren güter und mächtiger zerreissung aller noch übriger so sünden= als welt=bande, die an uns noch hier den vollkomme-

---

17   Vgl. 2Sam 10,12.
18   Ps 37,5.
19   Das für 1675 vom Papst ausgerufene *Heilige Jahr.*
20   Jes 61,1 f.

nen genuß jener freyheit hindern, in steter freude über
die herrliche gnadenzeit und inniglichen jubel=gesang
zur danckbahrkeit vor die überschwengliche güte, die
uns überschüttet: So denn endlich in besitzung des je-
5 nigen, was von leiblichen segen der GOtt, so der seelen
und des leibes GOtt zugleich ist, nötig erachtet: ja, daß
dieses gnädige jahr sich nicht in der enge einiger 12 monat einschliesse, sondern währe unauffhörlich, biß der
ausgang der zeit den eingang der ewigkeit zum unend-
10 lichen jubiliren öffne. Erhalten wir dieses von GOtt,
wie er der gläubigen gebet die gewisse erhörung zuge-
saget,[21] so werden wir täglich danck zusagen ursachen
genug finden: Und mögen dem Papst sein güldenes jahr
und von armer leute thorheit samlende schätze, so denn
15 solchen ihre freude der vermeintlich empfangenen ab-
laß[22] gegen unseren gütern nicht mißgönnen: sondern
vielmehr sehen wir dieses mit betrübnüß und hertzlichem mitleiden, auch gebet, daß GOTT der blinden augen öffnen wolle, also an, daß wir unserer wahren güter
20 uns so viel höher freuen.

Solte aber GOtt der gesamten kirche eine sonderbahre freude geben wollen, hätten wir nichts bessers
zuwünschen, als ob seine weißheit allgemach die zeit
kommen wolte lassen der erfüllung der jenigen dinge,
25 die er noch zu trost seiner gläubigen hat verheissen und
auffzeichnen lassen. Ach, solte dieses das jahr seyn, da
GOtt wolte lassen anfangen die jenigen frühlings tage
anbrechen, welche wir noch vor den letzten trübsalen
und darauff folgenden neuen sommer warten![23] Wir se-

---

21 Mt 7,7–11.
22 Ablass ist der vom Papst verfügte Erlass von kirchlichen, als Buße aufge-
legten Strafen für begangene Sünden aufgrund stellvertretend geleisteter
Genugtuung der Heiligen der Kirche.
23 Es handelt sich hier um das erste Zeugnis von Speners eschatologischer
Hoffnung besserer Zeiten (*Wallmann:* Spener, S. 324–354, hier 329 f.),
deren Beginn er rückblickend auf die Zeit kurz vor dem 2. Advent (6. De-

hen gleich wol, so zu reden, die bäume, böse und gute, auch wieder ausschlagen: daß etwa die hoffnung nicht vergebens ist, es seye solche liebe zeit nicht mehr so weit. Aber HERR, dein wille geschehe[24] auch hierinnen zu der zeit und stunde, nicht wenn es uns, sondern dir 5 gefällt! [...]

2. P. S. Als ich im schreiben dessen war, so kam zu mir frau Maria Juliana Baurin von Eiseneck,[25] eine gottselige witbe, wegen einiger christlichen angelegenheit mit mir zu reden, also fügte sich, daß zu so vielmehr befrie- 10 digung ihrer seelen einiges aus meiner vielgeliebtesten schwester schreiben fürlaß, so sie hertzlich vergnüget, und verlanget, mit gleicher gelassenheit sich ihrem GOtt auff zuopffern: Ich richtete also auch bey ihr den

---

zember) 1674 (z. B. L. Bed. 1, S. 234 [1698]) datiert hat. Wallmanns Versuch (*Wallmann:* Spener, S. 332), Speners eschatologische Neuorientierung als Übernahme entsprechender Erwartungen der (radikalen) „sehnlich verlangenden, seufzenden und erwartenden" Frommen der *Exercitia pietatis* zu deuten, überzeugt nicht, weil Spener die in diesem Zusammenhang genannte Strophe („Darum spricht Gott, ich muss auf sein, die Armen sind verstöret") des bekannten Lutherliedes (s. Brief Nr. 21 Anm. 10) nicht ausdrücklich mit dem Aufkommen seiner exegetisch begründeten Eschatologie, sondern nur mit seinem persönlichen Vertrauen auf Gottes Handeln in Verbindung gebracht hat (DB 1, Nr. 82, Z. 141–157), das Lied in der Betstunde nicht am Tag eines *Exercitium pietatis*, sondern an einem Donnerstag gesungen wurde (vgl. FB 3, Nr. 64 bei Anm. 50) und die Betstunde in Frankfurt schließlich nicht auf den Kreis der sog. Frommen beschränkt war. – Spener folgt in seiner Eschatologie offenbar der Apokalypse des Johannes (Apk), wonach nach dem Untergang der antichristlichen Gewalten (Apk 18 f.) das Tausendjährige Reich (Apk 20,1–6) anbricht, bevor mit dem Kampf von Gog und Magog der letzte Endkampf (Apk 20,7–10) geführt wird, bis schließlich das Weltgericht (Apk 20,11–15) gehalten wird und das *Neue Jerusalem* (Apk 21) vom Himmel herabkommt.

24 Die dritte Bitte des Vater-Unsers (Mt 6,10 par).

25 Maria Juliana Baur von Eyseneck (1641–1684), Witwe des mit Spener seit seinem Genfer Aufenthalt 1661 eng befreundeten Johann Vincenz Baur von Eyseneck (1640–1672) (*Wallmann:* Spener, 144); vgl. Lebens-Lauff und Abschieds-Reden einer recht christlichen Wittiben, Frankfurt und Nimwegen: Andreas Luppius 1684; abgedruckt in: *Gottfried Arnold:* Das Leben der Gläubigen, Halle a. S. 1701, S. 1121–1132; gekürzt auch in: *Johann Heinrich Reitz:* Historie der Wiedergeborenen, Teil 3. Hg. von Hans-Jürgen Schrader, Bd. 1, Tübingen 1992, S. 112–123.

allgemeinen gruß aus, damit sie etliche mahl alle, die den HERRN JESUM hertzlich liebten, zu grüssen auffgetragen. Ob sie nun wol aus demuth meinte, [eher] unter der zahl der jenigen zu seyn, die erst in solcher ih-
5 ren mangel zuerkennen anfangen, als solche liebe in erforderten grad hätten, so begehrte sie, daß hinwiederum ihren hertzlichen wunsch und gebet bezeugen solte. Ich wünschte ihr meiner allerliebsten schwester nähere kundschafft, so ihr zu grossen trost gereichte.[26]
10 Wie ich ihr gemüth zu seyn befinde, habe in einer *dedication* an sie, so vor denen predigten von den versuchungen[27] stehet, öffentlich bezeuget: GOTT gebe ihr einen freudigen Geist,[28] die ihr erwiesene himmlische gnade vergnüglich zuerkennen, und wie sie mit furcht
15 und zittern in vielen kampff ihm dienet,[29] auch mehrmahlen seine süsse zu empfinden. Amen.
[Lat.:] Im Monat *Dec.* 1674.

---

26 Im Frühjahr 1675 siedelte Johanna Eleonora von Merlau in den Saalhof nach Frankfurt über, in das Haus der M. J. Baur von Eyseneck. Die sich dort ohne kirchliche Aufsicht versammelnden, zum Teil separatistischen Pietisten werden gewöhnlich als *Saalhofpietisten* bezeichnet.
27 *Philipp Jacob Spener:* Drey christliche Predigten von Versuchungen, Frankfurt a. M.: Zunner 1673, mit einer Widmung an Maria Juliana Baur von Eyseneck vom 28. März 1673.
28 Ps 51,14.
29 Vgl. 1Kor 2,3; Phil. 2,12.

C) Urteile und Ratschläge zu theologischen oder kirchlichen Fragen der Zeit

Möglichkeiten und Grenzen religiöser Toleranz

5

20. An [Johann Christoph Nungesser[1] in Erbach], [2. Jahreshälfte 1679[2]]

Ich bedancke mich hertzlich der brüderlichen *congratulation*[3] und vertraulichen erinnerung, die mir von allen orten, wo mir dergleichen herkommen möchte, eine sonderbahre wohlthat ist. *Plus vident oculi quam oculus.*[4] So hat GOTT die glieder eines leibes[5] also mit einander vereiniget, daß je ein glied auch an dem andern mit erinnern,[6] auffmuntern und andern dergleichen Christlichen pflichten billig arbeiten und an sich arbeiten solle lassen. Daher ich mit dergleichen noch ferner fortzufahren brüderlich und hertzlich bitte.[7]

---

1 Johann Christoph Nungesser (gest. 15. Dezember 1700), seit 1670 Stadtpfarrer und Hofprediger in Erbach im Odenwald: Nungesser wurde 1682 Gymnasialrektor in Soest, 1684 Gymnasialrektor in Dortmund, 1685 zugleich Diaconus, 1694 Gymnasiarch (Aufseher über das Gymnasium) und Superintendent.

2 Nur im zeitgenössischen Druck (Bed. 3, 1702, S. 199–204) überlieferter, dort anonymisierter Brief; Edition in FB 4, Nr. 87; zur Datierung s. Anm. 7.

3 Hier wohl: Begrüßung; dann meint Spener Nungessers (nicht überlieferte) Kontaktaufnahme mit ihm zum Zwecke eines gemeinsamen Nachdenkens über kirchenreformerische Maßnahmen.

4 „[Mehrere] Augen sehen mehr als ein Auge": lateinisches Sprichwort; vgl. Thesaurus Proverbium Medii Aevi. Bd. 10. Begr. von Samuel Singer, Berlin 2000, S. 373; *Wander:* Sprichwörter 1, S. 179 Nr. 200 (und 292).

5 Vgl. das paulinische Bild von der christlichen Gemeinde als Leib Christi (Röm 12,4–6; 1Kor 12,12–27).

6 Ermahnen (DWB 3, Sp. 858–860, hier Sp. 858).

7 Nungesser antwortet auf diesen Brief am 5. März 1680 (Halle a. S., Archiv der Franckeschen Stiftungen, Hauptabteilung, A 140: 1) und entschuldigt sich, weil „desselben Sein nicht weniger gründliches, als vertrauliches Schreiben hätte billich ehender beantwortet werden sollen".

In einer heiligen und GOttes ehre angehenden sache
ist freylich an dem, daß wir so viel zu *condescendir*en[8]
haben, als das gewissen zulässet. Daher ich auch in dem
gantzen werck[9] GOTT um nichts eiffriger anruffe und
5 treue freunde bitte, dergleichen vor mich zu thun, als
daß ich in allen dingen möge den willen des himmlischen Vaters ohne fehl erkennen, um als dann denselben getrost in das werck zu setzen, daß ich verstehe,
was seine ehre erfordere, bald nachzugeben, bald nicht
10 zu weichen, und wie etwa in jeglichem sein rath, uns in
die zeit zu schicken und dieselbe zu unterscheiden,[10]
von uns erfordern möchte. Ob allemahl das gut gemeinte den jenigen *success*[11] haben werde, welchen wir
in einfalt des hertzens vorgesetzet und verlangen, da-
15 von haben wir keine gewißheit vorher, sondern habens
der weisesten und offt unerforschlichen regierung[12]
GOTTes zu überlassen. Der liebe Paulus, so gleich wohl
von dem heiligen Geist regieret wurde, liesse sich von
denen brüdern zu Jerusalem guter meynung bereden,
20 daß er ein gelübd auff sich nahm und sich in dem tempel reinigen liesse:[13] Hiedurch gedachten die liebe leut
einige gefahr abzuwenden, aber GOTT fügete es also,
daß es erst die anlaß[14] seyn muste, daß der liebe Apostel
in die bande und todesgefahr kam, da man auff men-
25 schen allein sehende hätte dencken sollen, daß sich der
Apostel solches gethan zu haben reuen zu lassen ursach
gehabt hätte, in dem sonsten, da er dasselbe nicht gethan, keine solche gefahr ihn betroffen haben möchte.

---

8   Herabsteigen; hier: den Schwachen oder Einfachen theologisch entgegen-
     kommen.
9   In der Arbeit des Pfarrers.
10   Eph 5,16 (Luther 1545); vgl. z. B. *Cicero:* Epistulae, X,7,1 (*Tempori ser-
     viendum est*).
11   Erfolg.
12   Vgl. Röm 11,33.
13   Vgl. Apg 21,17–33.
14   Die Anlass (DWB 1, Sp. 392 f.).

Aber weil er in solcher sache in der furcht des HERRN und einfalt seines hertzens gethan, was geschehen, so war er mit göttlicher schickung hertzlich wohl zufrieden.

Es mag zuweilen geschehen, daß aus einem Christlichen und gantz guten vorhaben und anstalt ein widriges folge, wo weder jenes gute, davon zu diesem anlaß genommen worden, deswegen zu beschuldigen ist, noch auch deswegen zu unterlassen gewesen wäre. Also ob nicht der teuffel anlaß nehmen werde, der guten sachen einen bösen nahmen zu machen, zweiffele ich nicht, ja wir sehens alle tag, daß solches zu geschehen angefangen hat, und sind freylich unterschiedliche gute gemüther durch unterschiedliche *calumni*en[15] mehrmahl stutzend gemacht worden. Stehet also in keines menschen hand, das gute mit solcher vorsichtigkeit zu führen, daß der teuffel seine boßheit nicht üben und bösen verdacht hin und wieder ausstreuen möchte, dazu ihm jegliche gelegenheit schon genug ist. Aber davor haben wir uns wohl zu hüten, und werde ich mich nach aller möglichkeit nach dem maß der gnade,[16] so mir der himmlische Vater ertheilet hat und noch ertheilen wird, vorsehen, daß mit einigem beständigen grund der sache nicht ein böser nahmen gemacht werden könte: als gewiß versichert, daß die übrige allerhand *suspiciones*[17] und lästerungen allgemach und mit der zeit von selbsten fallen und zu schanden werden müssen: Wie wir so viel liebe exempel schon in dieser eigenen sache erfahren haben. So kan sich also mein wehrtester bruder gewiß dessen versehen, daß ich vor solchem allem, wo man mir einiges mit bestand entgegen halten möchte, mich sorgfältig hüten werde. Hiemit will allein in einem und andern mein hertz vertraulich ausschütten.

---

15   Verleumdungen.
16   Vgl. Eph 4,7.
17   Verdächtigungen.

Es gedencket derselbe, daß einige[18] sich in ihren *discoursen*[19] so heraus lassen, als achten sie nicht groß auff den unterscheid der religionen,[20] rühmen, wo sie nur einigen guten eiffer zu Christlichem leben finden, und
5 halten genaue[21] *correspondenz* mit deroselben anhängern u[nd] vorstehern, da doch ohne den wahren glauben auch keine wahrhafftige Gottseligkeit seyn könne, als dero grund jener seyn muß. Nun kan ich von solchen *discoursen* nicht *praecise* reden, als die ich nicht selbs
10 gehöret, da doch gleichwohl an einem und andern wort manchmahl gar ein grosses gelegen ist, so dieselbe recht oder unrecht machen kan.

Wo man den unterscheid der religionen dermassen nicht achtet, daß man die gnade GOttes, welche er un-
15 serer kirchen erwiesen, nicht ehret, sondern sich gleich seyn lässet, ob man bey unserer kirchen, in dero GOTT noch die reinigkeit der lehr an sich selbst erhalten, lebe oder ob man bey irrglaubenden gemeinden wäre, würde kein bedencken tragen, zu anderer religion sich zu ver-
20 fügen oder an denjenigen, die es thun, solches billichen: würde einigen deren irrthum billichen, welche jene haben, und also etwas dessen thun, was wider den vorzug unserer kirchen und der gnade, so der himmlische Vater uns gethan, streiten möchte: so würde ich nimmer-
25 mehr darein willigen noch mit meinem willen[22] von je-

---

18 Vermutlich Johanna Eleonora von Merlau (s. Brief Nr. 19 Anm. 1), die sich im November 1678 und im Juni und Dezember 1679 am Grafenhof in Erbach aufgehalten hatte, und ihr Kreis (s. *Markus Matthias:* Mutua Consolatio Sororum. Die Briefe Johanna Eleonora von Merlaus an die Herzogin Sophie Elisabeth von Sachsen-Zeitz. In: Pietismus und Neuzeit. Ein Jahrbuch zur Geschichte des neueren Protestantismus, Bd. 22 [1997], S. 69–102, hier S. 86. 88).
19 Unterredungen.
20 Konfessionen; gemeint sind nicht nur die Unterschiede zwischen lutherisch und reformiert, sondern überhaupt alle konfessionellen Unterschiede innerhalb des Christentums.
21 Enge.
22 Zustimmung.

mand solches behaupten lassen. Wo es aber auff die frage komt, ob wir unsere religion dermassen vor die allein seligmachende religion halten, daß deswegen ausser der eusserlichen gemeinschafft mit unserer Lutherischen kirchen niemand selig werden könne und daher 5 alle diejenige, so bey andern kirchen und religionen leben, vor verdammte leut zu achten und sich ihrer zu entschlagen seye, so gestehe ich gern, daß ich weder also reden noch dergleichen von andern fordern kan.

Ich halte die grosse wohlthat, die GOTT unserer kir- 10 chen erzeigt, in hohen werth und dancke ihm demüthiglich, daß er mich und andere bey derselben geboren lassen werden, da wir die lehre ohne vermischung irriger articul rein und so bewandt haben, daß wir vor GOTT freudig damit bestehen mögen, könte also ohne 15 verdamliche undanckbarkeit von solcher erkanten wahrheit nicht abtretten oder jemand, der dieselbe wahrhafftig erkant, freyheit geben, von derselben abzuweichen und sich doch der seligkeit zu trösten. Hingegen betaure ich das elend anderer kirchen hertzlich, 20 bey welchen solche lehren in schwang gehen, die den grund des glaubens umzustossen tüchtig sind und wohl bey ihrer vielen, ja etwa meisten, denselben würcklich umstossen, daß ich deswegen vor solche arme leut hertzlich bitte, daß ihnen GOTT liecht und gnade ver- 25 leyhen wolle, solche ihre gefahr recht einzusehen und deroselben zu entgehen. Wo ich auch solches zu thun vermöchte, daß einige da heraus gezogen würden, so erkenne meine schuldigkeit, dahin willig zu arbeiten.

Wie ich aber nicht die reinigkeit unserer lehr an und 30 vor sich selbs vor das jenige eigendlich halte, davon *immediate*[23] unser heyl herkommt, noch auch den irrthum in der lehre [als] dasjenige erkenne, welches an sich

---

23 Unmittelbar.

selbs den menschen verdammt, sondern jenes ist der glaube, dieses der unglaube: also sehe ich auff diesen am meisten. Zwar ists freylich so, daß der glaube nicht seyn könne ohne einige reinigkeit der lehr, auffs wenigste in
5 denjenigen puncten, die selbst in das werck der selig-machung[24] einlauffen und auff welchen der glaube schlechterdings beruhen muß (dann wie kann bey dem-jenigen der seligmachende glaube stehen, der sein sün-den elend, göttliche gnade, CHRISTI verdienst und er-
10 worbene wohlthaten nicht weiß oder die göttliche wahr-heit von allem solchen [nicht] erkant hat?), und hingegen daß die irrthüme, da sie solche hauptgründe umstossen, den glauben auffheben, ja offt geringschei-nende irrthüme ursach seyn können, daß der seligma-
15 chende glaube umgestossen werde. Also, daß viele ge-fahr bey den irrthumen seyn kan und ist.

Aber damit könte ich nicht einstimmen, wo man kei-nen seligmachenden glauben gestehen wolte, als bey welchen eine völlige erkäntnüß aller reinen lehr in al-
20 len articuln sich finden solte, oder wo man meinte, daß bey allen irrenden kein seligmachender glaube seyn möchte. Es hat der glaube ein anderes ansehen in sei-ner gantzen *latitudine*,[25] da wirs mit aller göttlichen of-fenbahrung in der Schrifft zu thun haben und solches
25 zu seinem *objecto* gehöret, eine andere bewandnüß aber auch *in negotio justificationis*,[26] und wie er das heyl in CHRISTO ergreifft, wozu nicht so viel articul gehören, daß die gantze kette[27] der lehr müste mit eingeschlos-sen werden: Daher, Wo bey einem menschen der wahre

---

24 Erlösungswerk Christi.
25 Breite, Ausmaß; gemeint ist die Gesamtheit der theologischen Lehre mit allen Einzelheiten.
26 Der Prozess (Vorgang, „Geschäft") der Rechtfertigung (Sündenvergebung allein aus Gnade).
27 Zusammenhang der christlichen (biblischen) Lehre (Glaubensartikel); vgl. *Philipp Ludwig Hanneken:* Catena doctrinae christianae [Kette (Zusam-menhang) der christlichen Lehre], Gießen 1667 (Worldcat).

glaube, das ist, die göttliche würckung des hertzlichen vertrauens auff GOTTes gnade in CHRISTI verdienst, damit[28] der seiner sünde wegen betrübte sünder sich lauterlich und allein GOttes barmhertzigkeit überlässet und die gnaden verheissung in unserm Heyland an- 5 nimt, sich findet, da ist die seligkeit, ob wohl in andern articulen irrthüme seyn mögen, entweder, die an sich gering sind und das werck der seligkeit nichts berühren, oder, ob sie *per consequentiam*[29] den glauben umstossen möchten, das hertz gleichwohl durch göttliche gnade 10 verwahret wird, daß bey ihnen durch solches der glaube nicht würcklich umgestossen wird: Wie die pest an sich selbst ein tödlich gifft ist, aber bey einigen durch die gute natur oder gebrauchte artzney oder sonsten das hertz so verwahret wird, daß ihnen solches gifft nicht 15 tödtlich seyn muß.

Damit mache ich die irrthüme und dero gefahr nicht gering, ich preise aber die göttliche gnade, welche ihrer viele in solcher gefahr noch erhält. Wer aber auff solches sich verlassende muthwillig irren oder doch sich vor den 20 irrthümen, bey besser habender gelegenheit, die wahrheit zu erkennen, nicht mit fleiß vorsehen wolte, ein solcher würde die straff seiner sünde tragen und zeigte eben damit, daß auch sein glaube nicht rechtschaffen gewesen, der die göttliche güter so gering schätzet, daß 25 er sie sorgfältiger untersuchung der wahrheit nicht würdig achtet. Wie dann nun bey unserer Lutherischen kirchen und dero reiner lehr auch derjenigen viele wahrhafftig verdamt werden, die alle solche articul ohne untermischten irrthum gehalten und behauptet 30 haben, weil es ihnen an dem glauben gemangelt hat, als zu dem solche lehr nicht genug ist, also kan es seyn und

---

28 Womit (DWB 2, Sp. 704–707, hier Sp. 705).
29 Wenn man sie konsequent durchdenkt.

geschiehet bey irrglaubigen (wie wir sie von der lehr nennen[30]) offters, daß einfältige hertzen, die die wahrheit der schlechter dings zur seligkeit nöthigsten articul, mit denen der seligmachende glaube es unmittel-
5 bahr zu thun hat und dieselbe ergreiffet, in göttlicher gnade erkennen und von der gnade ihres GOttes ihr anerbottenes heil annehmen in einem heiligen und göttlichen vertrauen, wahrhafftig gerecht und selig sind: und ihnen GOTT die gnade thut, daß sie entweder
10 vor den haupt=irrthumen ihrer religion (wie absonderlich bey den Reformirten mit dem *absoluto decreto*[31] geschehen kan) gar verwahret werden und davon weder wissen noch glauben.

Daher, ob ich schon mit solchen menschen keine
15 kirchliche gemeinschafft in *communion*, öffentlichem GOttesdienst und dergleichen halte (dann wie ich in diesem und jenem *subjecto*[32] mich des glaubens versehen, bey einigen gar versichern kan, so kan ich doch ihre gemeinde durchaus nicht billichen oder in völliger
20 gemeinschafft deroselben stehen), ob ich auch wohl einem solchen menschen eine weitere und reinere erkäntnüß wünsche und, wo ich ihn dazu bringen kan, mich dahin bemühe, so kan ich doch sein gutes an ihm rühmen, lieben und in eine genauere[33] freundschafft
25 mit ihm tretten, als ich ins gemein mit jeglichem sonst zu thun pflege.

Wo nun die angezogene[34] dißmahl solche meinung gehabt hätten, so finde nichts darin zu straffen, auch will ich hoffen, daß dieses der sinn derselbigen seye, ob sich

---

30   Ein falscher Glaube hinsichtlich des Glaubensinhaltes, nicht hinsichtlich
      der frommen Haltung.
31   Der unabänderliche, willkürliche Ratschluss Gottes, mit dem er die einen
      zur Seligkeit, die anderen zur Verdammnis vorherbestimmt hat.
32   Einzelne Person.
33   Engere.
34   Die von Nungesser gemeinten Personen (s. Anm. 18).

wohl nicht jeglicher so eigentlich erklähren kan. Also bleibet dieses himmel=fest, wo keine wahre erkäntnüß GOttes ist, da ist kein wahrer glaube und also auch keine wahre Gottseligkeit,[35] und doch, wo wir solche *proposition*[36] mißbrauchen wolten, würde sie falsch werden, nehmlich wo wir die wahre erkäntnüß GOttes verstehen wolten, die in allen articuln, welche unserem glauben vorgetragen werden möchten, ohne irrthum seyn müste. Indem eine rechte, wahre erkäntnüß auch in göttlichem liecht gefasst werden kan, daß der glaube darinnen bestehet, und doch mag viel unwissenheit und irrthum noch in andern stücken übrig seyn:[37] Also läßt sich der glaube freylich nicht von der erkäntnüß trennen, ja, so wenig als das leben von dem glauben, und ists blosser dings unmöglich (nicht ohne eine gantze *catenam*[38] der rechten lehr nach allen puncten, sondern) ohne glauben GOtt [zu] gefallen. Weswegen auch nicht leugne, daß es ein böses *principium,* bloß dahin also genommen,[39] seye, daß man in allen religionen selig werden könne, jedoch ists eben nicht *athei*stisch, als welcherley *principia*[40] die seligkeit auffheben, nicht aber vielen gemein machen.

Aber gar anders lautet dieses *principium*, daß man nicht nur in der Evangelischen Lutherischen, sondern auch andern Christlichen gemeinden, wo noch der haupt=grund von göttlicher gnade und CHRISTI verdienst, ausser dem wir kein heyl wissen, übrig bleibet, leute finden könne, die GOtt mit seiner gnade und seligmachenden glauben begnadet habe. Welches auch unsern *Symbolicis libris* allerdings gemäß[41] und doch weit

---

35 Frommes Leben nach den christlichen Geboten.
36 Vorauszusetzende Behauptung.
37 Vgl. CA VII (BSLK, 61) und FC, Epitome X, Affirmativa Nr. 5 (BSLK, 815).
38 Kette; s. Anm. 27.
39 Unbedacht geäußert.
40 Die atheistischen Prinzipien der Leugung Gottes.
41 In den Lutherischen Bekenntnisschriften, z. B. CA V (BSLK, S. 57f.)

davon ist, daß man alle religionen gleichhalten wolte, wie
droben bereits von der gefahr der irrigen lehr geredet
habe. Solten aber *discourse* anders gelautet haben, so
hätte billig deroselben nähere entdeckung zu bitten.[42]

5 Was die *naevos*[43] der alten Väter und meinungen der
alten Rabbinen anlanget, kan davon nicht so eigentlich
sagen, als der nicht gewiß weiß, was damit gemeint
werde. Die Offenb[arung] Johannis aber, hoffe, werde
allen Christlichen hertzen, die eine zimliche erkantnüß
10 der nöthigsten puncten erstlich haben, also erlaubt
seyn, daß ihnen auch mit fleiß darüber zu sitzen nicht
verdacht werden mag. Die wort c. 1, 3[44] sind sehr bedencklich und gehen uns so viel mehr an, als näher wir
dem ende[45] sind. Gewißlich, gegen das Papstum sich
15 also zu verwahren, daß wir davon kein ärgernüß mehr
nehmen und uns auff das zukünfftige rechtschaffen
schicken, ist kaum etwas dienlicher als die liebe Offenbahrung Johannis. In dero, ob ich wohl aller orten an-
stosse[46] und nicht nach wunsch fortkommen kan, je-
20 dennoch durch GOttes gnade so viel finde und, daß auch
von einfältigen gefunden werden könne, versichert bin,
als mir vor gegenwertigen zustande nöthig ist. Wo es
nun in diesen schrancken bleibet, hoffe ich nicht, daß
sich jemand zu ärgern vernünfftige ursachen finden
25 würde: Ja, daß auch von den jenigen, welche in einer
hertzlichen u[nd] auffrichtigen begierde, Gott zu dienen, stehen, solte einiger mißtritt u[nd] einiges unglei-

---

42 Nungesser schreibt in seinem Brief (s. Anm. 7), dass einige aus Speners
„Schul" Anlass zu Verdächtigungen gegeben hätten.
42 Muttermale, hier: noch anhängende Fehler der Kirchenväter; gemeint sind
wohl die chiliastischen Interpretationen der Offenbarung des Johannes
(Apokalypse: Apk) durch die frühen Kichenväter.
44 Apk 1,3 (Luther 1545: „Selig ist / der da lieset / vnd die da hören die wort
von der Weissagung / vnd behalten was darinnen geschrieben ist / denn
die zeit ist nahe.").
45 Spener denkt offenbar an die Drangsale vor dem Anbruch des Tausendjährigen Reiches (s. Brief Nr. 19 Anm. 23).
46 Obwohl ich überall Schwierigkeiten mit der Auslegung des Textes habe.

ches wort (wo man die wenigste zeit und sorge angewendet an *formulas loquendi*[47] und meinet, jederman
werde es wohl verstehen, was man wohl meinet) wahrgenommen worden, solches mit Christlicher und lieb-
reicher sanfftmuth und gedult auffgenommen und be- 5
stens ausgeleget zu werden billich seye, wie ich auch
nicht zweiffeln will, mein wehrtester bruder, aus diesem, was in freundlichem vertrauen aus meinem hertzen gegen ihn ausgeschüttet, ein und anders auff andere art ansehen werde, als es ihme oder andern möchte 10
vorhin vorgekommen seyn, da es etwa auff eine weitere
meynung gezogen worden wäre.

Im übrigen, wie mich vor die brüderliche erinnerung
hertzlich bedancke, so bin ich versichert, daß hinwiederum meine erläuterung mit vertraulicher liebe auff- 15
genommen werden und derselbe, worinn er noch ferner
uns zu erinnern nöthig finden solte, in übung solcher
liebe nicht müde werden werde. Dabey bleibts freylich,
wie er sehr Gottselig erinnert, weme es ein ernst ist,
CHRISTI reich zu befördern, der wird seiner eigen ehr 20
und erfindungen gern absterben: und auch, daß wir
nichts mehr von eigener ehr und erfindungen wissen
mögen, welches so viel gewisser geschehen wird, als
fleißiger wir uns an die einige[48] Schrifft halten werden.
Im übrigen, was anlangt einige kleine tractätlein von 25
unsern *Theologis* gemacht zu dem *scopo pietatis*,[49] so
weiß derselben ein und andere, die aber vielleicht
selbst auch bekant seyn werden, als da sind *Gerhardi*[50]
meditationes[51] (*Schola Pietatis*[52] ist ein groß werck),

---

47 Redeweise, sprachlicher Ausdruck.
48 Einzig (DWB 3, Sp. 206–210, hier Sp. 207).
49 Zweck der Frömmigkeit (Gottseligkeit), eines frommen, christlichen Lebens.
50 Johann Gerhard (1582–1637), bedeutender lutherischer Theologe der Orthodoxie.
51 *Johann Gerhard:* Meditationes sacrae, Jena 1606 u. ö.
52 *Johann Gerhard:* Schola pietatis, Jena 1622/23 u. ö.

Arndii[53] kleine *tractatus*[54], *Lutkemanni*[55] Vorgeschmack göttlicher güte,[56] *Casmanni*[57] einige *tractatus*, *Theophili sinceri* (ist *D. Korthold*[58]) vorschlag,[59] *ejusdem* Vorbereitung zur ewigkeit,[60] Reisers *gravamina non iniusta*[61], *P. Egardi*[62] viele *tractatus*. Hieher *referire*[63] auch billig *D. Fritschen*[64] J[uris]C[onsul]ti[65] mehrer *tractatus:* Sonderlich aber, unter grössern wercken, wird schwehrlich eins jetzo viel übertreffen *Scriverii*[66] Seelen= Schatz.[67] m[it] f[erneren] w[orten]. 167[9].

53 Johann Arndt (s. Brief Nr. 14 Anm. 9).

54 Unklar ist, woran Spener konkret denkt.

55 Zu Lütkemann (1608–1655) s. Brief Nr. 10 Anm. 7.

56 *Joachim Lütkemann:* Der Vorschmack Göttlicher Güte durch Gottes Gnade, Wolfenbüttel 1653 u. ö (s. Brief Nr. 10 Anm. 8).

57 Otto Casmann (1562–1607), Rektor und Prediger in Stade, Philosoph und Naturforscher, Verfasser zahlreicher naturkundlicher, theologischer und erbaulicher Schriften.

58 Christian Kortholt (1633–1694), Professor der Theologie (bes. der Kirchengeschichte) in Kiel, Reformtheologe.

59 *Theophilus Sincerus* [= Christian Kortholt]: Wolgemeinter Vorschlag, wie etwa die Sache anzugreifen stünde, da man dem in denen Evangelischen Kirchen bisher eingerissenem ärgerlichen Leben und Wandel [...] abzuhelfen mit Ernst resolviren wolte, Frankfurt a. M.: Zunner 1676.

60 *Christian Kortholt:* Vorbereitung zur Ewigkeit / Oder gründliche Anweisung / Wie ein Mensch recht glauben [...] solle, Frankfurt a. M.: Serlin 1671 u. ö.

61 *Anton Reiser:* Gravamina non Iniusta [Nicht ungerechte Beschwerden]: Oder Rechtmässige Beschwerden / Über den heute zu Tag sehr zerrütteten Zustand deß Evangelischen Kirchen=Wesens, Frankfurt a. M. 1676.

52 Zu Paul Egard (gest. 1655) und zu Speners Neuausgaben seiner Schriften s. FB 1, Brief Nr. 120 Anm. 18, und FB 4, Nr. 20, bei Anm. 16.

63 Zähle ich.

64 Ahasver Fritsch (1629–1701), Hof- und Justizrat des Grafen von Schwarzburg-Rudolstadt. Fritsch war ein schreibfreudiger Erbauungsschriftsteller des 17. Jahrhunderts und stand mit Spener seit 1674 im Briefwechsel; vgl. *Susanne Schuster:* Aemilie Juliane von Schwarzburg-Rudolstadt und Ahasver Fritsch. Eine Untersuchung zur Jesusfrömmigkeit im späten 17. Jahrhundert. Leipzig 2006 (Arbeiten zur Kirchen- und Theologiegeschichte, Bd. 18).

65 Rechtsgelehrter.

66 Christian Scriver (1629–1693), seit 1667 Pastor in Magdeburg, 1685 Senior, Assessor des Geistlichen Gerichtes und Schulinspektor, 1690 Oberhofprediger, Kirchenrat, Scholarch und Pastor in Quedlinburg.

67 *Christian Scriver:* Seelen=Schatz / Darinn von der menschlichen Seelen hohen Würde / [...] tröstlich gehandelt wird, Leipzig 1675–1688.

Das drohende äußere Gericht Gottes über der Christenheit

21. An [einen Anhänger[1] in Schlesien], 17. Mai 1680[2]

Von denen vielen in ihrem land befindlichen guten freunden, die zu mir und meiner wenigen arbeit eine hertzliche liebe tragen, werde hin und her[3] versichert, und habe mich dessen hertzlich zu erfreuen, weil ich mich versichere, an denselben solche leut auch zu haben, die so viel angelegenlicher auch vor mich zu GOtt seufftzen und mir helffen, die mir und meinem amt nöthige gnade zuerlangen, welcher brüderlicher vorbitt ich so viel mehr benöthiget bin, als gefährlicher meine stelle ist und hin und wieder[4] der feinde sich so viele hervor thun. Ich sehe es vor eine so viel gütigere Göttliche schickung an, der mir solche freunde erwecket und darzu in meine arme, sonsten so einfältige schrifften die krafft geleget hat, derselben hertz mir zuzuwenden, die sonsten davon nicht zu hoffen wäre; als wodurch er mich nicht wenig offt auffrichtet, da mich etwa sonsten das ansehen anderer umstände mehrmahl treflich niederschlagen solte.

Nebenst dem zweiffele ich nicht, daß anderer alten bekanten und freunde[5] gutes zeugnüß von mir bey ihrer mehrern zu solcher liebe gelegenheit gebe, daher auch solchen zu hertzlichem danck mich verpflichtet er-

---

1 Spener schreibt an eine Person, die offenbar den evangelischen Gottesdienst in Schweidnitz (s. Anm. 6) besucht und sich mit anderen Anhängern Speners in Schlesien vereint weiß.

2 Nur im zeitgenössischen Druck (Bed. 3, 1702, S. 366–369) überlieferter, dort anonymisierter Druck; Edition in FB 4, Nr. 107.

3 Hier und da, verstreut (DWB 4 II, Sp. 1371–1377, hier Sp. 1374).

4 Hier und da, verstreut (DWB 4 II, Sp. 1371–1377, hier Sp. 1373 f.).

5 Zu Speners älteren Freunden in Schlesien gehören z. B. die Brüder Georg Hermann (1643–1701), Johann Christoph (1645–1722) und Friedrich (1647–1712) von Schweinitz (s. FB 3, Nr. 131 Anm. 1 und 3).

kenne. Wie ich vor die mir zuwegen gebrachte freundschafft dero geliebten und mir angerühmten Schweid-
nitzischen *Primarii* Herr Benjamin Gerlachs[6] auch hiemit schuldigen danck zusagen. GOtt erhalte auch nach
5 seinem H[eiligen] willen diesen deroselben kirchen dermassen nöthigen und nützlichen mann und erzeige an
dessen so völliger auffhelffung als stärckung[7] ein zeugnüß seiner allmacht und güte. Ich versehe mich von
demselben einen treuen mitstreiter in dem gebet und
10 liebe, woran es auch meiner seits nicht mangeln solle.
Der höchste stärcke auch ihre übrige treue lehrer[8] und
weise in der that, daß er sich seiner in der welt vor verlassen geachteten Evangelischen kirchen gleich wie anderwertlich, also auch in ihrem lande,[9] kräfftig und
15 nachtrücklich annehme und darzu entweder mittel, die
wir vorher nicht vorsehen können, verschaffe oder auch
selbst ausrichte, was denselben nöthig ist. Ach, daß er
von seinem hohen thron herab sehe und ihm das elend
seines armen, fast durchaus verstörten Zions zu her-
20 tzen gehen lasse, eine kräfftige hülffe zu schaffen und
der feinde der warheit anschläge zu schanden zu machen.[10]

Kluge leute, so in die *consilia*[11] der grossen[12] zimlich
tieff einsehen, besorgen ein gefährliches und verderbli-
25 ches wetter über unsere kirche: und wo wir den zustand
der kirchen in ihr selbst erwegen, so dann göttliches
wort zu rathe ziehen, können wir nicht anderst als denselben beyzupflichten. Wie ich sehr sorge, es seye die

---

6   Benjamin Gerlach (1633–1683), seit 1667 Pastor primarius und Inspektor
    an der Friedenskirche in Schweidnitz.
7   Offenbar Anspielung auf eine Krankheit Gerlachs.
8   Pfarrer.
9   Anspielung auf die sich seit 1675 steigernden Maßnahmen zur Rekatholi-
    sierung in Schlesien (Näheres s. FB 3, Nr. 155 Anm. 30).
10 Anspielung auf das von Spener häufig zitierte Luther-Lied „Ach Gott, im
    Himmel sieh darein", 4. Strophe (nach Ps 12,6) (s. Brief Nr. 19 Anm. 23).
11 Ratschläge.
12 Mächtige.

zeit sehr nahe, wo nicht gar vorhanden, daß GOTT sein gericht von seinem hause anfange[13] und Babel seinen letzten zorn zu erfüllung seines sünden masses[14] und *maturir*ung[15] seines letzten untergangs über das so verdorbene Jerusalem außzugiessen zulasse.[16] Jene *Politici* mercken, daß an den beyden höchsten höffen Oestreich und Franckreich die allgemeine *intention* gantz eine [17] sey, gegen den *protestantismum*, und sofern [gegen] die freyheit der stände des reichs[18] bey uns, welche eine starcke seule vor den andern seye und davor erkant werde. Ob nun wohl der beyden häuser *privat-interesse* annoch einander entgegen stehet, daß jegliches dasjenige, was es selbst gern zu werck richtete, nicht wohl will durch das andere thun lassen, so werden doch besorglich die Jesuiten, welche nicht nur bey dem hause Oesterreich allezeit mächtig gewesen, sondern auch bey Franckreich nunmehr in solchem *credit* sind, daß der könig nicht nur seine *conscienz*[19] ihnen vertrauet,[20] sondern auch nicht haben will, daß jemand von dem königlichen geblüt einen andern beichtvater nehme, mittel und wege zu finden suchen, daß die *consilia* so *concerti-*ret[21] würden, die so lang gehabte böse *intention* zu werckstelligen.

---

13 Vgl. 1Petr 4,17.
14 Vgl. 2Makk 6,14.
15 Reifung, Vollendung.
16 Vgl. Apk 16 u. 17.
17 Einunddieselbe Absicht.
18 Die Souveränität der einzelnen Reichsstände (Territorien) gegenüber der Institution des Heiligen Römischen Reiches, wie sie zuletzt im Westfälischen Frieden von 1648 festgeschrieben wurde. Diese Souveränität zeigt sich insbesondere in der den (protestantischen) Reichsständen zugesicherten Religionsfreiheit (*Cuius regio, eius religio:* Es gilt die Konfession des Landesherrn).
19 Gewissen (Konjektur für: *consecrenz*).
20 Der Jesuit François d'Aix de La Chaise („Père La Chaise") (1624–1709) war seit 1675 Beichtvater Ludwigs XIV., wurde aber erst nach der Trennung des Königs von Madame de Montespan und seiner neuen Liaison mit Madame de Maintenon 1678/79 auch politisch einflussreich.
21 Zusammengefügt.

Die jetzige kürtzlich vorstehende versammlung der geistlichen in Franckreich[22] dürffte wohl einen wichtigern zweck haben, als man gedencket, und die jetzige bereits vor einigen jahren hervor blickende manier zu
5 handlen mit den Reformirten in solchem reich,[23] auch was in den überrheinischen orten, dero sich Franckreich anmasset,[24] vorgehet, mögen schon etlicher massen zeigen, was man verlanget und etwa von den mitteln noch zu rathschlagen hat, wie alles am füglichsten
10 ausgerichtet werden möchte. Also hats freylich ein seltsames ansehen, nicht nur allein vor die policey[25] und weltliche beschaffenheit unsers Teutschlandes, sondern noch mehr vor unsere kirche. Und wie mögen wir fast anderst vor dieselbe hoffen, wo wir eines theils
15 GOttes grosse wohlthaten deroselben erwiesen, benebens seiner gerechten gewohnheit, den undanck an den seinigen allemahl am härtesten zu straffen, andern theils die euserste undanckbarkeit der unsern gegen solche theuere wohlthat ansehen? Da wir, ausgenom-
20 men die warheit der bekennenden lehr, sonsten in dem übrigen kaum etwas gesundes an dem gantzen leib[26] finden, sondern alles nicht weniger verderbt ist, alß wir bey den *secten* antreffen, die wir selbst wegen irriger lehr verwerffen, ja mitten in dem Papsthum.
25 Wir wissen ja kaum mehr, was die *praxin*[27] anlanget, was Christenthum oder glaube sey, dero sich jederman

22 Zur Assemblée ordinaire des französischen Klerus vom 31. Mai bis 2. Juli 1680 s. Pierre Blet: Les assemblées du clergé et Louis XIV de 1670 à 1693, Rom 1972, S. 177–183.
23 Die reformierten Hugenotten, die bis zur Aufhebung (1685) des Ediktes von Nantes (1585) in Frankreich beschränkte Religionsfreiheit genossen.
24 Elsass und Lothringen, die seit der sogenannten Reunionspolitik Ludwigs XVI. (Einnahme Straßburgs 1681) mit Frankreich verbunden waren.
25 Öffentliche Ordnung.
26 Vgl. das paulinische Bild von der christlichen Gemeinde als Leib Christi (Röm 12,4–6; 1Kor 12,12–27).
27 Ausübung des christlichen Glaubens in einem frommen Lebenswandel nach den christlichen Geboten.

rühmet, und aber die vor augen liegende greuel, wie die that[28] so fern seye, alle diejenige überzeugen, welche noch etwas lichts übrig haben. So wird gewißlich der HErr seine ehre retten von denjenigen, die ihm am nechsten sind, die sich des Evangelii rühmen, ja die dasselbige auch verkündigen (wie ich nicht leugne, in unserem stand[29] das meiste verdorben zu seyn und gemeiniglich da selbsten anzufangen), nicht fort und fort geschändet und um derselben willen von den widersachern gelästert lassen werden: sondern, wie es dorten heisset bey dem Propheten, wird sein gericht seyn „wie das feuer eines goldschmides und die seyffe der wäscher: sitzen und schmeltzen und das silber reinigen, die kinder Levi reinigen, und läutern, wie das gold und silber".[30]

Und gegen diese besorgliche verderbliche heimsuchung unserer kirchen, darinne etwa nicht vieles von unserem eusserlichen möchte übrig bleiben, können wir uns der verheissung unsers Erlösers, daß er seine kirch und reiche schützen und erhalten wolle, nicht also getrösten, daß wir hieraus versichert seyn könten, daß jene nicht kommen würde. Dann seine verheissung wird freylich so wahr bleiben, daß sie auch von der höllen=pforten nicht möge überwältiget werden.[31] Aber sein reich und kirche hänget nicht an unserer eusserlichen verfassung,[32] sondern bleibet ohne diese noch fest stehen, ja es mag dieses das obwohl betrübte, doch gesegneteste mittel seyn, die schlacken zu verbrennen, daß das pure gold so viel herrlicher werde[33] und die so sehr mißbrauchte h[eilige] mittel der gnaden von dem mißbrauch gerettet, wo es geschienen, daß auch der ge-

---

28 S. Anm. 27; vgl. Jak 1, 23–25.
29 Pfarrerschaft.
30 Mal 3,2 f. – Die Leviten („Kinder Levi") waren die Priesterschaft im alten Israel.
31 Vgl. Mt 16,18.
32 Bestand, z. B. von Kirchgebäuden oder Kirchenbehörden.
33 Vgl. Jes 1,25.

brauch derselben gar aufgehaben[34] worden, erst recht auf eine weise, die wir noch nicht genug vorsehen mögen, von GOtt in einem recht heiligen und reinen gebrauch ersetzet werden. Wie dann Gottes wege alle ge-
5 recht und heilig, aber dabey weise und uns unausforschlich sind.[35]

Welche betrachtung, so viel mehr etwa der würckliche erfolg dergleichen dinge, uns mehr und mehr von allem vertrauen auff dasjenige, was noch der unbestän-
10 digkeit der zeit unterworffen ist, abziehen und uns in der that glauben machen wird, wir haben nichts versichertes mehr in der welt, sondern das seye allein unser, was wir in unserer seelen gefasset haben, das uns keine gewalt nicht mehr nehmen kan, sondern krafft dessen
15 wir auch in den betrübtesten und gefährlichsten zeiten, die uns etwa auch alle eusserliche trosts=mittel[36] entziehen möchten, bestehen mögen, dafern nemlich solches nicht nur in die gedächtnüß, sondern warhafftig in die seelen und hertzen gebracht ist, als welche Göttliche
20 krafft und liecht allein in der probe bestehet, da sonsten manches auch davor angesehene liecht alsdann erlöschen möchte. „Wachen", das ist, genau auf den zustand unserer seelen und, was GOtt in derselben würcken will, damit wir dasselbe nicht verstören, so dann wie
25 weit wir gekommen seyn und woran es uns noch fehle, wie starck wir oder schwach seyen, acht geben, „und beten"[37] sind die vornehmste unsere waffen, mit denen wir uns auf den vorstehenden kampff bereiten mögen, die zwar auch GOtt nicht wird bey allen denen unge-
30 segnet seyn lassen, welche gern ihre seelen retten wollen. Dann er ist und bleibt getreu.[38] 1680. 17. Maj.

---

34   Oberdeutsch (DWB 2, Sp. 467).
35   Vgl. Ps 145,17; Röm 11,33.
36   Predigt und Sakramente.
37   Vgl. Mk 14,38 par.
38   Vgl. 1Kor 10,13 u. ö.

Die Rechtfertigungslehre als zentrale theologische Lehre

22. An [Balthasar Friedrich Saltzmann[1] in Straßburg?], 3. Januar 1680[2]

Was den *articulum de Justificatione*[3] anlanget, hoffe ich, habe so wol in allen andern meinen schrifften, als auch eben dieser postill[4] mich dermassen erkläret, daß niemand mit fug einigen zweiffel in mich setzen möchte. Ich weiß, glaube und lehre, daß, was unsere rechtfertigung vor GOtt anlanget, dieselbe aus pur lauter gnaden um Christi willen geschehe und nicht in dem geringsten in dero selben *directe* oder *indirecte* auff unsere heiligkeit und gerechtigkeit *reflectiret* werde, und wer etwas von menschlicher würdigkeit, wie sie nahmen haben möchte, damit einmischete, demselben würde ich von grund meiner seelen wiedersprechen.

Also weiß ich in diesem *articul* durchaus von keinem einigen unserem werck und verdienst, vielmehr allein von dem verdienst Christi, nicht in uns, sondern vor uns von ihm selbst geleistet. Und wo wir sagen, daß der glaube seelig mache, so erkenne ich auch, daß solches seeligmachen nicht seye eine würcklichkeit des glaubens, wie er eine tugend ist und also mit unter die wercke gehöret, sondern daß er die seeligkeit nur aus

---

1 Balthasar Friedrich Saltzmann (1612–1696), seit 1659 Prediger am Münster seiner Heimatstadt Straßburg: Spener war über seine Mutter Agatha geb. Saltzmann mit ihm verwandt (s. Anm. 17) und hatte schon während seiner Studienzeit häufig seine Gastfreundschaft genossen.

2 Nur im zeitgenössischen Druck (Bed. 4, 1702, S. 431–432) überlieferter und dort anonymisierter Brief; Edition in FB 4, Nr. 92.

3 Artikel von der Rechtfertigung (des Sünders aus Gottes Gnade ohne Verdienst des Menschen).

4 *Ph. J. Spener:* Deß thätigen Christenthums Nothwendigkeit und Möglichkeit (s. Brief Nr. 15 Anm. 15); von der Rechtfertigung handelte Spener vor allem in den Exordien [Einleitung, Anfang einer Rede oder Predigt] zu Röm 3 u. 4 (Teil 1, S. 104–114. 170–178. 201–212).

GOttes gnade und Christi verdienst vielmehr allein annehme, als daß seine krafft oder würcklichkeit darinnen
etwas thäte, wie mir allezeit herr *D*. Dannhauers[5]
S[elig] wort so wol gefallen, daß der glaube vielmehr *sa-*
luticapa als *salvifica* seye:[6] nennet auch deßwegen den
glauben in der justification[7] *fidem passivam*, die der *fi-*
dei activae, wie sie ein werck ist, entgegen *distinguir*et
werde.[8] Oder, wie andere reden, daß uns der glaube seelig mache *non in praedicamento qualitatis sed relatio-*
nis.[9] Daß ich also nicht sehe, wie in solchem grund=ar-
ticul von Christo, den vor das hertz unserer *Theologiae*
halte, mehr von mir sollte nur können erfordert werden, mich pur lauter evangelisch zu erklären, worinnen
ich hoffe, auch so viel besser Lutherisch zu seyn, als flei-

---

5   Johann Conrad Dannhauer, Speners theologischer Lehrer in Straßburg (s.
    Brief Nr. 7 Anm. 12).

6   Heilergreifend im Gegensatz zu heilsam; der Begriff ist in Dannhauers
    Schriften bislang so nicht nachgewiesen; zur Sache vgl. aber *Johann Con-*
    rad Dannhauer: Hodosophia Christiana, Straßburg 1649, S. 733 (²1666, S.
    1007; ⁴1713, S. 510): „Sola namque fides hic est manus, quae cum fructu
    capit: fides est & effectus Sacramentorum & eorundem organum reci-
    piens." [Allein nämlich der Glaube ist die Hand, die mit Frucht ergreift:
    Der Glaube ist sowohl der Effekt der Sakramente wie deren empfangendes
    Werkzeug]). 693 f; *ders*., Catechismusmilch [...], Vierter Theil, Straßburg
    1669, 95; Sechster Theil, Straßburg 1678, S. 759 f.

7   *Johann Conrad Dannhauer:* Hodosophia Christiana, Straßburg 1649,
    S. 855 f. (²1666, S. 1305; ⁴1713, S. 654): „Ita fides activa discrepat a passiva
    [...]. Ita Fides QUAE iustificat est notitia, assensus, fiducia et παῤῥησία
    etc. Sed QUA iustificat, est nuda apprehensio beneficiorum Messiae pas-
    siva." [So unterscheidet sich der aktive Glaube vom passiven. (...) So ist
    der Glaube, der rechtfertigt, die Kenntnis, die Zustimmung und das Ver-
    trauen und das wahre Zeugnis etc. Aber insofern er rechtfertigt, ist es nur
    das einfache, empfangene Ergreifen der Wohltaten des Messias.] – Vgl.
    auch *ders*.: Catechismusmilch, Sechster Theil, S. 177. 749. 763.

8   Vgl. *Markus Matthias:* Rechtfertigung und Routine. Zum Verständnis der
    Rechtfertigungslehre im lutherischen Pietismus. In: Reformation und Ge-
    neralreformation. Luther und der Pietismus. Hg. Von Christian Soboth
    und Thomas Müller–Bahlke. Halle a. S. 2012 (Hallesche Forschungen,
    Bd. 32), S. 1–19.

9   Der Glaube rechtfertigt nicht als solcher, sondern durch den „Gegen-
    stand", den er ergreift, nämlich Christus (Vgl. *Johann Conrad Dannhauer:*
    Hodosophia Christinana, Straßburg ⁴1713, S. 694 [1649, S. 897; ²1666,
    S. 1388]).

ßiger ich wie andere also auch diese lehre von der rechtfertigung aus unserem theuren glaubens=helden *Luthero,* von dem ich gestehe, daß wol von der Apostel zeiten schwerlich einer die krafft des glaubens und der
gnade in diesem articul besser verstanden und ausge-   5
drucket, in fleißigem seinem lesen geschöpffet habe.[10]
Wo es aber nachmal aus dem *articulo de justificatione*
auff die frage komt, welches aber derjenige glaube seye,
der aus lauter gnaden uns vor Gott gerecht machet, um
denselben von anderer so gemeiner falschen einbildung   10
zu unterscheiden, so treib ich fleißig, daß solcher nicht
in der rechtfertigung thätige (dann da selbst empfahet
er nur und nimmet an) glaube an sich selbst[11] bey dem
menschen und in dem gantzen leben durch die liebe thä-
tig seye.[12] *Fides quae iustificat, non qua iustificat.*[13] Wie   15
der S. *D.* Dannh. *Hodos. Phaen.* XI. redet: [Lat.] Eines
ist der Glaube, der rechtfertigt, selbstverständlich tätig,
eine brennende Flamme der (Nächsten-) Liebe, in guten
Werken fruchtbar. Ein anderes ist der Glaube, sofern er
rechtfertigt, sofern er die Sphäre der Rechtfertigung be-   20

---

10 *Wallmann:* Spener, S. 254–264, hier S. 255, lässt ein intensiveres Studium
    der Werke Luthers durch Spener erst mit dessen ersten Frankfurter
    Jahren (Sommer / Herbst 1669) beginnen und stellt fest (S. 119 f.), dass
    Spener in seinen letzten Straßburger Jahren an Dannhauers neuer Hin-
    wendung zu Luther keinen Anteil hatte. Leider diskutiert er nicht die von
    Joachim Lange überlieferte Nachricht, dass Spener ihm gesagt habe, „als
    er [= Spener] im Jahr 1695. von Berlin nach Blumberg [...] fuhr, und mich
    mitnahm", dass „die vielen nachdrücklichen Stellen Lutheri, welche in des
    sel. Dannhauers Hodosophia befindlich, vornehmlich von ihm bey wieder-
    holter Auflage dazu erlesen und eingerucket worden" seien (Carl Hilde-
    brand von Canstein und Joachim Lange: Das Muster Eines
    rechtschaffenen Lehrers In der erbaulichen Lebens-Beschreibung Des Um
    die gantze Evangelische Kirche hochverdienten Theologi, D. Phil. Jacob
    Speners, Kön. Preuß. und Chur-Brand. Consistorial-Raths und Probstes
    zu Berlin, Halle 1740, S. 47 Anm. 14).
11 Für sich (nur) als Tätigkeit des Menschen betrachtet.
12 Vgl. Gal 5,6; die Brisanz der Formulierung liegt darin, dass eben dieser
    Glaubensbegriff kennzeichend für die römisch–katholische Auffassung des
    Glaubens ist.
13 Zur Terminologie s. Anm. 7.

tritt. Allein hier rechtfertigt er, obwohl er nicht allein
bleibt: Der Apfel ist niemals ohne Geruch, Geschmack,
Farbe, trotzdem wirkt er auf das Gesicht nicht durch
den Geruch, sondern allein durch die Farbe. Daher feh-
5 len bei den Unsrigen nicht solche, die es richtiger gesagt
finden, dass allein der Glaube rechtfertige, als dass der
Glaube allein rechtfertige, der glaube mache allein gerecht, aber nicht der alleinige glaube.[14]

Welche *materie* dann eben so ernstlich zu treiben ist
10 wegen derjenigen, welche ihnen[15] einen falschen glauben
einbilden, den der liebe *Lutherus* ein menschlich gedicht
und gedancken nennet,[16] als gegen die päpstische und
mit denselben einigerley massen einstimmende, daß der
glaube allein gerecht mache. Wie dann solcher betrug so
15 schändlich und gefährlich ist, als immermehr dieser irrthum seyn kan. Dieses ist allezeit meine Lehr von solcher
materie gewesen, und auch noch; sollte auch irgend einig
wort in meinen schrifften anders scheinen zu lauten, so
ich nicht weiß, bin ich bereit, in allen solchem meinen
20 verstand also zu erklären, daß das wenigste nicht von solcher heilsamen lehr abweichen wird; dann ich weiß, daß
ich nie anders geglaubet und gehalten habe, so können
dann auch niemahl meine wort andern verstand gehabt
haben, als derjenige, der in meinem hertzen allezeit ge-
25 würcket gewesen ist und durch GOTTES gnade mein
lebtag bleiben wird.

Solte auch mein HochgeEhrter herr Vetter[17] selbst
andere gedancken in diesen *puncten* von mir sich haben
beybringen lassen, so habe gehorsammlich zu bitten,

---

14 *J. C. Dannhauer:* Hodosophia Christiana, Straßburg ⁴1713, S. 695 (wörtli-
ches Zitat) (1649, S. 898; ²1666, S. 1389).

12 Sich.

16 Vgl. Martin Luther: Vorrede zum Römerbrief 1522/1546 (wie Brief Nr. 4
Anm. 6).

17 Vetter bezeichnet in Speners Sprachgebrauch einen engeren männlichen
Verwandten.

solche (darinn mir sonsten gewißlich vor GOtt würde unrecht geschehen) fallen zu lassen und zu glauben, daß ich dieses als vor GOTT, so des hertzens zeuge[18] ist, schreibe und mich erkläre. etc. 3. Januar. 1680.

5

---

18   Vgl. Phil 1,8.

Umgang mit Glaubenszweifeln

23. An [Anna Sophia von Voss[1] in Rostock], 27. Mai 1676[2]

5 Wie dieselbe bezeuget, daß, wo sie eine zeitlang allhier
seyn könte, sie einiges vergnügen davon hoffete und
deßwegen den weg nicht so weit zu seyn wünschete, also
bekenne, daß solches nicht wenig zum offtern gewünschet hätte, gleichwie umb meiner eigenen vergnügung
10 willen, daß ich selbs verlange, mit vielen gottseligen seelen offters umbzugehen, von dero jeglichen allezeit auch
in dem guten mit gestärcket zu werden bey mir befinde;
also nicht weniger umb deroselben und verlangten ruhe
ihres gemüthes willen; dann ob wol von mir nichts ver-
15 sprechen können, sondern meine schwachheit gern erkenne, so trauete doch meine HochEdle[3] Frau zuversi-
chern, daß sie andere gottseelige gemüther allhier antreffen und sich in dem HErrn mit denselben ergötzen

---

1   Anna Sophia von Voss geb. Wolff aus Wolfenbüttel (Lebensdaten unbe-
     kannt); sie war verheiratet mit Christian August Mithovius (1615–1657),
     Dr. med. und praktizierender Arzt in Wolfenbüttel, dann mit Johann Ha-
     gemeister (1634–1670), Dr. iur., Ratsherr und Direktor des Kriminal- und
     Niedergerichts in Stralsund und schließlich seit dem 15. Februar 1672 mit
     Samuel von Voss (1621–1674), Generalsuperintendent in Rostock. Die
     Adressatin ergibt sich aus ihrem Wohnort (s. Z. 19 f.) und ihren Lebens-
     umständen. – Anna Sophia von Voss war mit zwei Studienfreunden Spe-
     ners (Hagemeister u. von Voss) verheiratet gewesen. Spener muss sie
     spätestens 1670 in Frankfurt am Main kennengelernt haben, wo ihr Mann
     auf der Reise starb. Spener und Johann Jacob Schütz (s. Brief Nr. 13 Anm.
     6) standen in den Jahren 1670 bis 1677 nachweislich in Briefkontakt mit
     ihr. Schütz berichtete ihr am 27. September 1670 von dem *Exercitia pieta-
     tis:* „die bewuste freundtschafft allhier mehret sich durch göttliche genad
     ziemlich an der Zahl aber im geist gehets noch gar schwach her". Durch die
     Übersendung von Joachim Lütkemanns *Vorschmack Göttlicher Güte* (s.
     Brief Nr. 10 Anm. 8) hat sie Einfluss auf die Lektüre der *Exercitia pietatis*
     genommen (Frankfurt a. M. Senckenbergische Bibliothek, Schütz–Nach-
     lass, M 326; vgl. *Deppermann:* Schütz, 84–91).
2   Nur im Druck (Bed. 4, 1709, S. 419–422) überlieferter, dort mit der An-
     gabe „An eine vornehme witwe" abgedruckter Brief; Edition in FB 2,
     Nr. 84.
3   Im 17. Jahrhundert Anredeform für die bürgerliche Oberschicht.

würde können, von denen ich mich gewiß achte, daß sie
mit verleihung göttlicher gnaden aus dero gottseligen
belebung[4] und umbgang sich nicht nur immer weiter er-
baue, sondern eine hertzliche stärckung der freude des
geistes[5] spüren und empfinden würde.   5

Indem der HErr etliche ihn liebende, auch weibes-
personen, der massen gegründet, daß sie mit dem trost,
damit sie in ihren anfechtungen und leyden kräfftig ge-
tröstet worden, auch andere stattlich auffrichten[6] und
zu der freudigen ruhe des gewissens anlaß und anlei-   10
tung geben mögen. Wie wir denn eine adeliche jungfrau[7]
allhier haben, so ich vor eine zierde unsrer kirchen
schätze, welche GOtt weit geführet und, wie mit statt-
lichem liecht begabet, also bißher dermassen gesegnet
hat, daß ihr geheiligter wandel vielen gutes exempel ge-   15
geben und ihre freudigkeit des geistes[8] auch manchen
ihre schwermuth erleichtert hat. Wie sie denn bey einer
andern auch Gott hertzlich liebenden und förchtenden
wittwe[9] allhier lebet, die noch vor kurtzen, ob sie wol ihrem GOTT von grund der seelen danckete, gleichwol   20
nicht zu der verlangten freudigkeit des geistes zu kommen vermocht und dahero auch über solchen mangel
offt klagte und anfechtungen empfand, dass ihr GOtt
dasjenige nicht geben wolte, so er sonsten andern seinen kindern so reichlich gebe.   25

Jetzo hat dieser lieben personen Christliche *conversation*[10] so viel außgerichtet, daß auch diese ihrem
GOTT mit erfreuendem geist dienet und offters die sü-

---

4   Erleben (DWB 1, Sp. 1440).
5   Vgl. 1Thess 1,6; 3,13.
6   Vgl. 2Kor 1,4.
7   Johanna Eleonora von Merlau (s. Brief Nr. 19 Anm. 1).
8   S. Anm. 5.
9   Maria Juliane Baur von Eyseneck (s. Brief Nr. 19 Anm. 25) im Saalhof in
     Frankfurt am Main.
10   Umgang

ßigkeit des HERREN in ihrer seelen schmecket,[11] davor
aber dem geber alles guten[12] hertzlichen danck saget
[und] die gnade, die er ihr durch eine solche liebe mit-
schwester erwiesen, hochschätzet. Wie sie nun beyde
5   ihr einiges[13] hauptwerck seyn lassen, dem geistlichen
abzuwarten,[14] also seynd ihre stättige gespräch auch
unter aller arbeit (darinnen sie nicht weniger fleißig
seynd) allein von göttlichen dingen, sich unter sich selbs
und andere, die umb sie seynd, mehr und mehr in
10 GOTT zustärcken und zuerbauen. Wie dann ihre gesellschafft allen denen, welche mit ihnen umbzugehen,
erfreulich und erbaulich ist. Wünschete offt hertzlich,
daß meine Hochedle Frau dergleichen zu weilen mitge-
niessen möchte, ob wol nicht zweiffle, daß solche, wo sie
15 sich recht darumb will umbthun, auch ihres orths dergleichen liebe seelen antreffen werde können, die, was
ihr noth,[15] mit gottseeliger *conversation* leisten mögen.

  Des seel[igen] Herrn *D.* Müllers[16] zeitlicher abgang,
welchen sie auch so hertzlich bedauret, ist mir nicht we-
20 niger schmertzlich gewesen, so viel mehr, weil neben
dem allgemeinen schaden, welchen der gantzen Kirchen wegen an ihm betrauret, auch einen getreuen
freund an demselben verlohren, mit welchem erst damahl ein halb jahr bekand worden durch schreiben;[17]
25 GOtt der liebe[18] aber so bald unsere gemüther also verbunden, daß der seelige herr in seinem letzten und

---

11   Vgl. Brief Nr. 9 Anm 24.
12   Vgl. Jak 1,17.
13   Einzig (DWB 3, Sp. 206–210, hier Sp. 207).
14   Sich widmen (DWB 1, Sp. 147).
15   Nötig ist (DWB 13, Sp. 905–921, hier Sp. 919).
16   Heinrich Müller (1631–1675), Professor der Theologie in Rostock und be-
     deutender Erbauungsschriftsteller, war am 25. September 1675 gestorben.
     Er hatte die Leichpredigt für Samuel von Voss gehalten.
17   Spener hatte Müller die Postillenvorrede (Pia Desideria) geschickt und
     daraufhin eine zustimmende Antwort von Müller erhalten (FB 2, Brief Nr.
     135 vom 5. Mai 1675).
18   2Kor 13,11.

zweyten[19] an mich sich erbotte, alle sein anligen hin-
künfftig immer in meinen schooß auszuschütten, wie
ich dergleichen gegen ihn zuthun in willens[20] hatte.
Aber GOtt hat solche *communication* bald nach seinem
unerforschlichen rath getrennet: Welches mir offt be-   5
reits begegnet und betrübte gedancken gemacht hat,
daß, wo auf einen theuren mann ein vertrauen gesetzt
als auff einen solchen, welcher zu beförderung des
wercks des HErrn viel gutes zuthun vermöchte, gemeiniglich solche leute mir bald von der seite entzogen wor-   10
den. Aber er ist der HErr und hat über seine diener zu
disponiren, wie ihm gefällig, und wie er an seine werckzeuge nicht gebunden, so weißt[21] er allemahl seinen
rath selbs unmittelbar oder wiederumb durch erweckung anderer *instrumenten* außzuführen, den wir we-   15
gen hinwegnehmung der vorigen gantz zu unterbleiben
gedachten. Derselbe wolle M[eine] Hochgeneigte Fr[au]
gleichfalls an statt solches treuen freundes einen andern in der nähe beschehren, dessen sie öffters geniess-
en und in ihrem leyden gestärcket werden möge.   20
    Ihr klagendes leyden betreffend, weiß ich fast nichts
anders dißmahl zusagen, als die wort Petri 1. Petr. 5, 9[22]
zu wiederhohlen: Wisset, daß eben dieselbige leyden
über eure Brüder in der Welt gehen. Ach ja, freylich eine
grosse brüder= und schwesterschafft, nicht nur in den   25
leiblichen bey diesen jammer vollen zeiten, sondern
auch in geistlichen anfechtungen leydenden, und ist sie
weder allein noch diejenige, deren kelch[23] von GOtt am
völlesten eingeschencket worden. Wir haben der exem-

19 Vgl. FB 2, Nr. 53 Anm. 27 (mit dem Hinweis auf einen zweiten Brief von
    Müller mit Datum vom 10. August 1675).
20 Vgl. DWB 14 II, Sp. 137–165, hier Sp. 162.
21 Weiß (DWB 30, Sp. 748–770, hier Sp. 748).
22 1Petr 5,9.
23 Vgl. Mt 26,42 u. ö.

pel täglich vor augen, welchen Gott den becher etwa
noch reichlicher zu gemessen.

   Wie unter anderen hier eine Christliche weibes person[24] ist, die, nachdem sie von jugend auff einen gott-
seeligen wandel geführet, nun mehr bey 3 jahren recht
ein beyspiel seyn könne der schweren anfechtungen
und wie weit unser liebe Heyland es mit den seinigen
offt kommen lasse. Indem neben den fehlern der an sich
habenden und von andern geringachtenden menschlichen schwachheiten, so dann eingebildeten anderen in
der that sich nicht befindender sünden alles empfinden
des glaubens blosser dings hinweg ist, hingegen ein ste-
tiges ringen mit dem vermeinenden Unglauben fast
stäts währende höllenängsten bey ihr erreget: also daß,
wo die wunderthätige krafft Gottes sie nicht erhielte,
nicht möglich wäre, auch nur eine kurtze zeit in solcher
probe auszuhalten. Aber der in dem grund der seelen so
tieff verborgene glaube,[25] dessen empfindlichkeit[26] der
weise GOtt bey ihr zurück hält, so sich aber bey andern
durch ihre inbrünstige begierde nach göttlicher gnade,
ohngefärbtes verlangen, GOtt rechtschaffen dienen zu
können, und betrübnüß über ihre mängel offenbahret,
erhält sie noch in göttlicher krafft dermassen, daß sie
sich selbs darüber verwundert: und ob sie wol ihres un-
glaubens wegen sich offt nicht würdig hält, nur zu beten oder ihre augen gegen Gott auffzuheben, noch sein
wort in der versammlung zu hören, so redet doch ihre
angst vor Gott, und vertritt sie der Geist, in dem sie
selbs nicht zu beten vermeinet, mit unaussprechlichen
seufftzen.[27]

---

24   Nicht ermittelt.
25   Zu Speners Lehre vom verborgenen Glauben in der Anfechtung vgl. FB 2,
     Nr. 59, wo er sich u.a. auf Johann Arndt beruft.
26   Empfindung, Erfahrbarkeit.
27   Röm 8,26.

Indessen so selig ihr stand vor Gott und in den glaubens augen ist, die auff das herrliche künfftige ende ihrer anfechtung sehen, so schwehr ist er in der persohn selbs und betrüblich den jenigen, welche sie mit mitleiden ansehen; ohne das andere angefochtene, welche GOtt so tieff noch nicht hinein geführet, an ihrem exempel sich etlicher massen zu trösten ursach finden. Ich kan sie aber gewiß versichern und weiß, daß mich GOttes wort darinnen nicht trieget, daß ihre versuchung ein gar herrliches ende gewinnen und, wo die zeit ihrer probe, in dero sie nicht verlassen werden kan, vorbey ist, so viel mehr gnade folgen wird.

Also gedencke meine Hochedle Frau gleicher massen, daß auch, gleich wie ihr ietzo nützlich ist, in angst und schröcken ihrem GOTT zu dienen, umb dem alten und seine eigne vergnügung nicht weniger in dem geistlichen als leiblichen suchenden menschen mehr und mehr abzusterben (welcher todt nicht ohne schmertz geschiehet), also werde aus diesem todt die aufferstehung des neuen trostes in dem neuen menschen zu seiner zeit so viel seliger erfolgen und sie erkennen, es seye solch leyden und schmertzen wol angelegt gewesen. Und wäre es nichts anders als die allmähliche verleidung alles dessen, was uns mit auch unbekanter anhängigkeiten unserm hertzen an das irrdische oder doch etwas ausser GOTT ankleben macht, so dann die rechte thätliche erkäntnüß unsers nichts, die durch solches angst=volles leben gewürcket werden, so wäre es grosser gewinn, umb jener fruchte willen der sonst empfindlichen freude, so lang als es GOTT also beliebet, zu entrathen.[28] O wie vielen wäre dieses das einige[29] gewisseste mittel ihrs heils, wo sie GOTT in diese schule

---

28 Entbehren (DWB 3, Sp. 580).
29 Einzig (DWB 3, Sp. 206–210, hier Sp. 207).

zu führen würdigte, aber es wird nicht allen so gut. Also sollen wir dann uns auch lieb lassen seyn und dem weisen GOTT davor dancken, daß er uns demüthiget, daß wir seine rechte lernen[30] und glauben, unser dienst ge-
5 falle ihm allezeit am besten in dem stande, darein er uns setzet, ob wol es scheinet, daß eben derselbe uns hindere, ihm nicht dienen zu können. Aber er bleibet der so gute als allweise GOTT und wirds wol machen.[31] Er erfülle sie auch zum fördersten mit erkäntnüß solches sei-
10 nes guten und seeligen willens und lehre sie sich selbs auch in diesem verläugnen und bloß in den willen ihres GOttes hinwerffen. In dem ich sie auch hiemit befehle als wissende, in demselben könne ihr nicht anders als wol seyn, fleisch und blut[32] sage dazu, was es wolle.

15 Der HERR JEsus und seine gnade seye mit eurem geist. Amen![33]

27. Mai 1676.

---

30 Ps 119,71
31 Ps 37,5.
32 Vgl. Gal 1,16.
33 Phlm 25.

Theologie des Geistes

24. An Johann Wilhelm Petersen[1] in Gießen, 17. Oktober 1674[2]

5

Heil von dem HERRN!

Hervorragender und sehr berühmter Mann, Herr, Gönner und sehr ehrenwerter Freund.

Auf Dein früheres Schreiben habe ich geschwiegen, bis ich durch das andere[3] erinnert wurde; nicht weil ich 10 jenes verschmäht hätte – es war mir nämlich nicht nur in einer Hinsicht sehr willkommen –, sondern weil zu wenig Zeit war, den empfangenen Brief umgehend zu beantworten.

Weil Du mir Dank gesagt hast, wollte ich, dass Du mir 15 darlegtest, was etwa mein Dir erwiesener Dienst sei, der solchen Dank verdiente. Ich bin mir aber keines solchen Dienstes bewusst, sondern nur einer sehr großen Zuneigung. So lobst Du auch anderes in einer Weise an mir, dass Dein Lob eher Deinem Wohlwollen entspringt 20 (wir pflegen nämlich gütiger über die zu denken, die wir lieben), als dass ich dessen würdig wäre.

---

1 Johann Wilhelm Petersen (1649–1727), Student der Theologie und *Magister legens* (Privatdozent) in Gießen: Der in Osnabrück geborene und in Lübeck aufgewachsen Petersen wurde nach seinem Studium in Gießen, Rostock und erneut (1673) Gießen, von wo aus er wiederholt zu Spener reiste, 1677 Professor für Poesie in Rostock, im selben Jahr Pfarrer an St. Ägidien in Hannover, 1678 Hofprediger und Superintendent in Eutin und 1688 Superintendent in Lüneburg, wo er nach Streitigkeiten um chiliastische Lehren und um die vermeintlichen Offenbarungen der Rosamunde Juliane von der Asseburg 1692 seines Amtes enthoben wurde; Petersen lebte fortan mit seiner Frau, Johanna Eleonora von Merlau (s. Brief Nr. 19 Anm. 1), in Niederndodeleben bei Magdeburg und später auf dem Gut Thymer bei Zerbst (s. *Matthias:* Petersen).

2 In zeitgenössischem Druck (Cons. 1, 1709, S. 252–254) und zeitgenössischer Abschrift erhaltener Brief; Übersetzung des Auszuges FB 1, Nr. 206, Z. 1–117. 143–147.

3 Petersens hier erwähnte Briefe sind nicht überliefert.

Dass Dir hier endlich die Wurzeln einer tieferen Frömmigkeit eingepflanzt worden seien, glaube ich, war nicht nötig, weil Dir das Bemühen um sie schon früher am Herzen lag: Wenn jenes Feuer trotzdem um
5 einen neuen Funken vermehrt wurde, sage ich mit Dir GOTT unendlich Dank. Ach, wenn doch das Studium der Frömmigkeit [*studium pietatis*] dieselbe Hochschätzung bei allen denjenigen geniessen würde, die sich um die Heiligen Schriften bemühen und denken, ir-
10 gendwann in ein kirchliches Amt berufen zu werden, so dass sie auch die Ausübung der Frömmigkeit [*illius exercitium*] nicht verschmähten, wo ohne gelehrten Apparat oder Hoffnung zu glänzen mit einfältigem Herzen die Erbauung gesucht wird!
15 Aber, mein Bester, Du wirst zweifellos mit mir darin übereinstimmen, dass ein großer Teil derer, die sich Studenten der Theologie nennen lassen, nicht dieses an erster Stelle als Ziel vor Augen haben, sondern alle Mittel einsetzen, um einmal berühmte Männer werden zu
20 können und in der Welt den Lohn ihrer Arbeit in Empfang zu nehmen, nämlich durch die Ansammlung von Schätzen, die Vermehrung der Ehren und die Annehmlichkeiten des Lebens. Daher werden jene Studien allein hoch geschätzt, in denen man den Ruhm außergewöhn-
25 licher Gelehrsamkeit und Scharfsinnigkeit gewinnen kann. Vernachlässigt aber werden die Studien, die der Apostolischen Einfalt eigentümlicher sind und nicht so sehr den Verstand üben, als die Seele zur wahren Frömmigkeit bilden sollen.
30 Diejenigen, die ihre Studien immerhin mit einem gewissen Eifer auf die göttliche Ehre richten, pflegen sich fast allein darauf zu legen, dass sie durch viel Gelehrsamkeit geschickt werden, irgendwann das Bekenntnis der Wahrheit gegen die falschen Lehrer [*heterodoxos*]
35 zu beschützen. Es gibt nur wenige, die mit Ernst zuerst das zu tun sich bemühen, was einmal die Hauptaufgabe

sein muss, sobald sie in ein Amt befördert werden, wenn
dieses zum Nutzen der Kirche ausgeübt werden soll.

Ich eröffne Dir ganz offen, was meine Meinung darüber ist, und ich verhehle nicht, dass auch der Gelehrsamkeit ihr Lob zusteht, wenn sie den heiligen Studien   5
gewidmet ist. Gott und das, was göttlich ist, sind für-
wahr ein würdiger Gegenstand [des Studiums], und
zum Ausfeilen und Schmücken ihrer Erkenntnis soll
herangezogen werden, was auch immer der menschliche Fleiss finden mag. So können auch die abgezogenen   10
Häute Ägyptens dem Heiligtum von Nutze sein.[4]
Darum glaube ich, dass das Studium der Polemik[5] der
Kirche besonders notwendig sei, damit nicht nur den
aufzuklärenden Seelen die Wahrheit aus der Heiligen
Schrift gelehrt werde, die sich ihr leicht anheimgeben,   15
sondern damit auch das widerlegt und in seiner Nich-
tigkeit [*vanitas*] ans Licht gezerrt werde, was eine zu
Irrtümern geneigte Vernunft mit ausschmückenden
Lügen erfunden hat, wozu das Führen von Kontrover-
sen überhaupt notwendig ist.   20

Trotzdem, wenn es nach mir ginge, wünschte ich, dass
das Studium nicht allein in Polemik bestehe und dass Polemik nicht einmal das Meisterstück [*palmarium*] sei.
Überall sind die Mauern einer heiligen Bürgerschaft gegen die eindringenden Feinde zu verteidigen. Und dazu   25
bedarf es Soldaten. Nichtsdestotrotz müssen sich nicht
alle mit der Sorge der äußeren Verteidigung beschäftigen, ohne dass nicht auch mindestens so große Anstren-
gungen für das innere Wohl derselben Bürgerschaft auf-
gewendet würden, die notwendig sind, damit die Zahl der   30
Bürger nicht durch Feuersbrünste oder schleichende

---

4   Topos für die Nutzung heidnischer oder profaner Wissenschaften für die
    Zwecke der Theologie; vgl. Ex 12,35.
5   Diejenige theologische Disziplin, die den Wahrheitsanspruch anderer Kon-
    fessionen oder Religionen mit Gründen zu bestreiten sucht.

Seuchen abnehme und nicht diejenigen durch andere
Übel erschüttert werden, die von gut bewaffneten und
militärisch gesicherten Mauern und Wällen geschützt
werden. Diese Sorge [um das innere Wohl] ist nicht we-
5 niger notwendig, ja hat Vorrang vor jener; und wenn sie
nicht würdiger ist, so erstreckt sie sich jedenfalls auf ein
weiteres Feld.

Für diese Sorge werden die Studenten durch diejenigen Studien vorbereitet, die sich um die einfache Kennt-
10 nis der Wahrheit und die ernste Pflege der Frömmigkeit
bemühen. Ich halte fest dafür, dass diese zwei nicht getrennt werden können. Denn darin unterscheidet sich
unser heiliges [Theologie-] Studium von anderen profa-
nen Studien, dass demjenigen, der eifrig das Geschäft
15 der Philosophie, Jurisprudenz oder Medizin betreibt,
die Schärfe seines Verstandes und die Sorgfalt allein das
meiste eintragen; und er benötigt keine Erleuchtung
durch den himmlischen Geist, um diese Fortschritte zu
machen; daher finden wir auch unter den Heiden und
20 anderen Ungläubigen jene Gelehrsamkeit, welche wir
bewundern. Anders aber verhält es sich mit unserer
Theologie, wenn sie dieses Namens würdig sein soll. Wir
von Natur aus blinde Menschen sehen nämlich nichts
[davon] ohne das himmlische Licht, und wir können die
25 Geheimnisse des Glaubens nicht verstehen, welche der
Vernunft eine Torheit[6] ist, wenn uns nicht jener mit seiner Gnade beisteht, der allein den Glauben wirken
kann.[7]

Wenn wir aber der Erleuchtung des Geistes bedürfen,
30 täuscht derjenige sich nicht, der meint, mit menschli-
chem Fleiß sich das heilige Wissen verschaffen zu können? Gebete sind nötig und der Vorsatz zu einem Leben,
das den innewohnenden allerheiligsten Geist trägt. Wir

---

6   Vgl. 1Kor 1,18–31.
7   Gott, der Heilige Geist.

wissen aber, dass dieser niemals in solche Seelen ein-
zieht, die vom Geist der Welt erfüllt sind, der jenem in
allen entgegen ist. Könnte jemand behaupten, dass viele
[Studenten] herausragende Theologen werden, deren
Vorsatz und Leben nicht aus dem [Heiligen] Geist ge-   5
nommen ist, sondern sich seiner Führung diametral wi-
dersetzt? Es scheint zwar sehr hart, solchen den Namen
eines herausragenden Theologen aberkennen zu wollen, die die Rechtgläubigkeit auf scharfsinnige Weise
vor allen möglichen Fehlern schützen und gelernt ha-   10
ben, feinsinnig zu zerpflücken, was auch an Abstrusem
vorgebracht wird, als sei es im Sinn der Heiligen Schrift
begründet, und die sich außerdem täglich ihres Glaubens vergewissern.

Man möge mir verzeihen, aber ich würde sagen, dass   15
mir das in der Kirche der größte Schaden an unserem
Fundament zu sein scheint, dass wir nicht wenige Männer dieser Art öffentlich lehren sehen: womit sie den
Namen der Theologie als Profession, als Gelehrsamkeit
und als [Wissenschaft] beanspruchen, wie man gegen-   20
über dem Volk über heilige Dinge viele Worte macht; bei
diesem ehrenhaften Lobe bleibt aber der Zweifel, dass
sie ohne Heiligen Geist sind und ihr ganzes Leben der
Welt und ihren Idolen widmen, die der Apostel Johan-
nes 1, 2,16[8] beschreibt.   25

Wenn wir auch dulden, dass der Name eines Theologen von Menschen solcher Art usurpiert wird, so sind
sie doch der Sache nach weit davon entfernt. Was nämlich den Buchstaben der Schrift betrifft, so vermag der
menschliche Verstand sehr viel in der Eruierung ihres   30
eigentümlichen Sinnes und der Entwicklung der damit
verbundenen Konsequenzen, bis dazu, dass er künftig
in der Lage sein wird, in dieser Hinsicht den frömmsten

---

8   1Joh 2,16.

Männern und denen, die ohne Zweifel den Heiligen Geist haben, die [Sieges-] Palme zu entreißen. Deshalb können solche sich aus eigener Kraft eine Kompetenz hinsichtlich der Heiligen Dinge erwerben, wie andere
5 sich eine Kompetenz aus Aristoteles, Galen oder Justinian erwerben,[9] indem sie deren Schriften wälzen: welches ich eher eine theologische Philosophie nennen würde.

Aber weil in dem Buchstaben der Schrift etwas Hö-
10 heres beschlossen ist, da ja der Geist von dem Buchstaben nicht abzuspalten ist, kann auch ein fleischlicher Mensch diesen [Buchstaben] nicht richtig verstehen, sondern er hat das himmlische Wehen nötig, dass der Verstand begreift, was in diesem Leben die menschliche
15 Schwäche in göttlichen Dingen zu verstehen vermag, [und] dass der Wille alsbald mit allem jenen erfüllt wird, was eine lebendige Erkenntnis hervorzubringen pflegt. Ein solcher aber verdient in Wahrheit für einen Theologen gehalten und so genannt zu werden, der über die
20 göttlichen Dinge durch göttliches Licht belehrt ist. In diesem steht der Glaube voran, der endlich mit seinem Licht heiligt, was an übriger Gelehrsamkeit erworben wurde. Wenn wir ebenso viele solche [Theologen] hätten, wie wir Diener des Göttlichen Wortes[10] haben, wie
25 herrlich stände es um die Kirche!

Umgekehrt, weil ihre Zahl nicht so sehr groß ist, was muss man sich wundern, das diejenigen, denen es am höheren Licht mangelt und die das Göttliche nicht anders als nach menschlicher Weise einsehen, wenig er-
30 bauen und bei wenigen Glauben wecken mit ihrer Lehre; nicht weil die Lehre ihre Wirksamkeit notwendig von dem Lehrenden erhalten muss, sondern weil sie

---

9   Die maßgebenden Schulautoritäten der Philosophie, der Medizin und der
     Jurisprudenz und ihre Schriften; vgl. Brief Nr. 10 Anm. 12.
10   Pfarrer.

selbst die dem Wort eingegebene Wirkung behindern,
etwa durch ihr skandalöses Leben, oder weil sie farben-
blind nicht durch eigene Anschauung Wahrgenomme-
nes, sondern anderswo Gehörtes erzählen; so dass sie
nicht, wie es sich gehört, die heiligen Lehren selbst zu   5
weiterer Erbauung vortragen können.

Ein gegen diese Krankheit probates Mittel besteht
darin, dass die Universitäten überhaupt Werkstätten
des Heiligen Geistes würden[11] und die Studenten der
Heiligen Schriften zeitig sich an dieses Leben gewöhn-   10
ten, dass sie unter Hintansetzung der Freuden dieser
Welt allein begännen, das Reich Gottes zu suchen und
vor allem solche [Christen] werden, wie sie sie einmal
aus anderen bilden sollen. So machen sie durch das Studium wahrer Frömmigkeit Fortschritte in der göttli-   15
chen Erkentnis (nicht, was des Buchstabens ist, sondern des Geistes[12]), so dass sie getränkt mit lebendigem
Glauben vieles in den Heiligen Schriften erkennen und
einst mit größerem göttlichen Segen ihren Ämter oblie-
gen.   20

Dass Du auch zu diesen zu rechnen bist, dafür sind
mir Deine übrigen Dinge, die neulich mit Dir geführten
Gespräche[13] [sermones] und Dein Brief Beweise genug.
Daher auch liebe ich Dich brennender und verspreche
ich mir vieles von Dir für die Kirche. Gott möge von   25
oben die heiligen Gaben, die er Dir verliehen hat, vermehren und dafür sorgen, dass sie einst der Kirche von
großem Nutzen seien. Wenn Du aber etwas in diesem
[Brief] vermisst, was ich [Dir als] einem Freund näher
darlegen sollte, werde ich mich gerne mit Dir unterre-   30

---

11   Vgl. *Pia Desideria* 1676, S. 127 (PD 68,4–6): „daß die Academien [...]
      Werckstätte deß Heiligen Geistes" seien.
12   Buchstäbliche, äußerliche Erkenntnis und geistliche, innere Erkentnis des
      biblischen Wortes; vgl. 2Kor 3,6 („Der Buchstabe tötet, der Geist aber
      macht lebendig").
13   Zu Petersens Aufenthalt in Frankfurt s. *Matthias:* Petersen, S. 47–50.

den und werde ich demjenigen weichen, der das Richti-
gere erinnert. Du benötigst mich aber in solchen nicht
als ein Lehrer (*Doctore*), der Du um Dich herum andere
hast und besonders Deinen hervorragenden Gast-
5 herrn,[14] einen wahrhaften Theologen, der nicht allein
begabt ist mit Wissen, sondern auch mit den übrigen
Gaben, die diesen Namen zieren; wenn Du Dich öfter
nach seinem Beispiel wie zugleich nach seinen Ermahnungen richtest, wirst Du nicht in die Irre gehen.

10 O wenn doch jener duch seine eigen Schuld unglück-
liche Rennepager[15] etwas davon verstanden hätte: dann
wären nicht so viele Querelen um ihn nötig. [...]

Leb wohl in dem HERRN.

Geschrieben in Frankfurt am Main, 17. Oktober
15 1674.

Um Deiner berühmtesten Auszeichnungen sehr beflissener und zu Gebet und Dienst sehr zugetaner

Philipp Jacob Spener, D[oktor].

Mit eigener Hand.

---

14 Philipp Ludwig Hanneken (s. Brief Nr. 13 Anm. 1).
15 Johann Georg Rennepager (Lebensdaten unbekant); vgl. die wahrschein-
    lich an Rennepager gerichteten Briefe in FB 1, Nr. 155, 194 und 207.

Offenbarungen

25. An Johann Wilhelm Petersen[1] in Gießen, 22. August 1676[2]

Ewiges Heil von dem HERRN!

Sehr berühmter und hervorragender Herr, mein bei weitem geliebtester Freund.

Auf Deinen früheren Brief[3] habe ich länger geschwiegen, glaube mir aber trotzdem, wenn ich Dir versichere, dass ich diese Woche geantwortet hätte, auch wenn der andere [Brief] mich nicht auch noch erreicht hätte. Im übrigen nehme ich zuerst Deinen späteren zur Hand.

Für den übermittelten Brief[4] des sehr zu verehrenden D[oktors] Pomarius[5] sage ich vielen Dank. Ich werde seine Unterstützung derjenigen der anderen nicht unbedeutenden Theologen [*doctoribus*] der Kirche hinzufügen, die meinen *Pia Desidera*[6] zugestimmt haben.

Was Du als Vorwurf gegen die Eltern vorbringst, dass sie Schuld haben an der ersten fehlerhaften Verdauung[7], bestreite ich nicht: und wenn sich diese Sache doch besser verhielte! Nichtsdestotrotz werden die [akademischen] Lehrer nicht von jeder Schuld frei sein. Was nämlich ein durch andere verursachter Fehler ist, müsste durch unser Amt, nicht allein in den Kirchen,

---

1   Zu Johann Wilhelm Petersen s. Brief Nr. 24 Anm. 1.
2   Der Brief ist als zeitgenössischer Druck (Cons. 3, 1709, S. 166 f.) und als zeitgenössische Abschrift erhalten; Übersetzung des Ausschnittes aus FB 2, Nr. 96, Z. 1–82.
3   Die Briefe Petersens sind nicht überliefert.
4   Nicht überliefert.
5   Samuel Pomarius (1624–1683), seit 1674 Superintendent in Lübeck. – Im Druck steht irrtümlich *Puncii* für *Pomarii*.
6   *Philipp Jacob Spener:* Pia Desideria (s. Brief Nr. 14 Anm. 11).
7   Fehler des ersten Unterrichtes. – Diese (lateinische) Wendung findet sich auch in dem Gutachten Joachims Stolls (s. Brief Nr. 11 Anm. 6) zu den *Pia Desideria* 1676, S. 339.

sondern auch auf den Universitäten [*Academiis*] nach
Möglichkeit berichtigt werden: damit sie die Universitäten als bessere Menschen verlassen als sie sie betre-
ten haben: ich gebe die Hoffnung nicht auf, dass das bei
5 vielen geschehen würde, wenn [die Professoren] alles
das tun würden, was geschehen könnte.

Außerdem nehmen nicht wenige, die bestens erzogen
sind, auf den Akademien überhaupt erst schlechte Sitten an und werden auf Grund der akademischen Frei-
10 heit[8] [*academica licentia*] durch eine schimpfliche Veränderung in Teufel verwandelt, die als Engel das Haus
frommer Eltern verlassen haben. Das sind die Worte,
wie sie der sehr edle Schweinitz[9] in der bemerkenswer-
ten Vorrede in der Volkssprache gebraucht.[10]

15 Fromme Studenten beklagen auch, dass ihnen von ihren Lehrern nur teilweise Hilfe beim Studium der Frömmigkeit [*pietatis studio*] gewährt werde; und so haben
auch die Willigen bislang keine Gelegenheit in diesen
[Studien der Frömmigkeit] Fortschritte zu machen.

20 Ferner wäre es gerecht, ehrwürdige Stipendien denen
zu gewähren, die es wirklich verdient haben: wenn aber
diejenigen, bei welchen die Verteilung der kirchlichen
Einkünfte liegt, darin pflichtvergessen sind, dass sie in
der Sorgfalt nachlässig sind, die sie in jenem Fall walten
25 lassen müssten, überlasse ich ihrem Gewissen, die ein-
zuschätzen wissen müssten, wieviel wir GOTT schulden:
und hat GOTT nicht auch die meisten der Seinen zur Ar-
mut berufen; warum will dann niemand der Professoren
durch dieses Vermögen GOTT dienen? Oder ist es nicht

---

8 Die Freiheit der Universitätsangehörigen von der städtischen Gerichts-
barkeit.
9 David von Schweinitz (1600–1667), seit 1657 Landeshauptmann im Für-
stentum Liegnitz-Brieg, Kirchenlieddichter und Erbauungsschriftsteller
(Näheres zu ihm s. FB 1, Nr. 101 Anm. 18).
10 *David von Schweinitz:* Hertzens=Psalter / Das ist: Geistliche Andachten
und Gebete über den Psalter David, gerichtet auf unterschiedener Personen, und Stände Anliegen, Breslau 1662, Bl. a 11[r-v].

so viel Mühe wert, was sie sich aus dem Fortschritt ihrer
Hörer versprechen? Das ist, was mir hinsichtlich jenes
Teils des Briefes in den Sinn kam.

Was die Vorrede des Herrn Ammersbach[11] betrifft, so
billige ich sie niemals, und selbst Betke,[12] der Amster-   5
damer Buchhändler, scheint sie, wie ich gehört habe,
nicht zu billigen, weil er den Exemplaren jenes Gut-
manns[13] (von diesen habe ich bislang keines zu Gesicht
bekommen) jene Vorrede[14] nicht hinzuzufügen pflegt,
wenn sie verkauft werden.   10

Ich habe die Mystische Postille [*Postillam Mysticam*]
Hoburgs[15] gesehen, die mir auch größtenteils gefällt;
gleichwohl verdient sie nicht in allem Zustimmung,
weshalb ich sie lieber von Theologen, denen die Fähigkeit der Unterscheidung [theologischen Urteilsbildung]   15
gegeben ist, als von anderen Menschen gelesen sehen
möchte. Aber ich kann die Bitterkeit gegen jene drei
Predigerministerien [*Ministerium Tripolitanum*] nicht
loben.[16] Diese [Bitterkeit] hat bei mir immer nur zur
Folge, dass mir das Hauptziel verlorengeht, sobald ich   20

---

11 Heinrich Ammersbach (1632–1691), Pfarrer in Halberstadt, Vertreter
   eines gemäßigten mystischen Spiritualismus.
12 Heinrich Betke (Hendrick Beets) (1625–1708), Buchhändler und Verleger
   von mystisch–spiritualistischen Schriften in Lübeck, Amsterdam und
   Frankfurt a. M.
13 Ägidius Gutmann (gest. vor 1619), Rosenkreuzer und mystischer Spiritualist, wirkte um 1580 in Augsburg.
14 [*Ägidius Gutmann*]: Offenbahrung Göttlicher Majestät, Amsterdam und
   Frankfurt a. M.: H. Betke 1675. Die Dedikation der ersten Ausgabe ist datiert auf die Frühjahrsmesse 1619 und unterzeichnet mit M. B. M. F. C. I. –
   Die Vorrede zur Neuauflage ist ein „Kurtzes Bedenken von G[utmanns]
   Offenb. Göttl. Majest." Darin verteidigt Ammersbach das Buch, obwohl es
   in manchen Punkten mit den „gemeinen Konfessionen" nicht überein-
   stimme. Ziel des Buches sei es, „das hochheilige Wort GOttes beßer massen zu commendiren" (Bl.)(1ᵛ) und zu zeigen, was für ein „Wunder=
   Mensch in Christo" der Gläubige sei (ebd.).
15 Christan Hoburg (1607–1675), mystischer Spiritualist.
16 Die Predigerministerien von Hamburg, Lübeck und Lüneburg; vgl. die von
   Samuel Pomarius im Auftrag der drei Ministerien verfasste Schrift: Ab-
   genöthigte Lehr- und Schutz=Schrift / Wider den Guttmannischen Of-
   fenbahrungs=Patron, Hamburg 1677.

auf einen solchen Ton in einer Schrift eines Mannes treffe, der an sich ein gewisses Ansehen [bei mir] hat.[17]

Was die kontroverse Frage selbst betrifft, ob diese [drei Predigerministerien] einfach jede unmittelbare Offenba-
5 rung in diesen Zeiten überhaupt bestreiten und darin die göttliche Freiheit binden, würde ich nicht zu ihnen halten, der ich in der Heiligen Schrift diese nirgendwo be-
stritten sehe, sondern gewisse Stellen lese, die eher eine solche behaupten.[18] Wenn die Frage aber darüber geht, ob
10 unmittelbare Offenbarungen heute das Fundament des Glaubens seien oder ob wir solche Offenbarungen in Dingen, die das Heil betreffen, erwarten oder ihnen folgen dürfen, zögere ich keinen Augenblick, dies negativ zu beantworten: [Griech.] „Umso fester haben wir das prophe-
15 tische Wort"[19] als Gesetz und Zeugnis. Ich wünschte aber auch in allen diesen Kontroversen, dass man sich mäßigte und dass die Irrenden belehrt, nicht angestachelt oder mit Gezänk geschunden würden: Das halte ich dem Geist der Milde nicht angemessen, mit dem die Christen regiert
20 werden müssen. Weil ich es hasse sehen zu müssen, dass mit mörderischen Worten gegen die Wahrheit gekämpft wird, betrübt es mich, wenn wir auf dieselbe üble Art für die Wahrheit kämpfen. Ach, wir sollten doch im Herzen allein Jesus anziehen[20] und allein Verstand für das haben,
25 was ihm eigen ist!

Dass dem *Opus operatum*[21] von Euren zu verehren-
den Theologen[22] mit großem Eifer der Kampf angesagt ist, ist eine gute Nachricht: Es muss jener Drachen vom

---

17 *Christian Hoburg* (s. Anm. 15): Postilla Mystica oder Verborgener Her-
    tzens-Safft, Frankfurt a. M. und Amsterdam 1665. Die Schrift wird von
    Ammersbach (wie Anm. 14), Bl.)(2^V, empfohlen.
18 Vgl. die Überlegungen zur Möglichkeit von unmittelbaren Offenbarungen
    in dem bei Anm. 14 genannten Werk, Vorrede, Bl.)(3^V–)(4^V.
19 2Petr 1,19.
20 Vgl. Röm 13,14.
21 *Opus operatum* (s. Brief Nr. 4 Anm. 20).
22 Die Bemühungen der Gießener Theologen um eine Vertiefung der Fröm-
    migkeit.

Podest gestoßen werden, wenn wir die Arche des Herrn bei uns haben wollen.[23] Übermittle, wenn Du sie sprichst, den um die Kirche sehr verdienstvollen Männern unseren größten Segenswunsch.

Für Eure Pauluslektüre[24] erbitte ich vom Himmel herab überreichen Segen und denselben Geist, der durch dieses sein heiligstes Werkzeug gesprochen hat, nach dem Maß[25], das Euch nötig ist.

In unserer Johanneslektüre sind wir bis zu Kapitel 2, Vers 18 gelangt,[26] inzwischen geht die Sache gut vonstatten.

Dem hervorragenden Doktor Strauch[27] schreibe ich heute oder demnächst: Du wirst ihm Deinen regelmäßigen Umgang, falls gewünscht, nicht versagen.

Für Euren Herrn Lünck[28] habe ich bislang nicht tätig werden können, wie Ihr gewünscht habt; bevor der Herr Geltner[29] ging, hatte nämlich der sehr gewichtige Herr Orth[30] seinen Kindern den Herrn Willemer[31] [als Hauslehrer] bestimmt; aber auch bei anderen ist für ihn bislang keine passende Stelle gefunden worden.

---

23 Vgl. 1 Sam 5,1–5.
24 Bereits am 29. September 1676 (FB 2, Nr. 80, Z. 14–18) begrüßt Spener Petersen gegenüber dessen griechische, offenbar neutestamentliche Übungen (*„Exercitio tuo Graeco"*). Demnach dürfte Petersen Speners Anregung zu einem akademischen *Collegium pietatis* in Gießen verwirklicht haben.
25 Vgl. Röm 12,3.
26 1Joh 2,18; zu Speners seit Juni 1676 gehaltenen *Collegium pietatis* für Theologiestudenten und Pfarramtskandidaten über den 1. Johannesbrief vgl. FB 2, Nr. 92, Z. 19–27.
27 Johann Strauch (1612–1679), seit 1676 Professor für Jurisprudenz und Prokanzler in Gießen.
28 Vermutlich Johann Ortholph Lüncker aus Gießen, seit Ostern 1672 Schüler des Gießener Pädagogiums.
29 Johann Theodor Geltner (1647–1700), 1674–1676 Informator bei den Kindern Philipp Ludwig Orths (s. Anm. 30); später Vesperprediger, Konsistorialrat und Scholarch in Rothenburg o. T.
30 (Johann) Philipp Ludwig Orth (gest. 1689), Ratsherr und Schöffe in Frankfurt a. M.
31 Vermutlich Johann Philipp Willemer (1650–1720) aus Frankfurt am Main, nach dem Studium zunächst Pfarramtskandidat in Frankfurt, 1681 Pfarrer in Oberrad, 1691 in Frankfurt.

Ich hätte mir einen solchen Freund,[32] der sich bei uns aufhält, schon seit Monaten gewünscht; aber er hat seinen Wunsch bislang nicht verwirklichen können. Gerne werde ich mich aber auch für jenen Euren [Freund] ein-
5 setzen, wo eine Gelegenheit geboten wird, sich um ihn verdient zu machen.

Ich bin überzeugt, dass die Marburger Sache Euch nicht bange macht:[33] Wenn die Gegner [Euch etwas] vorwerfen, was dem Leser Skrupel erregen könnte,
10 wollte ich, dass bescheiden geantwortet werde; wenn aber nur etwas, was Zorn oder Abscheu erregen könnte, ist es das sicherste, es mit edlem und zugleich christlichem Schweigen zu übergehen.

Von unserem hochadeligen Fräulein Merlau,[34] wie
15 auch ihrer Hausgenossin Baur[35] und unserem Lizentiat Schütz,[36] auch Magister Artopoeus[37] wie auch Herrn Schäffer[38] und meiner Hausfrau[39] viele Segenswünsche! Mit diesen Wünschen von uns allen leb wohl in dem HERRN und dem Wort seiner Kraft.
20 Frankfurt am Main. 22. Aug. 1676.

Deiner sehr berühmten Gaben sehr beflissener und zu Gebet und Pflichten sehr zugeneigter

Philipp Iacob Spener, D.

Mit eigener Hand

---

32 Nicht ermittelt; vielleicht Johann Wilhelm Harhoff (s. FB 2, Brief Nr. 50 Anm. 9).
33 Zum Streit um die reformierte Prädestinationslehre zwischen Philipp Ludwig Hanneken und Petersen in Gießen auf der einen, sowie Reinhold Pauli und seinen Schülern in Marburg auf der anderen Seite s. *Matthias:* Petersen, S. 98 f.
34 Johanna Eleonora von und zu Merlau (s. Brief Nr. 19 Anm. 1).
35 Maria Juliana Baur von Eyseneck (s. Brief Nr. 19 Anm. 25).
36 Johann Jacob Schütz (s. Brief Nr. 13 Anm. 6).
37 Johann Daniel Artopoeus (1654–1733), damals Student in Gießen, später Pfarrer in Wolf und Enkirch (Grafschaft Sponheim).
38 Johann Peter Scheffer (Schaeffer) (gest. 1719), seit 1679 in verschiedenen Funktionen bei dem Grafen von Solms–Wildenfels–Laubach angestellt, zuletzt Amtmann in Utphe/Wetterau. Scheffer lebte längere Zeit im Hause Speners, dem er tief verbunden war.
39 Susanne Spener geb. Ehrhardt (1644–1705), gebürtig aus Straßburg.

Berechtigung und Grenze der Kirchenkritik

26. An [Friedrich Breckling[1] in Amsterdam], [Ende November/Anfang Dezember[2]] 1681[3]

Ich habe in jahres frist unterschiedliche brieffe[4] von demselben erhalten und daraus seine liebe und sorge vor mich verstanden, davor auch billichen und schuldigen danck sage, leugne aber nicht, daß nicht nur die eigene viele geschäffte u. nöthige antwort=schreiben an die jenige, die die jenige mir ertheilte gaben zu ihrem unterricht ihnen nützlich oder nöthig achten, denen also billich in hertzlicher liebe zu dienen vor andern mich befleißigen solle, mich von der antwort abgehalten, sondern auch dieses eine ursach solches unterlassens gewesen, daß ich offt nach verlesen einiger schreiben kaum absehen können, was die endliche meinung an mich seye und folglich, was ich zu antworten habe: da ich sonsten gewohnt bin an guten freunden und solches auch liebe, daß man seines hertzens sinn deutlich und vernemlich darstelle, daß der andere ohne vieles nachsinnen u. errathen die gantze *intention* recht ein-

---

1 Friedrich Breckling (1629–1711), kirchenkritischer, theologischer Schriftsteller in Amsterdam: Der in Handewitt (Schleswig) geborene Pfarrerssohn hatte von 1646 bis 1656 an sieben Universitäten studiert, war in den Jahren 1656 bis 1660 Hilfsprediger in verschiedenen Schleswiger Pfarrämtern (u.a. Flensburg und Handewitt), wo er schließlich wegen Polemik gegen die Lebensweise der Pfarrer suspendiert wurde. Um einer Gefangennahme zu entkommen, floh Breckling in die Niederlande, wo er in den Jahren 1660 bis 1668 als lutherischer Pfarrer in Zwolle wirkte. Wegen Verstoßes gegen die Kirchenordnung, zu starker Kirchenzucht und chiliastischer Schriften wurde er auch hier 1668 entlassen. Seit 1672 lebte er ohne feste Anstellung, meist als Verlagskorrektor arbeitend und von Zuwendungen lebend, in Amsterdam, seit 1680 in Den Haag. – Die Empfängerbestimmung nach FB 5, Nr. 123.
2 Kurz nach dem Bußtag am 25. November 1681 (s. S. 223, Z. 2 f.) versandt.
3 Nur im zeitgenössischen Druck (Bed. 3, 1702, S. 499–518) überlieferter, dort anonymisierter Brief; Edition in FB 5, Nr. 123.
4 Nicht überliefert.

sehen und erkennen könne. Wie ich hoffe, meine brieffe werden in solcher einfalt geschrieben seyn.

Ich habe in den vorigen bereits etwas hierüber geklagt,[5] muß aber fast solches wiederhohlen: und weiß
5 nicht, ob der mangel an mir seye; daß das deutliche nicht nach genügen verstehe, oder ob die schuld bey den brieffen seye; welches also dahin gestellet seyn lasse; jedoch nicht leugne, daß michs zum antworten träge oder langsam macht.

10 Jedoch will nunmehr in dem nahmen des HErren versuchen, auf die brieffe zu antworten, ob zwar ohne ordnung, wie mir dieselbe die sachen selbst an die hand geben werden.

Was denn nun den ersten und weitläufftigsten brieff
15 anlangt, so irret der Herr nicht, da er ein auffrichtiges gemüth von mir hoffet, und getraue ich dieses genugsam in der that zu zeigen, ob mirs in vielen stücken, wie ich nicht leugne, viel fehlet, so fehle es aufs wenigste nicht daran, daß mirs von hertzen ein ernst seye und ich
20 redlich in der sache des HERREN zu verfahren trachte. So wünschte ich, daß wir einander recht gründlich verstünden und uns so *expectoriren*[6] könten, daß wir einander durchaus bekant wären. Ich gedachte, bißher von meiner seiten solches gethan zu haben, daß der Herr
25 mich ja nicht anders, mehr oder weniger, als an mir wäre, ansehen möchte, ob ers aber also zu thun vermocht habe, daß er mich also kenne, weis ich noch nicht: kan aber dieses wol sagen, daß aus seinen offtmahligen brieffen in vielen hauptstücken seine mey-
30 nung noch nicht *penetriren*[7] kan.

---

5   S. FB 4, Nr. 147, Z. 6–10.
6   Das Herz ausschütten.
7   Ergründen.

Daß wir freylich nichts wissen und verstehen, ohne
was uns der HErr zu verstehen giebet, ist eine unwi-
dersprechliche grundwahrheit, und ruffe ich GOtt an,
er wolle nicht nur allein gegen dieselbe das wenigste mir
niemal in meine seele kommen lassen, sondern mir die- 5
selbe also stäts vor augen stellen, daß ich mich in allem
derselben erinnere und damit alle reitzungen zu eigener ehr, weißheit oder vertrauen kräfftig außtilge. Hingegen daß ich auch allemahl recht ohne fehl erkenne,
was seyn werck und seine wahrheit ist, auf daß ich nicht 10
unter den gedancken, die eigene weißheit zu verwerffen, seine würckung zu nicht mache und mich nicht weniger auf solche art versündige.

So ist auch billich und nöthig, daß wir hertzlich vor
einander beten und einander nach dem vermögen, daß 15
GOtt gibet, treulich erinnern.[8] Ich meiner seits, wie ich
mir selbst nicht traue, sondern wol weiß, wie mein eigen hertz betrüglich seye und mich verführen möchte,
lasse mir gern von andern sagen und werde von dem al-
lergeringsten die erinnerung mit sanfftmuth und liebe 20
aufzunehmen mich befleißigen. Aber dabey leugne auch
nicht, also gesinnet zu seyn, daß von keinem einigen[9]
menschen mein gewissen beherrschen lasse, sondern
wo ich einigen erinnerungen folgen solle, muß mir die
sache aus GOttes wort der massen erwiesen seyn, daß 25
ich nicht nur einige wort, die etwas dergleichen sagen,
anhöre, sondern in der furcht der HErren klar zu überzeugung der seelen gezeigt werde, das[s] solches der
sinn und meinung des heiligen Geistes und also GOttes
wille an mich seye: und kan mich darinnen so wenig *re-* 30
solviren[10], einigen menschen deßwegen zu glauben, weil

---

8 Ermahnen (DWB 3, Sp. 858–860, hier Sp. 858).
9 Einzig (DWB 3, Sp. 206–210, hier Sp. 207).
10 Entscheiden.

er mirs sagt und mich erinnert, als ich mir selbs auch nicht ohne erkäntnüß göttlichen worts glaube und traue.

5 Daß ein selbs=gelehrter *Academi*scher *Doctor* sich selbs vernichtigen, wie ein kind[11] erniedrigen, seine eigene gerechtigkeit, weißheit und wissenschafft verachten und sich biß in den gehorsam des todes ans creutz[12] mit Christo unter geben solle, ist in diesen *terminis*[13] und *thesi*[14] abermahl eine ausgemachte wahr-
10 heit. Aber was solches gesagt seye und wie es *practiciret* werden müsse, ist nicht weniger wol zu unterscheiden und zu erkennen, damit wir nicht böses und gutes über einen hauffen werffen.

Hat ein mensch seine *studia academica*[15] in der
15 furcht des HErren und seiner anruffung Christlich geführet und ist dadurch zu einer feinen *erudition*[16] gekommen, so hat er je[17] dieselbe gnade GOttes nicht zu verleugnen, daß er alles solches mit fleiß in göttlichen segen erlernete wolte verachten lassen, vergessen und
20 nicht gebrauchen, welches ich vor die grösseste undanckbarkeit und verderbung der göttlichen gnaden gaben achtete, sondern er hat sich derselbigen zu seines GOttes ehr und des nechsten erbauung, als viel ihm der HErr dazu gelegenheit gibet, treulich zu brauchen und
25 anzuwenden. Ja, wo er recht ein schwülstiger[18] und hochmüthiger mann gewesen wäre und in seinen *studiis* nichts als eigene ehre gesuchet und sich samt seiner *erudition* ihm[19] selbs zum Götzen gemacht hätte,

---

11   Vgl. Mt 18,3.
12   Vgl. Phil 2,8.
13   Fachbegriffen.
14   These.
15   Akademische Studien.
16   Gelehrsamkeit.
17   Nebenform zu *ja* (DWB 2, Sp. 2273 f.).
18   Aufgeblasen, hochmütig (DWB 9, Sp. 2753 f., hier Sp. 2753).
19   Sich.

daß deßwegen seine *erudition* nichts als ein menschlicher *habitus*[20] gewesen, wo er gleichwol darnach von
GOtt zu einer erkäntnüß seiner selbs und der wahren
buß gebracht, damit aber er mit göttlichen liecht erleuchtet, folglich seine buchstäbliche todte erkäntnüß   5
in GOTT lebendig gemacht wird, so hätte auch solcher
seine *erudition* und wissenschafft nicht wegzuwerffen,
sondern, nachdem dieselbige nunmehr geheiliget ist,
sich ihrer in hertzlicher demuth und danckbarkeit vor
GOtt zu gebrauchen. Wie wir auch von dem lieben   10
Paulo sehen, daß er seine in dem *Phariseismo* gefaßte
wissenschafft nützlich gebrauchet hat.[21]

Aber dieses achte ich vor die wahre schuldigkeit, daß
wir *Doctores* alle, ja alle gelehrte, sie tragen titul oder
nicht, als an dem nichts gelegen ist, uns u. unsere weiß-   15
heit vernichtigen[22], erkennen, daß, was wir wissen und
verstehen, seye nicht unser werck, sondern wir haben
davor Gott zu dancken, der verstand und *ingenium*[23],
die gelegenheit des *studir*ens, treue der *praeceptorum*[24]
und alles übrige, dadurch wir zu einer *erudition* ge-   20
kommen wären, seyen lauter gaben GOttes, dero wir
nicht werth gewesen, deßwegen wir auch an der er-
langten *erudition*, so viel an solcher gut ist, uns nichts
zueignen, sondern alle dieselbe *in solidum*[25] dem jenigen zumessen und zurück geben müssen, von dem alles   25
gute herkommet,[26] uns nichts davon anmassende, als
was daran mangelhafft, befleckt und mißbraucht worden wäre, daß wir also wegen aller solcher dinge nicht
groß in unsern augen seyen, sondern gedencken, GOtt

---

20 Eine durch Studium oder Ausbildung erworbene Kompetenz.
21 Der Apostel Paulus, der bis zu seiner Bekehrung zur Gruppe der (gelehr-
    ten) Pharisäer gehörte.
22 Erniedrigen, für nichtig erklären (DWB 12 I, Sp. 924 f., hier Sp. 924).
23 In der Natur angelegte geistige Fähigkeiten.
24 Lehrer.
25 Aufs Ganze.
26 Vgl. Jak 1,17.

hätte solches alles eben so leicht einem andern geben
mögen, welcher ihm davor danckbahrer worden wäre,
item[27] wir haben vor uns keinen vortheil davon, sondern
nur eine so viel schwerere verantwortung, wo wir mit
5 solchem fremden gut nicht treulich umgehen; daraus
wird folgen, das[s] wir nicht nur allein andere, welchen
GOTT etwa der gleichen nicht gegeben, nicht verachten
werden, sondern wir werden auch alle mahl genau untersuchen, so wol ob wir in unserer wissenschafft der
10 von GOTT gewürckten wahrheit andere unserer vernunfft falsche einbildungen unter gemischet hätten
oder der vernunfft verstatteten, sich in göttlichen ge-
heimnüssen ausser dem gehorsam Christi[28] zu vertief-
fen, als auch ob jedesmahl der gebrauch unserer gaben
15 und *erudition* zu eigener ehr oder warhafftig zu der
ehre des HErren und des nechsten nutzen angesehen
seye, damit wir uns von unserem betrüglichen fleisch
nicht überschnellen[29] lassen.

Einen solchen mann achte ich GOTT so gefällig als
20 den einfältigen, der nichts jemahl *studiret* hätte, und
bedarff nicht, daß er alsdann den gebrauch seiner *studien* ablegte, die nun gereiniget sind, und er noch immer weiter an solcher reinigung arbeitet.

Ich erklähre mich deßwegen so viel deutlicher, weil so
25 offt von verleugnung des *Academi*schen wesens geredet
wird, wie ich beypflichten möge oder nicht, nemlich was
dessen anklebende unordnung und mißbrauch anlangt,
nicht aber das gute an sich selbst. Wie dann nicht eine
einige[30] wahre wissenschafft, so aus der schrifft als na-
30 türlichem liecht genommen, gefunden wird, die nicht
wiederum ihren nutzen in rechtem gebrauch zu der
ehre des HErren haben könte.

---

27 Ebenso.
28 Vgl. Röm 16,25; 2Kor 10,5.
29 Überlisten (DWB 11 II, Sp. 512 f., hier Sp. 513).
30 Einzige (DWB 3, Sp. 206–210, hier Sp. 207).

Was die widerwertigkeit[31] u. leiden anlangt, ists freylich wahr, und fühlen wirs alle in eigener erfahrung, wie
viel dasselbige thue zu unsers fleisches creutzigung und
eigenen willens dämpffung.[32]

So leugne auch nicht, daß mir offtermahl ein einfälti-   5
ger und so genanter *Laicus*[33] mit einiger erinnerung
oder gutem exempel vieles genutzet habe und ich deßwegen GOtt nicht vorschreibe, was er vor werckzeug zu
meiner besserung gebrauchen solle, sondern ihm
dancke, durch wen ers auch thue, vor seine gnade, wo   10
ich das werck von ihm zu seyn erkennen kan. So weiß
ich auch wohl, daß weder mir noch andern eine meis-
terschafft über andere gebühre, sondern ich lasse billig
dem HErren sein recht über seine eigene knechte.[34]
Wiewol damit nicht auffgehoben wird, wo ich an einigen   15
unrechtes und böses erkenne, aus liebe gegen sie und
andere sie dessen zu erinneren, solches böse zu straffen[35] oder andere davor zu warnen, solches aber nicht
nach eigener meynung, sonderen nach göttlichem über-
zeugenden wort.   20

Das[s] von denen schein=frommen, weisesten und
gelehrtesten offt das grösseste übel herkomme, ist auch
wahr, geschiehet aber alles nicht aus schuld der gelehrtheit an sich selbst, sondern dero mißbrauch. So ist
die geistliche hoffart[36] freylich ein[e] der gefährlichsten   25
sünden, und weil sie gemeiniglich alsdann ansetzet, wo
wir nunmehr meinen, der übrigen sünden meiste gewalt bey uns gebrochen zu seyn, so haben wir viel genauer auf deroselben regungen acht zu geben. Wo wir

31   (Natürliche) Feindschaft (DWB 14 I 2, Sp. 1373–1377, hier Sp. 1374).
32   Vgl. Gal 5,24.
33   Laie.
34   Vgl. Röm 14,4.
35   Drohen, tadeln, zurechtweisen (DWB 19, Sp. 701–731, hier Sp. 712–715).
36   Stolz.

unsern *Doctorat*[37], *titul,* stellen oder der gleichen also
führen und gebrauchen, daß wir uns darinnen wohlgefallen und damit von andern wollen angebetet seyn, so
ist GOtt den götzen und götzen=diener feind. Wo wir
5 aber auch diese äusserliche dinge und stücke der äusserlichen ordnung dem HERREN zu seinen ehren, dero
werckzeuge zu seyn, und alles das, was davon auf uns
kommt, auf ihn allein zurücke gehen zu lassen, auffopf-
fern, so ist den reinen alles rein[38] und nicht alles bey
10 allen welt, was in der welt ist[39] und von andern auch
darinnen schändlich mißbrauchet wird. Laß ich mich
meinen *doctorat* zu einer unterdrückung und meister-
schafft über andere verführen, so ist die schuld mein
und nicht solches armen *gradus*[40], so wenig als des gel-
15 des, das der geitzige anbetet.

Daß zwahr solcher mißbrauch so gemein[41], daß er wol
fast gewöhnlicher als der wahre gebrauch, leugne ich
nicht und wünsche wol besseres. Daß die klagen der alten Propheten Esaiä, Jeremiä, Ezechiels[42] u.s.f. über da-
20 mahlige Priester und Propheten noch heut zu tage unseren so genannten geistlichen stand mit betroffen,
oder vielmehr die sache selbs sich also weißt[43], daß jene
auf uns *appliciret*[44] werden können, finde ich auch. Daß
aber niemand ausgenommen werden dörffe, sondern,
25 weil jene Propheten zu ihren zeiten unterschiedlich
mahl *universales categorias*[45] ergehen lassen, ohne aus-

---

37 Der Doktorat (lat. *doctoratus,* -us m), der Grad eines Doktors der Theolo-
    gie.
38 Vgl. Tit 1,15.
39 Vgl. 1Joh 2,15–17.
40 Grad.
41 Allgemein verbreitet.
42 Vgl. z. B. Jes 28,7–13; Jer 5,13.31; Ez 22,26.
43 Ausweist.
44 Angewendet.
45 Allgemeine Bezeichnungen.

nahm eines einigen[46], wir eben dermassen sagen solten, es seyen keine einige mehr auf *Academien* und bey den kirchen, die der HErr treu erfunden, sehe ich nicht, wie solches durch die wort derer Propheten erwiesen werden könne, und hielte es vor ein solches urtheil, welches 5 verantwortung ich vor dem gericht GOttes nicht zu übernehmen getrauete, sondern sorgte, mich darmit schwerlich gegen die warheit und liebe zu versündigen.

So ist mirs darinnen nicht um mich zu thun, denn wie ich mich selbs richte und in mir so offt vieles zu verdammen finde, so mag ich wol auch von anderen dergleichen annehmen. Ja, wo es mich allein betröffe, würde mich nichts darüber beschwehren, dann ob mir auch zu viel geschähe, würde mir doch solches urtheil nicht schaden thun, sondern eher nützlich seyn zur flei- 15 ßigen prüffung. Weil aber solche *sine exceptione universales*[47] unsere gantze kirche und so viel personen betreffen, so hat man je der warheit und liebe wegen zu untersuchen, mit was grund solche gebraucht werden, nicht daß man etwas von menschen ehr und weisheit 20 gegen GOTT best[ei]ffen[48] wolte, welches ferne sey, sondern vielmehr billich alles menschliche GOTT zu füssen geworffen werden muß, sondern weil es um die gnade GOttes, seiner kirchen und dero dienern erzeigt, zu thun ist, daß wir damit nicht etwa menschen, wie wir 25 gedencken, sondern GOttes ehre verleugneten und verwürffen.

GOtt hat mir die gnade gethan, einige zu kennen, bey denen ich die gnade des HERREN finde, aus dero sie in demuth und einfalt ihres hertzens wandeln und in ih- 30 rem amt nach der maß[49] der göttlichen gnade sich aller

---

46 Einzig (DWB 3, Sp. 206–210, hier Sp. 207).
47 Allgemeine [Bezeichnungen] ohne Ausnahme.
48 Bestärken (DWB 1, Sp. 1672).
49 Die Maß (DWB 6, Sp. 1721–1731, hier Sp. 1721).

treue befleißigen, und ob ich nicht einen einigen[50] ken-
nete, würde ich doch bedencken tragen, ohne ausnahm
der massen zu urtheilen, beförchtende, ich möchte den
jenigen unrecht thun, die der HErr vor mir verborgen
5 hat, wie dorten Elias, als er allein zu seyn sich beklagte,
von 7000 verborgenen bericht empfing[51] und also des
ungrundes seiner klage überzeuget wurde. Daher ich
dieses vor das nöthigste achte, daß, wo von menschen
selbst als menschen im gegensatz gegen GOtt und gött-
10 liches geredet, alles freylich zu boden geschlagen werde:
Wo wir aber reden von menschen mit der gnaden GOttes betrachtet, das ist, ob in der Christlichen kirchen
noch leute, und absonderlich lehrer, seyen, die sich
nicht bloß von ihrem fleisch, sondern des heiligen Gei-
15 stes leitung regieren lassen, daß wir alsdann bekennen,
es seye das allermeiste verdorben, und sehen wir wenig
gutes, wenig treue mehr übrig, aber uns doch enthalten,
nicht alle zu verurtheilen, weil der HERR die seine ken-
net[52] und etwa andere auch solche noch kennen mögen.
20 Und da sehe ich nicht, wie solches noch heissen möge
ansehen der menschen, menschen=gunst oder forcht,[53]
wo man sich nicht bereden lassen will zu sagen, was
man der warheit und liebe entgegen zu seyn glaubet,
noch den jenigen beyfallen kan, welche dergleichen
25 thun und von uns eben ein solches erforderen: so vielmehr, da sie sehen, daß solches alles nicht zur erbauung
dienlich, sondern den zustand der ohne das bedrengten
und elenden kirchen noch elender machen würde. Mit
welcher verantwortung ich mich nicht gern beladen las-
30 sen wolte.

---

50   Einzig (DWB 3, Sp. 206–210, hier Sp. 207).
51   Vgl. 1Kön 19,10.14.18.
52   Vgl. 2Tim 2,19.
53   Offenbar Zitat aus Brecklings Brief.

Was die an mich gethane erinnerung wegen der freundschafft der *Theologorum* betrifft, nehme ich sie an als guter meinung gethan, aber sehe nicht die allerwenigste überzeugung oder erweiß, daß ich dieselbe angeben[54] und mir die jenige, so mir der HErr zu ehren verordnet hat, muthwillig verletzen und zu feinden machen solle. Würden sie mir etwas zumuthen, so wider mein gewissen wäre, seye derselbe versichert, daß ihre *autor*ität mich zu solcher dienstbarkeit nicht bringen solte. So lange sie aber solches nicht thun, warum solle ich ihre liebe vorsetzlich angeben? Weil ich an vielen grossen mangel gesehen, so habe meine klagen insgemein offentlich ausgeschüttet[55] und die erinnerungen gethan, so viel dem maß, so mir gegeben gewesen, hat mögen gemäß seyn, wo mit ich zwar wenig danck verdienet, in dessen dergleichen zu wiederholen und also fortzufahren nicht unterlasse.

Daß ich aber *in particulari*[56] diesen und jenen fremden knecht, der mir von GOtt nicht unterworfen, verurtheilen solte,[57] an dem etwa mehr gutes sein möchte, als ich habe sehen können, oder daß ich die klagen gar *universal* machen und niemand einige außnahm davon gestatten solte, hab ich keinen befehl noch göttliche gewißheit.

Daß ich die *Theologos* in meine *castra*[58] und netze zu ziehen trachte, weiß ich nicht, mit was grund gesagt werde. Ich suche ja weder secte noch anhang, sondern neben dem absonderlichen amt, so mir der HERR an seiner gemeinde zu verwalten gegeben hat, gehet mich das allgemeine wesen nicht anders an, als daß aus lieb

---

54 Aufgeben (DWB 1, Sp. 337).
55 Vgl. *Pia Desideria* 1676, S. 10–35 (PD 15–28).
56 Im besonderen, im einzelnen.
57 Vgl. Röm 14,4.
58 In meine Lager (lat. *castrum*).

gegen den nechsten und eyffer vor GOttes ehre das
wenige pfündlein[59] durch erinnerungen, klagen, vorschläge nach vermögen anwende, ob damit einige auf-
geweckt und das werck des HErren mit treuen jeglicher
5 seines orts zu thun angereitzet werden möchten.

Ich suche auch sonderlich dieses zurathen, daß unter
mehrern treugesinneten lehrern nicht zwar einige *societät, fraterni*tät[60] oder verbündnüß oder etwas *singu-
lares*,[61] sondern allein eine genauere Christliche freund-
10 schafft und *correspondenz* gestifftet werden möchte,
alsdann die allerseits empfangene gaben mit zusammen
gesetzter hülffe so viel fruchtbarer anzuwenden. Ob der
HErr etwas dessen erfolgen werde lassen oder der zu
hart gereitzte zorn allen guten vorschlägen, nach dem
15 wir zu dem gericht reiff worden sind, entgegen stehe,
muß ich dem HErren befehlen. Dancke ihm gleichwol
davor, daß durch mein weniges zuruffen und schrifften
etliche gute seelen aufgemuntert worden zu seyn bekennen. Im übrigen sehe ich, was ich ohne fortsetzung
20 des bißherigen und hertzlichen gebet zu GOTT weiters
thun könte, nichts vor mir.

Vor einen *Reformatorem* der kirchen mich anzuge-
ben, lasse ich mir die thorheit nicht aufsteigen, sondern
weiß mich meiner schwachheit zu entsinnen, daß dazu
25 weder weißheit noch krafft empfangen habe. Lasse mir
also genügen, daß ich mit unter die stimmen gehören
möge, welche die jenige zu der *reformation* helffen auffmuntern, die der HErr dazu außgerüstet haben mag. In
solcher sache also bedarff ich keines anhangs oder an-
30 dere an mich zu ziehen. Es nöthiget mich aber auch
nichts, daß ich mit den jenigen *Theologis*, von denen ich
entweder selbs gute gedancken und hofnung hab oder

---

59   Mt 25,14–30; Lk 19,11–27.
60   Gesellschaft, Bruderschaft.
61   Besonderes.

die sich doch dem guten aufs wenigste nicht öffentlich
widersetzen, brechen müste. Vielmehr trachte ich sie
bey gutem willen auf art und weise, so dem gewissen
nicht entgegen ist, zu erhalten, ob entweder ihre mit-
einstimmung mir mein werck besser von statten gehen   5
machte, oder daß sie dadurch zu ihres eigenen amts fleißiger verrichtung auffgemuntert würden oder daß sie
sich anderer Christlicher vorhaben nicht frevel[ich][62]
entgegen zu setzen sich verleiten lassen. Welche zweck
alle der göttlichen ehr gemäß sind. Hingegen sehe ichs   10
nicht verantwortlich an, wo ich muthwillig solche
leuthe in harnisch jagen[63] solte.

Daß der haß gegen den schlangen=saamen[64] bey mir
in genugsamen grad noch nicht seye, leugne ich nicht,
suche aber auch in demselben durch die göttliche liebe   15
mehr gestärckt zu werden. Ich verlange aber solchen
haß gegen keinen menschen, sondern gegen den rechten schlangen=samen und wercke des teuffels in den
menschen, dabey eine erbarmende liebe auch gegen die
jenige bleibet, an welchen solcher schlangen=samen   20
sehr starck ist.

Daß ich in die *castra dolorum et cruci[f]erorum agni*[65]
übertreten solle, höre ich wohl die vermahnung. Wo soll
ich aber solche anderwerts suchen als in der ob zwar
verderbten gemeinde des HErren, darinnen er ja noch   25
seinen heiligen saamen[66] erhalten hat? So sehe auch
nicht, daß dazu entweder ein leiblicher außgang aus der

---

62 Frevelhaft (DWB 4, Sp. 103).
63 Zornig machen, gegen sich aufbringen (DWB 4 II, Sp. 488–490, hier Sp.
    489).
64 Vgl. Gen 3,15; spiritualistischer Begriff für den alten, erbsündigen Teil im
    Menschen.
65 Gemeint ist: *doulorum* [griech.–lat.]: In die Lager der Knechte und Kreuz-
    träger des Lammes [d.i. Christi], also in die Gruppe derjenigen, die Chris-
    tus in seinem Leiden nachfolgen.
66 Vgl. Jes 6,13.

gemeinde,[67] noch eine absagung der freundschafft der jenigen, welche der HErr mit mir durch das band der *Ecclesiasticae communionis*[68] verbunden, gehöre. So trittet[69] der jenige wahrhafftig in die creutz gemein-
5 schafft des Lammes, der neben dem, daß er sein leben von der befleckung der welt suchet zu reinigen, sein amt an seinem ort treulich verrichtet und seine klagen offentlich bezeuget und in allem solchen den haß des satans und der welt nicht achtet.

10 Ich habe mich nichts als meiner schwachheit zu rühmen,[70] aber erfahre doch, wie meine arme bißherige *conatus*[71] von dem HErrn also gewürdiget worden sind, daß der satan sich darüber zorns angenommen und ich nicht nur hie meine feinde weiß, sondern von unter-
15 schiedlichen jahren das jenige ziel gewesen bin, auf welches eine unzehlige zahl lästerungen und verläumdungen gerichtet worden sind. Dem HErren seye danck, der mir muth gegeben, darüber nicht weich zu werden, sondern auch solches mit willigen gehorsam von ihm auff-
20 zunehmen.

Wo aber solches übertreten in die *castra cruciferorum* heissen solle, mich auch in dem äusserlichen in die gesellschafft der jenigen zu begeben und ihrer dinge mich theilhafftig zumachen, welche gut und böse möchten
25 auf einerley weise angegriffen und sich damit selbst manches auf den halß[72] geladen haben, so sehe nicht, was mich dazu solte, ich will nicht sagen nöthigen, sondern nur *persvadiren*.[73] Dann da solcher leuthe heftigkeit mir, wo ich urtheilen solte, so vorkommet, daß sie

---

67 Separation, Trennung von der (verfassten) Kirche.
68 Kirchliche Gemeinschaft.
69 Gehen (DWB 22, Sp. 690).
70 Vgl. 2Kor 11,30.
71 Versuche.
72 Auf sich ziehen, sich beschweren (DWB 4 II, Sp. 242–256, hier Sp. 251 f.).
73 Überreden.

es viel zu viel gemacht haben, so wird genug seyn, das[s] ich mich solches urtheiles enthalte, weil etwa GOtt etwas, so ich nicht verstünde, mit ihnen vorgehabt haben möchte; aber daß ich ihre sache billichen und in ihrer vornehmen gemeinschafft mich begeben solte, finde ich nicht, wie mir mit einigem schein möchte angemuthet werden, weil es wider mein gewissen gehet: Da ich doch auch mit zweiffelendem gewissen nichts thun solle. Also, weil der HERR GOTT ist, bleibets freylich dabey, daß wir allein auf ihn, auf sein wort und willen und regierung, ohne zurücksehen auf menschen, sehen müssen und wollen.[74] Aber das heist noch nicht, die freundschafft und liebe der jenigen hindansetzen, die mit der göttlichen nicht streitet, sondern ein werckzeug sein mag, das jenige nachdrücklicher zu thun, wo zu uns die göttliche liebe verbindet. Daher müssen wir freylich nicht zwischen beyden hangen, zwischen Christo und Belial,[75] sondern jener ist allein unsers dienstes würdig. Ist also durch seine gnade diese *resolution*[76] von guter zeit bey mir gefaßt, dabey ich auch mich versichere, daß der treue Vater zu dem wollen die krafft und vermögen zum vollbringen verleyhen[77] werde, dem HErren getreulich anzuhangen und also weder die nun nechst instehende[78] verfolgung des Römischen Babels[79] zur verlassung der warheit und dero bekäntnüß, noch auch anderer und der welt freundschafft, mich von dem wege des guten oder vollbringung göttlichen willens abbringen zu lassen. Aber auch dabey mich fleißig zu hüten, daß nichts vermessen unternehme, was mir der HERR nicht gegeben, noch dazu außgerüstet und beruffen hat.

---

74   Vgl. Ps 118,8 f.; 146,3.
75   Vgl. 2Kor 6,15.
76   Entschluss.
77   Phil 2,13.
78   Bevorstehende (DWB 10, Sp. 2145).
79   Vgl. Apk 17,5 f.

Ich sehe auch, wie GOTT bey andern seinen dienern unterschiedliche gaben ausgetheilet hat. Unsern *Lutherum*[80] rüstete er aus mit heldenmuth und solchen eyffer, der nach niemand fragte und offt scheinen solte,

5 auch der jenigen freundschafft aus den augen gesetzet zu haben, die er erhalten mögen, weil er ihn nemlich zu niederreissung Babels und aufrichtung eines neuen wercks bestimmet hatte. In *Arndio*[81] aber leuchtet nichts hervor als eine liebreiche sanfftmuth, als er auch

10 zur höchsten ungebühr angegriffen und die göttliche warheit in ihm gelästert wurde, er verantwortete sich aber ohne hefftigkeit und suchte auch der jenigen freundschafft zu erhalten, die ihm doch zuwieder waren. Ist nun bey einigen ein solcher geist *Lutheri* und

15 dienen sie GOTT zur peitsche, den tempel zu reinigen,[82] so ich ihrer verantwortung überlasse, ob und was in ihrem eyffer warhafftig göttliches gewesen oder nicht, so werden sie doch nicht verwerffen können, wo GOtt andere anders regieret.

20 Das[s] schwehre gerichte über Teutschland in dem weltlichem und über unsere gantze Evangelische kirche obhanden sind, zweiffele ich so gar nicht, daß ichs meiner gemeinde *ad nauseam usque*[83] vorsage, und kan der Herr nicht wol härteres denselben vorzustehen in sei-

25 nen schrifften[84] getrieben haben, als ich selbs glaube und bekenne, auch den anfang vor augen sehe. Ob von unserem Evangelischen Zion[85], was dessen äusserliches anlangt, mehr überbleiben werde als einige steine, die

---

80   Martin Luther (1483–1546).

81   Johann Arndt (1555–1621).

82   Joh 2,13–25, hier 15.

83   Bis zum Erbrechen.

84   Brecklings kirchenkritische, prophetische Schriften (s. *Gerhardt Dünnhaupt:* Friedrich Breckling [1629–1711]). In: *Ders.:* Personalbibliographien zu den Drucken des Barock, Bd. 2. Stuttgart ²1990, S. 759–786).

85   Kirche, Volk Gottes.

der HErr zu einer neuen aufrichtung gebrauche, will ich keinem versprechen, sondern mache mich auf alles solches gefaßt. Warte auch nichts anders zu nechst, als daß Babel die macht gegeben werde, das verderbte Jerusalem zu verstöhren.[86]

Wie ich dann nicht leugne, mir keine *satisfaction*[87] gethan zu seyn wegen Babel und Jerusalems.[88] In dem ich aus der schrifft die gründe verlange, das[s] Babel so weit, nemlich ausser dem Papstum, sich ausdähnen lasse. Es hat das volck GOttes in dem Alten Testament mehr als einen feind, Babel, gehabt, sondern eben so wol und vorher von Philistern, Syrern, Assyrern leyden müssen, die heissen deßwegen nicht alle Babel, sondern solches ist allein ein haupt feind, und zwar der jenige, der das verderbte Jerusalem am hefftigsten angefochten und zerstöret hat. Weil nun der heilige Geist un*disputir*lich Babel von Rom erklähret,[89] so kan mich[90] niemand verdencken, daß ich nichts unter solchem nahmen verstehe, was nicht unter der botmäßigkeit Roms, sondern in offener feindschafft gegen dasselbe stehet. Wird mir auch aus der schrifft (nicht aber andern *analogiis* und *convenientiis*, da man leicht *quidvis ex quovis* machen kan)[91] nicht ein anders gezeiget, wie es dann noch bißher von keinem geschehen, so kommet mir billich solcher nahme, da er unsere kirche mit begreiffen

---

86 Hier wohl: beunruhigen (DWB 25, Sp. 1772–1777): Die Erwartung, dass die römische Kirche die evangelische noch einmal in große Bedrängnis bringen werde, nicht zuletzt durch die historischen Zeitumstände des Erstarkens römisch-katholischer Mächte motiviert.

87 Genüge.

88 Spener bezieht sich offenbar darauf, dass Breckling ihm sein Verständnis des geschichtlichen Verhältnisses des geistlichen Babels (Antichristliches Reich) und Jerusalems (Wahre Kirche) nicht befriedigend erklärt habe.

89 Vgl. 1Petr 5,13.

90 Verdenken auch mit Akkusativ (DWB 12 I, Sp. 206–209, hier Sp. 207).

91 Nicht aber aus anderen (einzelnen) Ähnlichkeiten und Übereinstimmungen, da man leicht jedes Beliebige aus jedem Beliebigem machen kann.

solle, sehr verdächtig vor und sorge sehr, wir versündigen uns gegen die gnade Gottes, die uns wiederfahren ist, mit gefährlichem undanck.

Daß ich in *Heraldicis*[92] etwas zuthun nachlassen
5 müsse, ist mir noch mit keiner bündlichen[93] ursache gezeigt; blosses sagen aber hat nicht platz bey mir. Jedoch habe solches aus mangel der zeit, deren ich jelänger jeweniger von dem nothwendigsten übrig behalten kan (so die einige ursach ist, welche dieses *studium* und an-
10 dere dergleichen unziehmlich machen kan, nemlich der zeit verlust) stracks nach *publici*rung des vorigen wercks[94], so viel jetzo vorsehen und *resolvir*en[95] mag, beschlossen, ohne den *partem generalem*[96] und *lib[rum]* IV. partis *specialis,* so damahl *publice* versprochen wor-
15 den,[97] und jener längsten, ohne wenige *supplementa,* die noch hin und wieder[98] mangelen, in *MSC.* fertig gewesen, dieses aber aus den dingen bestehen muß, so mir nachgeschickt worden und werden, nichts weiteres mehr *in illo* oder *affinibus studiis*[99] zu *publici*ren, ob

92 Speners Interesse für Wappenkunde (Heraldik).
93 Genau, akkurat (DWB 2, Sp. 521).
94 *Philipp Jacob Spener:* Historia Insignium Illustrium seu Operis Heraldici Pars Specialis [Geschichte bedeutender Wappen oder spezieller Teil der Heraldik], Frankfurt a. M. 1680.
95 Beschließen.
96 *Philipp Jacob Spener:* Insignium Theoria Seu Operis Heraldici Pars Generalis [Theorie der Wappen oder Allgemeiner Teil der Heraldik], Frankfurt a. M. 1690.
97 Vgl. *Philipp Jacob Spener:* Historia Insignium 1680, Bl. [b 4ʳ]: „Sunt adhuc in manibus non pauca insignia illustrium, in quibus describendis iam laboravi, sed in pluribus non mihi ipsi satisfacere possum [...]. Haec omnia quarto reservo libro [...]" [Es sind bislang in meinen Händen nicht wenige Wappen adliger Familien, um deren Beschreibung ich mich schon bemüht habe, aber bei den meisten bin ich selbst noch nicht mit mir zufrieden. (...) Dieses alles spare ich auf für einen vierten Band (...)]. – Ein solches Werk erschien aber nicht mehr. Auch das postum 1717 in Frankfurt erschienene *Operis heraldici pars generalis et specialis* enthält nur einen unveränderten Nachdruck der *Historia Insignium* (wie Anm. 94 und 96).
98 Hin und her, an verschiedenen Stellen (DWB 4 II, Sp. 1371–1377, hier Sp. 1374).
99 In jenem oder verwandten Studien.

wol unterschiedliche wercke so viel als fertig sind, daß
sie nur getruckt werden dorfften, aber sie lieber will liegen lassen als viel zeit damit verspielen, da ich nicht
weiß, wie lange mich der HERR noch hie lassen will.

Indessen kan versichern, daß zu diesem *studio* 5
historico[100] (dann die *heraldica* sind mit ein stück der
historiae, und *tractir*e ich in den wapen der grossen
Herrn *familien*, landschafften und *jura*[101]) zwar *natu-
rali inclinatione*[102] erstlich geführet, aber von GOTT
nachmal durch viele nicht nur gelegenheit, sondern be- 10
fehl derjenigen, so mir zu befehlen hatten,[103] selbst weiter darinnen geleitet worden, daß nicht ohne dessen willen alles solches vorgehabt zu haben getraue. Wie dann,
ob wol diese ding zu dem einigen nothwendigen[104] nicht
gehören, sie gleich wol sachen sind, damit der *policey*[105] 15
und denen, so zu dero gebraucht werden sollen, gedie-
net werden mag. So lang also der HErr diese erhalten
haben will, so ist nichts vergebens, was auch in diesen
stücken ohne sonderliche verhindernüß des nothwendigsten geschiehet, und mag ich etwa nicht zu ver- 20
dencken seyen, nach dem mich GOtt zu der zeit, da er
mich selbs zu diesen *studiis* beruffen und es das ansehen hätte, ich würde mein lebtag damit zuzubringen
haben, vieles zu solcher materie gehöriges samlen lassen, daß ich es zu anderer, so dessen bedörffen, ge- 25
brauch *publicire.*

---

100 Historisches Studium.
101 Rechte.
102 Aus natürlicher Neigung.
103 Christian II. (1637–1717) und Johann Karl (1638–1704) Pfalzgrafen bei
     Rhein, denen Spener von September 1654 bis März 1656 als Informator
     diente, bzw. deren für die Erziehung zuständiger Vormund.
104 Vgl. Lk 10,42.
105 Öffentliche Ordnung (DWB 13, Sp. 1981–1985).

Ich gestehe zwar, daß ich mir je länger jemehr ein gewissen mache, viele zeit darauff mehr zu wenden, weil es nun nicht wol mehr ohne versäumnis anders nothwendigen geschehen kan. Indessen bindet mich auch
5 mein verspruch.[106] Wird aber etwa also zu helffen seyn, daß das *restiren*de so viel kürtzer fasse und weniger *elaborire,* als sonsten geschehen sollen. Ich kan wol sagen, das seiter der ostermeß 1680, da das werck außgieng, nicht so viel daran mehr gethan, als in acht tagen thun
10 konte, und wünsche doch bald vollends die hände davon frey zumachen, so ohne die außfertigung nicht geschehen kan. Indessen so wird mir die arbeit, so vor diesem eine lust gewesen, mehr und mehr eine last und verdruß. Doch hoffe, GOtt werde mich auch davon vollends
15 befreyen.

Was ferner die jenige *punct*en anlangt, darinnen ich vor einem jahr bedeutet,[107] worinnen ich des Herrn person und verrichtungen wegen anstehe,[108] so sehe zwar auf die selbe einige antwort, weil ich aber diese nicht be-
20 greiffe, noch sehen kan, wie solche *scrupuli*[109] benommen, so lasse ich die sache dahin gestellet, auf desselben eigene verantwortung, weil ich nichts weiters dabey zu thun weiß.

Joachimi Betkii[110] gedächtnüß habe ich von der zeit
25 geehret, als ich seine *[m]ensionem Christianismi* und *mysterium crucis*[111] gelesen.

---

106 Versprechen (DWB 12 I, Sp. 1501–1503, hier Sp. 1501); zur Sache s. bei Anm. 103.
107 Vgl. FB 4, Nr. 147, Z. 364–420.
108 Warten, zweifeln, aufschieben (DWB 1, Sp. 480–482, hier Sp. 481).
109 Skrupel, Bedenken.
110 Joachim Betke (1601–1663), mystischer Spiritualist.
111 *J. Betke:* Mensio Christianismi Et Ministerii Germaniae Das ist Geistliche Abmessung unsers heutigen Christenthumbs und Predigampts, ob beydes Christisch und Apostolisch sey, 1663, und *J. Betke:* Mysterium crucis crux angusta porta est, & stricta via, quae abducit ad vitam; hoc est schrifftliche Eröffnung der Geheymnissen und Krafft deß Creutzes Christi nebenst Beweysung, daß dasselbe Creutz die enge Pforte, unnd schmaler Weg sey, 1639.

Mit *Herm. Jungio*,[112] von dem mir so viel liebe freunde gutes gerühmet, habe selbst durch schreiben freundschafft gemacht und hätte deroselben länger zu geniessen gewünschet.[113] Es ist aber gleichwol derselbige biß in seinen todt in dem *Ministerio* geblieben. 5

Von Gifftheilen[114] kan nicht urtheilen, aber habe aus seinem mir vor dem geschickten einigen gedruckten bogen[115] nicht das wenigste sehen können, daß ein sonderbahres göttliches liecht bey ihm gewesen, doch leugne nicht, daß wol etwas seyn können, daß ich nicht 10 erkenne.

Eben gleiches muß auch sagen von [Pantel] Trappen.[116] Doch enthalte mich in zweiffelhafftigen dingen des rechtens gern, wie auch schuldig bin, damit mich nicht gefährlich in unwissenheit verstosse. 15

Daß wegen Q. Kuhlmanns[117] meine entschuldigung[118] wohl aufgenommen, ist mir lieb gewesen. Und wünsche ich hertzlich, daß der HErr dem mann möge bißher mehr gnade gegeben und er sie treulich angenommen haben, aus dem nebens weg auf die richtige strasse zu 20 kommen und ein gesegneter werckzeug[119] des HErren zu werden.

---

112 Hermann Jungius (um 1609–1678), ab 1642 Pfarrer in Monnikendam, Vertreter gemäßigt spiritualistischer und chiliastischer Lehren.

113 Vgl. Speners Brief vom 13. Juni 1678 (FB 3, Brief Nr. 172), kurz vor Jungius' Tod.

114 Ludwig Friedrich Gifftheil (1595–1661), spiritualistischer Kirchenkritiker.

115 Druckbogen eines Buches; nicht ermittelt. In der Bibliothek Speners befanden sich laut des Auktionskataloges keine Werke Gifftheils.

116 Pantel (Panthaleon) Trappe (gest. 1637); seit 1621 Bürgermeister von Havelberg, mystischer Spiritualist (*Michael Schippan:* Zwei Havelberger „Weigelianer" aus der Zeit des Dreißigjährigen Krieges. Panthaleon Trappe und Johann Bannier. In: Europa in der Frühen Neuzeit. Festschrift für Günter Mühlpfordt, Bd. 1, Weimar u. a. 1997, S. 383–404).

117 Quirinus Kuhlmann (1651–1689), Schriftsteller und mystischer Spiritualist.

118 Vgl. FB 4, Nr. 147, Z. 26–100.

119 Das oder der Werkzeug (DWB 29, Sp. 419–425, hier Sp. 419).

Wegen Jacob Böhmen[120] bleibe ich immer in meinem vorigen,[121] daß ich ihn weder annehmen noch verwerffen kan, und habe schon offtmahls von hertzen gewünschet, daß GOtt einen recht=gründlich und in seiner
5 gnade gelehrten, auch seines Geistes regierung gelassenen mann erwecken wolte, der dieselbe schrifften also prüffete und erkennete, daß er der Christlichen kirchen auf eine solche weise vor augen legen könte, ob warheit oder falschheit in seiner lehr seye, daß jeder frommer
10 Christ, dem solches zu verstehen angelegen wäre, mit versicherung und überzeugung seines hertzens wüste, was er davon zu halten hätte. Wie ich selbs auch vor mich ein solches verlangte. Denn was ich bißher gegen ihn gesehen, ist mir allemahl noch zu schwach vorge-
15 kommen, ihn zu verdammen, und hat mich in einen und andern stücken gedeucht, er möchte nicht recht gefasst worden seyn.

Was mir aber bißher auch vorgebracht worden von denen, die ihn lieben, war mir noch vielweniger genug
20 zu des gewissens beruhigung, ihn als einen lehrer aus GOTT anzunehmen. Daher ich es dabey bleiben lasse, daß ich warte, was GOTT noch thun und durch einen theuren rüstzeug[122] offenbahren wird, aus welchem geist jener geschrieben; in dessen rathe ich allen, die
25 meines raths sich brauchen wollen, mit solchen schrifften noch unverworren[123] zu seyn, weil sie auffs wenigste an den heiligen und unzweiffenlichen schrifften der Propheten und Apostel genug haben und versichert seyn können, sie bedörffen entweder jener schrifften
30 nicht oder der HERR werde sie selbst dazu führen, wo sie ihm erstlich treu und danckbahr vor die in jenen er-

---

120 Jacob Böhme (1575–1624), Theosoph.
121 Vgl. Speners ausführliche Stellungnahme in: FB 4, Nr. 147, Z. 101–277.
122 Der oder das Rüstzeug (DWB 14, Sp. 1553 f.).
123 Hier: frei, unbelastet (DWB 24, Sp. 2126 f.).

zeigte gnade werden worden seyn. Ich höre aber fast mit
verwunderung, wie an so vielen orten[124] sich leute offenbahren, welche in solchen *autorem* verliebet sind
und in ihm was grosses gefunden zu haben meinen.[125]
Daher ich das vertrauen habe, der HERR werde seinen   5
willen in solcher sache noch mehr zum vergnügen der
dessen begierigen kund werden lassen: weil es scheinet,
um dieser ursach willen, weil seine bücher immer in
mehrer hände kommen, nunmehr ein solches anfangen
nöthiger zu werden, als ich vor diesem geachtet hätte.   10
So mag vielleicht dazu eine vorbereitung geben, wann
indessen einige *publice* vor oder gegen ihn schreiben,
durch welche gelegenheit allgemach der weg zu einer
gründlichen beurtheilung gebahnet würde. Ich emp-
fehle es endlich dem HERREN, derselbe wolle und wird   15
auch hierinnen thun, was seine ehre erfordert: Ists
nicht auff die weise, wie wir gedacht und uns eingebildet haben, so solls gewiß auff eine so viel nachdrückli-
chere und heiligere art geschehen, wie es seiner weißheit geziehmet.   20
    In dem 2. brieff vom 1. April.,[126] welchen mir der *D.*
Medicinae[127] gebracht und auff der rückreise wider mir
zuzusprechen versprochen hatte, aber abgehalten muß

---

124 Man kann mit *Emanuel Hirsch* (Geschichte der neuern evangelischen
     Theologie. Bd. 2, Gütersloh 1951, S. 208–225, hier S. 209) den sogenann-
     ten Radikalpietismus größtenteils in böhmistischem Gedankengut ge-
     gründet sehen.
125 Vgl. FB 2, Nr. 113.
126 Nicht überliefert.
127 Vermutlich Tobias Ludwig Kohlhans (1624–1705) aus Gotha: Er wurde
     nach dem Studium in Jena, Leiden, Königsberg und Heidelberg (1655 Dr.
     med.) 1658 Leibarzt und Sekretär von Christian August von Pfalz–Sulz-
     bach. Im Jahre 1669 schloss er sich in England den Quäkern an und lebte
     seitdem als „vagierender Philosoph" (*Volker Wappmann:* Durchbruch zur
     Toleranz. Die Religionspolitik des Pfalzgrafen Christian August von Sulz-
     bach 1622–1708, 2., erg. Aufl. Neustadt a.d. Aisch 1998 [EKGB, Bd. 69], S.
     164–166. 221 f.); zu seinem Aufenthalt in Frankfurt im März oder April
     1681 s. FB 5, Nr. 84, Z. 234 f.

worden seyn, wurde vornehmlich M. Holtzhausens[128] und Lutheri gedacht. Von jenem habe nun von guter zeit nichts gehöret, aber durch einige freunde ihn irgend *recommendi*ren lassen.[129] Muß nun erwarten, biß

5 GOTT zeiget, welchem ort er seine vortreffliche gaben und dabey geziemliche treue bestimmet habe. Würde mich aber so viel hertzlicher freuen, so ich ein werckzeug zu beforderung seiner gaben werden solte. Wäre er nach Amsterdam gekommen, so hätte geschlossen, daß

10 GOTT bey solcher unser lieben gemeinde etwas ungemeines vor hätte. Aber seine gedancken sind nicht unsere gedancken.[130]

Daß wir uns Lutheri[131] zu hoch rühmten und fast einen abgott aus ihm macheten, bekenne ich, daß ich

15 nicht begreiffe, sondern vielmehr das andere, welches aber mit diesem kaum stehen kan, glaube, nehmlich daß es ein nicht geringer fehler, daß er so wenig von unseren leuten gelesen wird. Ich weiß wenig auff *universi*täten, daß *studiosi* zu solches theuren lehrers schrif-

20 ten angewiesen werden, ohne daß mein seliger *Praecep-*

---

128 Johann Christoph Holtzhausen (1640–1695), Hausprediger in Ippenburg bei Osnabrück: Holtzhausen stammte aus Herford, war in Hamburg und Osnabruck aufgewachsen und nach seinem Studium in Jena an verschiedenen Orten Pfarrer, geriet dabei immer wieder in Auseinandersetzungen, die ihm das Amt kosteten, bis er schließlich auf Speners Empfehlung 1682 Pfarrer in Frankfurt am Main wurde, wo er sich 1684 mit einer Schrift gegen die Frankfurter Separatisten um Johan Jacob Schütz (s. Brief Nr. 13 Anm. 6) hervortat. Spener stand seit 1680 mit ihm in Briefkontakt und empfahl ihn für verschiedene Stellen als Pfarrer (vgl. FB 5, Brief Nr. 23 u. ö.); es ging offenbar um die Aussicht auf eine Pfarrstelle in Amsterdam (vgl. FB 2, Nr. 17, Z. 13–23, und 95, Z. 15–26).
129 Empfehlungen Speners für Holtzhausen für Pfarrstellen in Schleusingen (s. FB 2, Nr. 140, Z. 71–77) oder ins Hofpredigeramt nach Stockholm (s. FB 2, Nr. 95, Z. 21–26).
130 Vgl. Jes 55,8.
131 Vgl. Spener Mitteilung (8. April 1682), Breckling schätze Luther sehr und kritisiere an der lutherischen Kirche, dass sie mehr von Melanchthon als von Luther angenommen habe (LBed. 3, 1711, S. 143–146, hier S. 144 f.).

tor D. Dannhauer[132] seiner mehrmahl gedacht, auch selbs bedaurte, etwas später erst zu solcher *lection* gekommen zu seyn, wie dann seine letztere *scripta* alle sehr vieles aus des mannes schriften anführen.

Mich aber hat GOTT durch diese gelegenheit dazu gebracht, als auff einer gewissen person[133] veranlassung samt andern mitarbeitern einen *Commentarium* über die gantze schrifft aus solchen trefflichen lehrers schrifften und worten zusammen tragen halff, welcher auch etliche jahre fertig ist, aber an verlegern und einiger andern ursach gemangelt, daß er noch nicht gedruckt, so ich sonsten nicht unnützlich erachtet, weil in solchen werck aller kern seiner sachen beysammen stehet.

Durch diese gelegenheit musste ich nun alle seine *tomos*[134] fleißig durchgehen, daß daher, ob solch werck noch heraus kommen möchte oder nicht, auffs wenigste mir selbs diese arbeit sehr nützlich gewesen ist und ich mich sie nicht reuen zu lassen habe. Es ist freylich wahr, daß CHRISTUS und Paulus in Luthero aller orten heraus leuchtet und der articul vom glauben und dessen früchten vielleicht nach den zeiten der Apostel

---

132 Johann Conrad Dannhauer (s. Brief Nr. 7 Anm. 12). Anders als Spener es hier zum Ausdruck bringt, weist bereits Dannhauers Schrift *Christosophia* von 1636 eine ganze Reihe direkter Lutherzitate auf. Auch das gelegentlich anzutreffende Urteil, Dannhauer habe vor allem den späten Luther zitiert, steht mit den Quellen im Widerspruch.

133 Johann Heigel (gest. 1677), seit 1630 Kanzleischreiber, seit ca. 1650 Kammerrat in Arolsen, seit 1661 Rat und 1662 Zugeordneter in Heidelberg (Näheres s. FB 1, Brief Nr. 168 Anm. 1, u. FB 2, Brief Nr. 79 Anm. 2); zum Projekt eines Bibelkommentars aus Luthers Schriften s. FB 2, Briefe Nr. 78 u. 79.

134 Bände; gemeint ist die vor allem von Spener benutzte deutschsprachige Altenburger Lutherausgabe (Der [Erste - Achte] Teil aller Deutschen Bücher und Schrifften des theuren / seeligen Mannes Gottes / Doct. Martini Lutheri / [vom XVII. Jahre an / biß auff das XXII.] Aus denen Wittenbergischen / Jehnisch= und Eißlebischen Tomis zusammen getragen […] Altenburg in Meissen / in Fürstl. Sächs. Officin. Im Jahre Christi M. DC LXI. [– M DC LXIV.]).

schwehrlich von jemand so nachdrücklich wird *tracti*ret
worden seyn, daher auch, wo solche schrifften fleißiger
gelesen würden, nicht zweiffelte, es solten viel auff *Academi*en einen bessern grund legen, als sie jetzt davon in
5 die dienste bringen. Indessen verlange so wenig als der
liebe mann selbs verlangt hat,[135] daß man seine schrifft-
ten *apotheosi*re,[136] sondern, wie ich eine theure geistes
krafft in ihm antreffe, so finde ich doch auch den menschen darinnen, sonderlich wo er über die Propheten
10 schreibet, daß er vielleicht die meinung des heiligen
Geistes nicht allemahl mag erreichet haben. Auff daß ja
ein unterscheid bleibe unter dem blossen GOttes und
menschen wort, auch von denjenigen geredet, die in einem grossen liecht des geistes gestanden sind.
15 Ich habe eben auch dieses mit verwunderung, was
der Herr bemercket, wahrgenommen, daß der liebe
mann[137] von den letzten zeiten dasjenige nicht erkant,
was sonsten nicht eben so dunckel in der schrifft stehet.
Ob ich wohl in der zu seiner zeit gedruckten kirchen-
20 postill einen schönen ort (so nach seinem tod geändert
worden) angetroffen habe von bekehrung der Juden.[138]
Aber wir haben unserem GOtt seine freyheit nicht zu
*disputi*ren, nach dero er macht hat, unter seinen dienern seine gaben nach seinem wohlgefallen auszuthei-
25 len und [keinem] alles zu geben, ja wohl gar zu weilen
einigen hocherleuchteten andere dinge zu verbergen,
welche von andern in einem viel schwächern liecht erkant worden sind. Im übrigen, wo ich einigen Lutheri
schrifften *recommendi*ren kan, so thue ich es gern.

---

135 Vgl. z. B. *Luther:* Vorrede über den ersten Teil seiner deutschen Bücher
(1539) (Altenburger Ausgabe 1, [6 f.] 6A = WA 50, [657–661] 657); zitiert
in den *Pia Desideria* 1676, S. 102 f. (PD 57,13–32).
136 Vergöttliche.
137 Martin Luther.
138 Zu diesem Sachverhalt s. FB. 3, Brief Nr. 17, Z. 35–43 mit Anm. 15 f.

Ich komme nun auff den 3ten brieff von 8. Sept. Da
ich sehe, daß der Herr aus liebreichem vertrauen gegen
mich mir die von GOTT ihm gegebene gaben mitzu-
theilen verlangt,[139] in der absicht, daß durch mich solche an andere weiter fort, sonderlich in oberteutsch-   5
land, gebracht und ihrer mehrern damit genutzet
werde. Vor solche freundliche liebe bedancke mich
schuldiger massen, leugne auch nicht, daß mirs durch
GOttes gnade an druckern und verlegern nicht mangelt, das jenige, so ich zu der Christlichen kirchen er-   10
bauung dienlich zu seyn erachte, zu *publici*ren und unter die leut zu bringen: ich bin auch bereit, wo mir
GOTT selbs etwas weiteres als bißdaher zu erkennen
geben solte oder wann durch den Herren oder andere
gute freunde, wie ich mich nicht zu gut düncke, von je-   15
dem zu lernen, etwas empfange, so ich der Evangelischen Christlichen kirchen diensam und dem willen des
HErrn gemäß verstehe, ein solches ungesäumt, nach
dem mir GOtt gelegenheit zeiget, andern gemein zu machen: und solte ich GOtt hertzlich dancken, wo er mir   20
die gnade gebe, in dingen, die selbst vor mich zu finden
zu schwach gewesen wäre, das werckzeuge zu seyn, anderer bessere *partus*[140] an das liecht helffen zu bringen.

Ich finde aber aus mehrmahliger überlesung des
brieffs doch nichts, was mir dann darinnen zu erkennen   25
gegeben werde und zu anderer heil grosses *contribui-*
ren[141] solte. Wie dieses meine so offtere klage ist, daß
man nicht gantz deutlich sage, was man wolle, und darinnen in den *indefinitis generalibus*[142] bleibe, wo man

---

139 Es ging vermutlich um Brecklings Manuskripte, die er schon 1678 ange-
     kündigt hatte, für die er aber keinen Verleger finden konnte, so dass er sie
     schließlich nach Halle schickte (*Laust Jevsen Moltesen:* Fredrik Brekling.
     Et bidrag til pietismens udviklings historie, Kopenhagen 1893, S. 172).
140 Geburten.
141 Beitragen.
142 In den unbestimmten Allgemeinheiten.

doch endlich nach allem nachsinnen kaum weisst,[143] was gemeinet seye, sondern *ad specialiora*[144] offenhertzig gehe, sonderlich aber nicht bey den klagen stehen bleibe, sondern die besserungs mittel vorschlage.

5 Ich will mich nochmahl vor den augen GOttes offenhertzig bey ihm *expectori*ren und bitte, er gehe in der antwort widerum *presse*[145] nach meinen worten und sage, was er billiche oder verwerffe.

1. Was den gegenwertigen zustand anlangt, glaube 10 ich, lehre ich, predige und schreibe, das[s] schreckliche gerichte GOttes obhanden seyen, daß besorglich unser Teutsches reich etwas mag zu erwarten haben, daß es sich nimmermehr eingebildet, daß diese Rhein kante[146] und unser Franckfurt vor andern grosse gefahr habe, 15 daß alle unsere *congressus, conferen*tzen, *tracta*ten, *allian*tzen,[147] und wie sie nahmen haben mögen, nichts ausrichten oder uns schützen können, wir suchen dann erstlich mit hertzlicher buß den zorn GOttes, davon alles solches herkommet, abzulehnen;[148] Wie wohl ich 20 keine versicherung thun kan, wann auch solches einigerley massen geschehe, ob das besorglich bereits ausgesprochene urtheil werde *retracti*ret[149] werden: wiewohl kein zweiffel ist, daß solchen busfertigen nachmahl alles zum besten dienen mus.[150]

25 Diese wahrheit ist so offenbahr, daß sie auch grossen staats=leuten in die augen leuchtet, dero brieffe[151] ich etwa in händen habe, voller klagen, daß sie fast nicht se-

---

143 Weiß (S. DWB 14 II, Sp. 748–770, hier Sp. 748).
144 Zu den bestimmteren Dingen.
145 Genau .
146 Ufer (DWB 5, Sp. 173 f.).
147 Zusammenkünfte, Konferenzen, Verhandlungen, Verbindungen.
148 Abwenden (DWB 1, Sp. 71).
149 Zurückgezogen.
150 Vgl. Röm 8,28.
151 Nicht ermittelt.

hen, wo rath und hülffe seye. Morgen und abend trohen uns nicht vergebens.[152] Ich habe noch neulich in der predigt auff unsern buß= und bettag aus Offenbahr. Johan. 3,1–6[153] offenhertzig von der sache geredet und bekant, daß alle der klügsten, erfahrensten und treusten leute oder gesandten fleiß und treue nichts möge ausrichten, wo wir nicht erstlich den HERREN versöhnen, ausser dem hindern wir und machen, daß solcher rechtschaffener männer, so sonsten *instrumenta publicae salutis*[154] werden solten, arbeit vergebens werde.

2. Was das geistliche anlangt, so sehe ich die sache also an, daß unsere gantze Evangelische kirche oder doch das meiste davon in der gefahr stehet, überhauffen geworffen zu werden und daß der HERR dem Römischen Babel und Clerisey[155] die macht lassen werde, ihren grimm über uns mit nachdruck auszuschütten, wo ich nicht weiß, ob wir vor den Reformirten in Franckreich[156] grossen vortheil haben werden. Es hat ja der HERR macht, ein gebäu,[157] so sich nicht will flicken lassen, niederzureissen und aus den ausserwehlten steinen[158] ein neues auffzurichten. Und solches alles haben wir Evangelische so wohl verdienet als einige andere; Ja so vielmehr vor andern, vor denen wir eine mehrere gnade in der reinen lehr empfangen haben, was vorordnung der HERR in solcher heimsuchung brauchen, wie viel und was er stehen lassen, so dann, wie lang es wäh-

152 Vgl. Dan 8,15–26. – Spener denkt offenbar an die Gefahren, die der evangelischen Kirche im Osten (Ungarn) und im Westen durch die katholischen Mächte Habsburg und Frankreich drohten.
153 Apk 3,1–6; zum Bußtag (25. November 1681) und zu Speners Predigt vgl. FB 5, Nr. 115, Z. 13–17 mit Anm. 8–10.
154 Werkzeuge des öffentlichen Wohls, Mittel, um das öffentliche Wohl zu erreichen.
155 Klerus.
156 Spannungen im Vorfeld der Aufhebung des Edikts von Nantes (1685).
157 Gebäude (DWB 4 I 1, Sp. 1652–1655, hier Sp. 1652).
158 Vgl. 1Petr 2,5, Eph 2,21 f.

ren solle, weiß ich nicht und messe mir keinen Prophetischen geist zu. Doch weiß ich, der HERR wird sich seinen samen erhalten[159] und alles herrlich hinausführen.

3. Solcher läuterung bedorffen wir wohl, dann es
5 freylich in allen ständen elend stehet. In dem geistlichen so genandten oder lehr = stand sind nicht bloß alle,
aber doch die allermeiste schlechter dings verdorben:
und was nicht verdorben ist, kan sich doch vor den augen des HERREN nicht rein sprechen, sondern müssen
10 alle klagen, daß das verderben dieser zeit allen einiges
wissend oder unwissend angeklebet habe, darüber der
HERR mit uns allen rechten kan, und werden wir uns
vor seinen gericht schuldigen[160] müssen, hingegen allein in seine barmhertzigkeit zuflucht finden.

15 Der regierstand ist zu mahlen in grund verdorben,
und hätte man von einem grossen theil derselben, die
darinnen sitzen, nur zu wünschen, daß sie den rechtschaffenen [Heiden] in solchem ihrem amt gleichkä-
men, so weit sind sie von dem rechtschaffenen Christli-
20 chen wesen.[161] Was auch noch unter denselben gute seelen sind, sind dermassen umgeben mit andern
hinderungen, ärgernüssen, unchristlichen bedienten,
daß nichts gutes durchdringen kan, sondern sie fast
selbs nicht wissen, wie ihnen die hände gebunden
25 seyen. Daher leicht zu erachten ist, wie es mit dem dritten stand stehen müsse.

4. Die arme ins gesamt, fromme und böse, sind in der
eussersten verlassung und unterdruckung, daß es auch
in die harre[162] auff politische weise nicht bestehen kan,
30 geschweige was Göttliche gerechtigkeit darzu saget,
und werden also freylich deroselben stäte seufftzen be-

---

159 Vgl. Jes 6,13.
160 Sich selbst schuldig bekennen (DWB 9, Sp. 1912–1914, hier Sp. 1912).
161 Eph 4,21 (Luther 1545).
162 Auf die Dauer (DWB 4 II, Sp. 492 f., hier Sp. 493).

sorglich manchen regenten=stuhl umstürtzen und diesen hülffe widerfahren, auff art und weise, die ich nicht
vorsagen kan, aber wohl dieses weiß, daß Göttliche gerechtigkeit und gütigkeit nicht fehlen könne.

5. Ich erkenne auch gern, daß alles, was nicht von
dem himmlischen Vater gepflantzt, sondern menschen
werck ist, als viel es solches ist, wird und muß zunicht
werden, ja, wir auch an uns zu nicht machen müßen,
was wir aus uns selbs angeklebet haben, daß das Göttliche allein bleibe.

6. Da wir solche Göttliche gerichte also vor augen sehen, da ist nun die vornehmste frage, was uns dann zu
thun seye, ob wirs dann alles blosser dings so gehen und
stehen lassen sollen, weil keine hoffnung mehr übrig.
Nun haben die *Medici* die regel *aegrotum prognosticis
non esse relinquendum*,[163] und müsse man, als lang
athem vorhanden ist, alle mügliche mittel brauchen.
Dieser meinung bin ich auch in dieser sach, daß wir
doch ja nicht alles allein bey den klagen über das verderben und der blossen ergebung in GOttes willen (so
freylich das erste und letzte oder das vornehmste ist)
lassen, sondern auch alles das jenige annoch versuchen
sollen, was Göttliches wort uns zu thun zeiget. Dann ob
man wohl sagen möchte, es seye umsonst und könne
niemand bauen oder erhalten, wo der HERR niederzureissen beschlossen hat,[164] so ist doch nicht nur allein
annoch ungewiß, wie viel oder wenige frist der HERR
annoch gebe, da auch, soltens allein ein und andere jahr
seyn, die erhaltung des jenigen, was der HERR annoch
so lang stehen zu lassen beschlossen hat, die anwen-
dende mühe verlohnet, sondern es ist uns nicht eben offenbahret, ob nicht ein oder ander ecklein von diesem
gebäue, welches sonsten, ob wohl zu seinem besten, fal-

---

163 Der Kranke ist nicht mit (Diagnose und) Prognose alleinzulassen.
164 Vgl. Jer 18,7–10.

len soll, stehen zu bleiben verordnet sey, um gleich ein weniger anfang als dann dessen widerum zu seyn, was der HERR aufrichten will, und ob wir so zu reden nichts stehen zu bleiben erhalten könten, ist auch dieses nicht
5 zu verachten, da unser anwendender fleiß in Gottes segen ein und andere seelen besser bereitete auff die bevorstehende gerichte und zu deroselben erhaltung etwas *contribui*rte;[165] ja, so wir auch endlich unter allen diesen stücken keines erhielten, welches nicht ge-
10 dencke, ist doch nicht vergebens, was in Göttlicher ordnung in absicht auff seine ehr geschiehet, sondern, der ausgang folge, wie er will, hat dasselbe bereits seine belohnung in sich.

Wo dann nun dieses fest stehet, wie ichs festzustehen
15 nicht zweiffle und ja nicht gedencke, daß wir der *Anthoinette Bourignon*[166], die ohne das ihren glauben auch bey den übrigen verlohren haben mag, beypflichten sollen, man müsse sich nicht mehr bemühen, etwas zu erhalten, sondern nur seine seele zu retten,[167] so ist ferner
20 zu untersuchen, was dann diejenige mittel seyen, die zu ergreiffen und in welchen wir in unserem amt unsere seelen retten mögen.

Dieses ist die einige *materie*, die ich die würdigste achte, davon gehandelt zu werden unter denen, welche
25 GOTT suchen. Und darinnen wünschte ich, daß der Herr seine gute gedancken mittheilte, aber nicht in seine vielerley vorige *scripta* zu weisen, sondern in kur-

---

165 Beitrage.
166 Antoinette Bourignon (1616–1680), französische Quietistin und Mystikerin; seit ihrer Bekehrung (ca. 1634) um ein Leben in Askese und mystischer Erkenntnis bemüht, 1654 Leiterin eines Mädchenwaisenhauses in Lille, seit 1662 mit einer wachsenden Schar von Anhängern an verschiedenen Orten in Belgien, den Niederlanden und Norddeutschland lebend, immer wieder von den Behörden verfolgt, aber durch Schriften und persönliche Kontakte einen bedeutenden Einfluss entfaltend (Näheres s. FB 3, Nr. 64 Anm. 15; vgl. *Mirjam de Baar:* „Ik moet spreken". Het spiritueel leiderschap van Antoinette Bourignon [1616–1680]. Zutphen 2004).
167 Vgl. Ez 3,19 f.; Jer 21,9.

tzem und deutlich solche anzuzeigen. Es wird aber auch, was solche mittel anlangt, zweyerley zu bemercken seyn.

Eines theils, daß es mittel seyen, die *practicabel* sind, und nicht etwa solche, da man stracks siehet, sie seyen allein *vota*[168] und setzen zum grunde eine anmuthige *ideam Platonicae Reipublicae,*[169] da, wo wir uns über solche *ideam* ergötzet, kein weiterer nutzen übrig bleibet. Und halte ich einen *medicum*[170] nicht vor klug und treue, welcher bey einem *patienten* viel *discurri*ret[171] von solchen *medicamentis* und *curen*, dazu zu gelangen bekantlich kein mittel und weg ist, sondern es scheinet, ein solcher wolle mehr seine geschicklichkeit weisen, als daß er sich des krancken heil lasse angelegen seyn: viel besser aber verdienet sich der jenige *medicus* an ihm, der mit aller sorgfalt sich der *medicamen*ten gebraucht, die er haben kan, ob sie wohl jenen zu erlangen unmüglichen an güte nicht gleich sind, ja, auch die kranckheit nicht aus dem grund heilen, sondern doch dem *patienten* einige linderung geben oder wohl so lang das leben fristen, biß man etwa jener stattlicher mittel möge habhafft werden. Also sehe ich gewiß nicht, wie der gemeinde CHRISTI gerathen werde mit vorschlag der jenigen mittel, da wir stracks sehen, daß nichts davon zu wegen zu bringen ist, sondern das auffhalten in deroselben betrachtung uns nur hindert an den andern mitteln, die sonsten *practicabel* sind.

Andern theils achte ich nöthig, daß es mittel seyen, die nicht nur bloß *universal* oder so bewandt seyen, daß der gantzen kirchen damit stracks geholffen werde, mit

---

168 Wünsche.
169 Platons ideale Konstruktion einer Staats- und Gesellschaftsordnung nach seiner Schrift *Politeia (De republica).*
170 Mediziner, Arzt.
171 Diskutiert.

verwerffung der jenigen, welche ein und anderen theil deroselben etlicher massen zu retten tüchtig sind. Dann wo die sache recht erwogen wird, so werden jene in die vorige *classem*[172] derjenigen kommen, die noch *imprac-*
5 *ticab*el werden erfunden werden, und also der vorschlag doch endlich vergebens ist.

Sondern ich achte die jenige mittel uns die vorträg-lichste, welche, ob sie zwar *virtute universalia*[173] sind, das ist, so bewand, daß sie an allen orten in der kirchen
10 mögen angewendet u. versucht werden, aber dero ver-such gleich wohl nicht dahin zu [verschieben], biß man sich aller orten insgemein eines *propositi* vergleiche[174] u. nicht eher anfangen wolte, man sehe dann, daß die frucht in der gantzen kirchen folgen werde.

15 Viel besser ists, es seyen solche, welcher jeglicher bey seiner gemeinde, in seinem Dorff, in seiner Statt, in sei-ner *diaeces*[175] nach bewandtnüß der umständen versu-chen möge und damit zu frieden seye, ob wohl der nut-zen nicht weiter als über dieselbe sich erstreckte, ob er
20 wohl wünschte, daß durch das gute exempel derselbe auch weiter fortgesetzet würde. Ja, daß er auch nicht laß[176] seye, ob er schon sehen solte, daß er nicht bey sei-ner gantzen gemeinde, sondern allein einem theil der-selben, ja nur etlichen der folgsamsten, etwas ausrich-
25 tete, in dem allezeit eine einige[177] seele aller arbeit werth ist.

Können wir also die grosse und vornehmste in bey-den oberen ständen nicht gewinnen, so haben wir zwar nicht gar nachzulassen, an ihnen zu arbeiten und ihnen
30 das wort des HERREN also, daß es zur überzeugung des

---

172 Klasse.
173 Von allgemeiner Tauglichkeit.
174 Über einen Vorschlag einigen.
175 Diözese, kirchliche Provinz, Kirchenkreis.
176 Lässig, nachlässig (DWB 6, Sp. 268–270, hier Sp. 268).
177 Einzige (DWB 3, Sp. 206–210, hier Sp. 207).

gewissens genug seye, vorzutragen, aber deswegen nicht zu unterlassen, daß wir andere der geringeren gewinnen und erhalten: will sich nichts mehr herbeyführen und bekehren lassen, was gantz böse ist, so wollen wir doch diejenigen nicht versäumen, in denen etwa 5 noch ein guter funcken übrig geblieben.

Ja, ich zweiffele nicht dran, da wirs mit den grössesten in beyderley obern ständen zu thun haben, daß wir, ob wohl die nöthige Göttliche wahrheit ihnen nicht verhehlen sollen, daraus sie sich prüffen können, doch 10 nicht schuldig noch rathsam seye, sie vergebens und ohne hoffnung, etwas bey ihnen auszurichten, also anzugreiffen, daß wir damit die mittel und gelegenheit verliehren, an den armen und geringeren etwas auszurichten, die unser noch bedürfftig sind. 15

Daher meine ins gesamt, die mittel sollen also bewandt seyn, daß das *remedium* nicht *pejus morbo* seye,[178] welcherley manchmahl sehr *speciosa*,[179] aber nicht eben vorträglich sind; nun stehet alles lob eines mittels darinen, daß damit etwas gutes ausgerichtet 20 werde. Vorausgesetzt nun dieser *requisitorum*,[180] so wünschte wohl von grund meiner selen, daß alle, welchen der HERR etwas gegeben hat, in diese zeiten tieffer einzusehen, ihre vorschläge zeigten und sie der Christlichen kirchen vorlegten, wie ich dieses vor einen 25 nutzen meiner *piorum desideriorum*[181] abgesehen,[182] daß dadurch, weil ich nach meiner armuth mein schärfflein[183] beygetragen, andere bewogen wurden, ihre reichere schätze auffzuthun und zu *communici*ren. Wie ich als dann nicht nur selbst bereit seyn werde, son- 30

---

178 Dass das Heilmittel nicht schlimmer als die Krankheit sei.
179 Kostbar.
180 Erforderlichen Mittel.
181 *Pia Desideria* 1676 (s. Brief Nr. 14 Anm. 11).
182 Hier wohl im Sinne von: beabsichtigt (DWB 1, Sp. 113 f.).
183 Vgl. Mk 12,41–44.

dern versichern kan, daß der lieben hertzen auch in unserem stande viele hin und wieder[184] ja theils mir bekandt sind, die davor GOtt dem HErren dancken und willig folgen werden.

5 Hat ihm nun in solcher sache GOTT einig liecht gegeben oder findet sich in den schrifften der jenigen, welche er bey sich zu haben rühmet, etwas hiezu tüchtiges, sonderlich aber nicht so wohl zu unterdruckung der boßheit, dann dazu wird des HErren gericht bald macht

10 genug weisen, als zu erhaltung des guten angesehens, so wolle ers mittheilen, und bin ich als dann bereit, dasselbige bald aller orten bekant zu machen, daß ihm die frucht vieles guten vor dem HErren dermahleins zugerechnet werden solle.

15 Andere dinge insgesamt sehe ich von geringen nutzen an und weiß nicht, warum ich arbeit anwenden solte, solche dinge, davon nichts zu hoffen, zu *publici-*ren. Dann ich *aestimire*[185] alles aus dem, was es vor nutzen zu beförderung des guten bringen kan. Weil er aber

20 in den meisten schrifften, vornehmlich den letzten, auch auff ein gewisses mittel kommet, nehmlich sich der armen anzunehmen, so geistlich als leiblich, so erkenne gern, dasselbe nützlich und bereits Luc. 16,9[186] von unserem liebsten Heyland *canonisi*ret zu seyn.

25 Ich stelle aber dabey dieses zu betrachten vor:

1. Ob und wo etwa einige dergleichen bekantlich arme und glieder CHristi sind?

2. Wie ihnen am besten geholffen werden möge?

Dann wie bereits in meinem vorigen gemeldet,[187] kan

30 ich keine vor arme Christi erkennen, die etwa aus eigener wahl und obwohl manchmahl scheinbahren, wo die

---

184 Hin und her, überall (DWB 4 II, Sp. 1371–1377, hier Sp. 1374).
185 Schätze.
186 Lk 16,9.
187 Vgl. FB 4, Brief Nr. 147, Z. 411–416

sache aber vor GOtt untersuchet wird, die probe nicht
haltenden ursachen in die armuth sich gesetzet oder
darinnen gern bleiben und, da sie vermöchten nach ihren gemüths und leibes kräfften, das jenige zu erwerben, davon sie ihr leben führen solten, solches lieber   5
von anderer handreichung erwarten wollen. Wo ich
sehr anstehe, was bey solchen leuten zu thun?

Was unseren hiesigen ort anlangt, versichere demselben, daß nicht nur allen armen nothwendige pflegung
geschiehet, nach dem GOTT vor etlichen jahren segen   10
gegeben, daß eine lang vergebens *tentirte*[188] anstalt zu
werck gerichtet worden:[189] Sondern wo einige recht
Gottselige arme andern Christlichen hertzen allhier bekant werden, so werden sie über verlassung nicht zu
klagen finden. Wie auch die bekandte N.N.[190] allhie biß   15
in ihren tod die jenige liebe von guten freunden genossen, welche ein Gottseliges hertz ihm[191] wünschen
möchte.

So ist mehrmahl, wo einige Gottselige prediger[192] auff
dem land etlicher orten gestanden, dero so hertzliche   20
eiffer als mangel, da sie ihren gemeinden nicht schwehr
werden wolten u. doch die lebens nothdurfft ohne verlassung derselben nicht haben könten, dergleichen
hülffe geschehen, die solche gute hertzen, so aus liebe
es gethan, nicht rühmen wollen, mir aber dessen zu ge-   25
dencken nicht vor übel mag gehalten werden, weil es
nöthig scheinet, zu zeigen, wir glauben solches mittel
nützlich zu seyn und wollen uns nicht entziehen, wo
uns einige solche bekant werden, so wir vor warhafftige

---

188 Versuchte.
189 Spener denkt an das 1679 in Frankfurt a. Main mit seiner Unterstützung
    eingerichtete Armen-, Arbeits- und Waisenhaus (s. *Deppermann:* Schütz,
    S. 214–217).
190 Nicht ermittelt.
191 Sich.
192 Nicht ermittelt.

armen Christi erkennen mögen, und also in welchen der
HErr zu uns kommt[193] und unsere liebe prüffet. Ach, wie
hertzlich wünschte, daß in so vielen andern stücken, da
es noch manglet, gleiches zeugnüß noch einigen guten
5 hertzen hie geben könte, wie sie etwa in dieser sache die
aufrichtigkeit ihrer liebe zu erkennen geben!

Was in der letzten einlag von dem armen elenden und
verachtetem volck und Israel in der wüsten[194] geredet
wird, bekenne ich abermahl, daß ich nicht wisse, was
10 darmit gemeinet werden solle. Ich weiß, der HERR hat
seine wahre Israeliten hin und wieder,[195] und ist dero
wallen in der wüsten; Zu solchen gehören alle die jenige,
welche in lebendigen glauben stehen und also Abra-
hams saamen nach dem geist und verheissung sind.[196]
15 So bekenne auch, das von solchen ein zimliche zahl ausser der äusserlichen gemeinschafft der sichtbaren
Evangelischen kirchen lebet, die der HErr nach seinem
weisen rath, dessen etliche und zwar weise ursachen
wir etwa selbs sehen können, aber versichert sind, daß
20 deroselben noch mehr und wichtigere sind, unter den
gemeinden, die auch die buchstäbliche warheit nicht
einmahl haben, erhalt und behalt, das saltz[197] zu seyn,
die völlige fäule in denselben zu verwehren.

Indessen dancke billich dem himmlischen Vater, daß
25 er unter dem verderben des grossen hauffens bey unseren gemeinden, denen er die warheit vor anderen anvertrauet hat, auch seine zimliche zahl erhalten, die,
was sie in dem nahmen heissen, auch in der that zu seyn
sich befleissen und dem Evangelio würdiglich wande-
30 len. Solche verdammen freylich an sich und anderen al-

---

193 Vgl. Mt 25,40.45.
194 Israel in der Wüste.
195 S. o. Anm. 184.
196 Vgl. Röm 9,6–9.
197 Vgl. Mt 5,13.

les, was nicht aus GOTT ist,[198] sie erinneren sich aber im richten der worte ihres Heylands,[199] und mit was behutsamkeit solches geschehen müsse, und sondern sich nicht ab von denen, welche gleiche warheit mit ihnen empfangen haben, noch verwerffen um anderer miß- 5 brauchs willen, was an sich gut und, ob von menschen aus göttlicher *providenz*[200] gestellet, gleichwol göttlichem wort gemäß ist. Sondern halten über jenem fest, damit sie nicht vor die ihnen anvertrauete gnade der warheit undanckbar werden, mit trennung ärgernüß 10 stifften, den feinden zu lästern ursach und *materie* geben, in dessen eyffern sie wider diesen[201] und suchen so mit sanfftmuth und gedult (die, wo sie lang anhält, offt mehr außrichtet als ungestümmigkeit) als mit eyffer daran zu bessern, nechst deme in demuth und gehor- 15 sam erwartende, daß der HErr selbst komme und reinige, was ihnen nicht müglich gewesen auszurichten. Von diesem volck weiß ich und trachte mit mir selbst jedermann dahin anzuweisen, dessen glieder zu werden und zu seyn. Ist ein ander volck, so muß ich nähere 20 kundschafft davon haben, ehe in einige gemeinschafft mit denselben zu treten vermag.

Zuletzt habe dieses auch zu erinnern, daß ich nicht verstehe, wo hin die beschuldigung gehe, das[s] die Ungern[202] und Reformirten in Franckreich von uns in ih- 25 rem elend verlassen werden. Ach, wolte GOtt, ich wüßte und sehe, wie den lieben leuthen hülffe und liebe nach GOttlicher ordnung erwiesen werden könte, nechst dem eyffrigen gebeth, an welchem es vor dieselbige bey vielen Gottseligen hertzen nicht mangelen wird. Ausser 30

---

198 Phil 1,27; vg Kol 1,10; 1Joh 3,9 f.
199 Vgl. Mt 7,1.
200 Vorsehung.
201 Missbrauch (s. Z. 5 f.).
202 Die seit 1671 (im sogenannten Trauerjahrzehnt) verfolgten Protestanten in Ungarn (vgl. FB 2, Briefe Nr. 34, 113 und 121).

dem sehe noch nicht, was wir weiter zu thun vermögen.
Die leibliche waffen vor sie zu ergreiffen, ob wir auch
die macht hätten, ist der jünger Christi weise nicht,
denn wir wissen welches Geistes kinder wir sind.[203] An
5 leiblichen unterhalts mitteln, meine ich, habe es bißher
den jenigen, so solcher orten sind, noch nicht ermange-
let. Welche anderwertlich hinkommen und in ihrer
flucht ihr aufenthalt suchen, erkenne gern, daß wir ihnen zu allem vorschub[204] verbunden seyen, und hoffe,
10 daß man sich auch darinnen nicht säumig finden werde
lassen. Sonsten kan ich nichts weiter erdencken.

Dann zum exempel mit offentlichen schrifften die
grosse,[205] welche solche arme drucken und verfolgen,
und die Römische *clerisey*, so sie dazu anstifftet, hefftig
15 und nach dem verdienst dero grausamkeit angreiffen,
wird solchen elenden so gar nichts nutzen, daß es vielmehr jene desto mehr erbittern und dieser leiden so viel
schwehrer machen wird. Das ihnen also damit eine
schlechte oder vielmehr keine liebe erzeiget würde.

20 Hiemit siehet er, mein geliebter Herr und freund,
daß, wie er seine liebe und aufrichtigkeit gegen mich bezeuget, ich auch meines orts vor dem HErren HErren
nicht anders verlange erfunden zu werden, als der es
mit ihm redlich meine. Ists, daß ihm GOtt einige gaben
25 gegeben hat, dadurch mir und andern geholffen werden
mag, so nehme ich solche nicht nur willig an, so fern ich
solches als göttlich in meinem gewissen erkennen mag,
sondern bete viel mehr darum. Er richte es aber dahin,
daß es nicht blosse oder unbegreiffliche wort seyen, da
30 man nach allem überlesen nichts richtiges davon
weist[206], sondern gebe seinen rath deutlich und ver-

---

203 Vgl. Lk 9,55 (Luther 1545).
204 Forderung (DWB 26, Sp. 1517–1521, hier Sp. 1518–1521).
205 Machthaber.
206 Weiß (s. o. Anm. 142).

nehmlich, wo er siehet daß zur besserung etwas geschehen kan. Dann wie diese mein einiger zweck ist und ich nichts anders göttlichem willen gemäß erkennen kan, also mag auch von nichts anders wissen oder hören, als daß gelegenheit, gutes zu thun und den willen des HErren zu vollbringen, gegeben werde. Findet er aber auch aus diesem einfältigem einigs, so ihm zum nachdencken, auff was wege er stehe, dienlich seyn mag, so gebe er auch solcher warheit platz.

Ach, der HErr reinige unser aller hertzen von eigenem willen, meistens wo derselbe einen göttlichen schein anzeucht, und er gebe folgsame gemüther, verbinde auch, mit hinwegräumung aller hindernüssen, dieselbe in wahrer einigkeit des geistes mit dem bande des friedens.[207] 1681.

---

207 Vgl. Eph 4,2 f.

Editorische Notiz

Überlieferung der Briefe Philipp Jacob Speners

Die Struktur der gedruckten Sammlungen

Philipp Jacob Spener hat zahlreiche seiner Briefe, von denen er eine Abschrift oder einen Entwurf aufbewahrt hatte, noch zu Lebzeiten veröffentlicht. Indem er bei der Veröffentlichung die herkömmlichen Grenzen zwischen amtlichen, kasuistischen Ratschlägen (*Consilia, Iudicia,* Bedenken) und privatem, freundschaftlichem Gedankenaustausch (Briefen) außer Kraft setzte, haben wir mit den gedruckten Sammlungen Speners eine für ihre Zeit einzigartige Quellensammlung vorliegen, die uns tiefe Einsicht in seine Wahrnehmung historischer Vorgänge wie in seine theologische Gedankenwelt bietet.

Die deutsche Sammlung (Bedenken und Briefe) ist über vier Bände verteilt und thematisch in sieben Kapitel (Capitel) gegliedert, die ihrerseits gegebenenfalls wieder in Artikel (*Artic[ulum]*) unterteilt sind. Die einzelnen Briefe bilden dann die durchnummerierten Sektionen (*Sectio*).

Der erste Band von 1700 bietet im ersten Kapitel zusammen mit einem Anhang solche Brieffragmente (Sektionen), die vor allem theologische Fragestellungen im engeren Sinne behandeln, im zweiten Kapitel solche, die Fragen des Predigtamtes betreffen (1. Studium, 2. Berufung ins Amt, 3. allgemeine Amtsführung, 4. besondere Funktionen des Pfarrberufs, 5. Sakramentsverwaltung und 6. Beichte und Kirchenzucht).

Der 1701 erschienene zweite Band, „worinnen sonderlich die pflichten gegen GOtt / die Obern / den nech-

sten und sich selbs / auch ehe=sachen / so dann auff-
munterung= und trost= schreiben enthalten", umfaßt
im dritten Kapitel solche Briefe, die sich vornehmlich
um ethische Fragen nach Maßgabe der Zehn Gebote
drehen, also um die christlichen Pflichten Gott gegenüber nach den ersten drei Geboten (der ersten Tafel des
Dekalogs) (1. Artikel), dann (nach der zweiten Tafel des
Dekalogs) um die Pflichten gegenüber jeder Form von
„Vorgesetzten" nach dem 4. Gebot (2. Artikel) und
schließlich um die Pflichten gegen den Nächsten nach
dem fünften bis zehnten Gebot (3. Artikel), ergänzt um
die Pflichten sich selbst und dem eigenen Beruf gegenüber (4. Artikel). Es folgen als viertes Kapitel Ehesa-
chen und als fünftes Kapitel seelsorgerliche Aufmunte-
rungs- und Trostschreiben (Paränese und Paraklese).

Der im folgenden Jahr (1702) erschienene dritte
Band, „worinnen sonderlich vieles dessen / was in den
nechsten 30. jahren in der kirchen vorgegangen ist / und
zum theil des *autoris* person und amt betroffen hat /
vorkommt", bietet als sechstes Kapitel, gegliedert in
drei Artikel und gegebenenfalls zusätzlich nach chro-
nologischen Abschnitten (*Distinct[iones]*) unterteilt,
Schreiben mit Bezug auf Speners pietistische Biogra-
phie in seiner Frankfurter (1666–1676. 1677–1679.
1680–1681. 1682–1686, Undatiertes) (1. Artikel),
Dresdner (1686–1691) (2. Artikel) und Berliner Zeit (ab
1691) (3. Artikel).

Der vierte Band, „die Paralipomena oder in vorigen
theilen ausgebliebene und nachgefundene materien in
sich fassend. Samt einem General–Register über alle IV.
theile" mit den bislang nicht berücksichtigten Schreiben (7. Kapitel) orientiert sich an der eingeführten
Struktur der ersten Bände in sechs Kapitel einschließ-
lich der Untergliederungen und bietet Briefe zum ersten, zweiten und dritten Kapitel sowie zum 1. Artikel
(Frankfurter Zeit) des 6. Kapitels.

Die Sammlung der lateinischen Briefe (*Consilia et Iudicia*) sowie die letzte, postume, nicht mehr selbst von Spener verantwortete Sammlung (Letzte Bedenken) übernehmen in ihren drei Teilen (*partes*) die vorgestellte Gliederung und Untergliederung (I: Kapitel 1–3; II: Kapitel 4–5, III = Kapitel 6).

Handschriftliche und verstreut gedruckte Quellen

Daneben sind zahlreiche Briefe in Abschriften, Konzepten oder originalen Ausfertigungen, verstreut über viele Archive und Bibliotheken, erhalten, deren Auswertung wiederum dem Gesamtbild von Speners Wirksamkeit zugute kommt.

Außerdem wurden schon seit dem 18. Jahrhundert einzelne Briefe Speners in Zeitschriften abgedruckt.

Edition

Die meisten im Druck überlieferten Briefe Speners sind anonymisiert. Nicht nur die Adressaten bleiben ungenannt, sondern auch die behandelten Personen sind häufig durch ein „N.N." unkenntlich gemacht. Ferner sind nicht alle Datierungen erhalten geblieben oder sind fehlerhaft abgedruckt. Erst die von Johannes Wallmann initiierte historisch-kritische Arbeit an den Briefen hat dieses Manko zu einem erheblichen Maß beheben können. Durch die nun mögliche genaue Situierung der Briefe in ihren historischen Kontext können sie erst richtig, auch im Hinblick auf ihre subtile Argumentationsstruktur interpretiert werden.

Speners Briefe sind und werden historisch-kritisch ediert in: *Philipp Jakob Spener:* Briefe aus der Frankfurter Zeit. 1666–1686. Hg. Von Johannes Wallmann (und Udo Sträter), Tübingen 1992. 1996. 2000. 2005. 2010. 2012 ff., und Briefe aus der Dresdner Zeit. 1686–1691. Hg. Von Johannes Wallmann (und Udo Sträter), Tübingen 2003. 2009. 2013 ff. Die Herausgabe der Briefe aus Speners Berliner Zeit wird gegenwärtig als Projekt der Sächsischen Akademie der Wissenschaften (Leipzig) unter der Federführung von Udo Sträter vorbereitet.

Auswahl und Darbietung der Texte

Die hier vorgenommene Auswahl der Briefe und Briefpassagen ist auf diejenigen Äußerungen Speners fokussiert, die nach Einschätzung des Herausgebers für das Verständnis der Entstehung des Pietismus grundlegend sind. Gleichwohl wurden die zu präsentierenden Abschnitte nicht darauf beschränkt, um dem Leser einen Eindruck von der Vielseitigkeit der Fragen und Themen zu vermitteln, mit denen Spener als Briefschreiber beschäftigt war.

Die Texte werden nach der 1. Auflage wiedergegeben bzw. bei den lateinisch geschriebenen Briefen nach dem Text der historisch-kritischen Ausgabe übersetzt. Auf einen textkritischen Vergleich mit anderen Überlieferungsformen wurde verzichtet. Offensichtliche Druckfehler werden stillschweigend korrigiert, Kürzel und Ligaturen aufgelöst, die graphischen Zeichen durch die analogen modernen Zeichen wiedergegeben. (So werden beispielsweise fehlende Umlautzeichen bei Großbuchstaben, die offenbar aus drucktechnischen Gründen weggefallen sind, in der vorliegenden Ausgabe als Umlaute wiedergeben.) Die in den deutschen Drucken benutzte Virgel wird nicht übernommen, da sie Spener in seinen Briefen nicht benutzt. Da seine Texte kaum Interpunktion aufweisen, wurde die Zeichensetzung insgesamt modernisiert. Fremdsprachige Wörter oder Wortteile, die in den Vorlagen in Antiqua geschrieben sind, erscheinen in der vorliegenden Edition in Kursivschrift.

Die bewusst knapp gehaltene Kommentierung stimmt nicht immer mit derjenigen der historisch-kritischen Ausgabe überein, obgleich sich viele Überschneidungen aus der Sache und dem eigenen Anteil des Herausgebers der vorliegenden Auswahl an der historisch-kritischen Ausgabe ergeben.

Die Tagesdaten werden nach dem Julianischen Kalender (Kalender Alten Stils) wiedergegeben, der bis 1700 in den meisten protestantischen Ländern benutzt wurde.

Nachwort

Die hier dargebotenen Briefe führen unmittelbar hinein in die Anfangsjahre der pietistischen Bewegung in Frankfurt am Main, die innerhalb weniger Jahrzehnte eine geistesgeschichtliche Epoche markieren sollte. Als Philipp Jacob Spener (1635–1705) im Jahr 1666 sein Amt als Pfarrer und Senior des Geistlichen Ministeriums (Pfarrerkollegiums) in Frankfurt antrat, brachte er kaum pfarramtliche Erfahrungen mit. Gleichwohl wurde er in wenigen Jahren, beginnend mit den ersten pietistischen Erbauungsversammlungen im Jahre 1670, zu dem unbestrittenen wie umstrittenen ersten Wortführer des Pietismus. Das war neben seiner gediegenen religiösen und theologischen Bildung seiner freimütigen Art (Brief Nr. 6, bei Anm. 9) und geradezu aufklärerischen Offenheit für die Zeichen der Zeit zu danken.

Als direkte Zeugnisse aus diesen Anfangsjahren sind die Briefe darum so spannend, weil man hier den Motiven und Wahrnehmungen Speners besonders nahe kommt. Es macht ja die Besonderheit eines Briefes aus, dass er nicht einfach etwas allgemeingültig darlegen will, sondern dass er Zwischentöne anklingen lässt, die sich von Briefpartner zu Briefpartner unterscheiden. Der Briefpartner und Speners Erwartungshaltung ihm als Gesprächspartner gegenüber modulieren das, was Spener mitteilt, wie er es motiviert und wie er es zur Sprache bringt.

Im Falle der Briefe Speners kommt hinzu, dass er in der Regel einen ausgesprochen vertrauensvollen Umgang mit seinen Korrespondenten pflegt, der beiden Partnern eine freie und offene Meinungsäußerung zubilligt, ja, sie geradezu fordert.

Erst wenn man bereit ist, die in den unterschiedlichen Briefen mitklingenden Zwischentöne zu hören, erschließen sich die Briefe als eine historische Quelle besonderer Art.

Beispielsweise fällt auf, dass Spener bereits zu Beginn seiner Amtszeit in Frankfurt – wenn auch nur negativ – über einen zu erhoffenden besserer Zustand der Kirche räsonniert (Brief Nr. 2, bei Anm. 5). Der Gedanke allein eröffnet schon die Dimension der Möglichkeit einer solchen Erwartung, die nur danach fragt, von soliden Gründen eingeholt zu werden. Man hat das Gefühl, als lade Spener seinen Briefparter eben dazu ein, solche Gründe zu liefern oder zumindest als Gesprächspartner des eigenen Nachdenkens darüber zu fungieren. Deshalb findet sich ein solches Gedankenexperiment in einem Brief an einen seit Straßburger Studientagen vertrauten Freund wie Elias Veiel, nicht aber in dem Brief an den eine Generation älteren, nur von einer Reise her bekannten Tobias Wagner.

Im ersten Teil (A) kommen Gedanken Speners zu Wort, in denen er die besonderen Herausforderungen seiner Zeit an die Pfarrer und Theologen umschreibt. Spener sah das (protestantische) Christentum und seine gesellschaftliche Relevanz im Niedergang begriffen. Dabei erkannte er frühzeitig, dass dem längst fortgeschrittenen Prozess des Agnostizismus, der massiven Religionskritik oder schlicht der reinen Diesseitsorientierung (der heute sogenannten Säkularisierung) nicht durch (natur-) historische oder metaphysische Überlegungen zu Leibe zu rücken war. Wenn man der sintflutartig über die Christenheit hereinbrechenden Religionsfeindlichkeit überhaupt Einhalt gebieten könne, so müsse man innerhalb der Kirche anfangen, glaubwürdiger zu werden. Nachdem der christliche Glaube seine spekulative Stütze durch Wunder oder in der Metaphysik (Brief Nr. 1, bei Anm. 8–11, 23–26) verloren habe, könne er nur überzeugend wirken, wenn er sich als Praxis bewähre und darin als religiöse oder göttliche Kraft erfahren werde. Weil sich religiöse Gewissheit nicht theoretisch gewinnen lasse, auch nicht mit der mathematischen Methode des aufkommenden Rationalismus, könne man sie nur individuell in der je eigenen Glaubenspraxis erfahren. Damit aber ergab sich als Herausforderung eine praktische Rechristianisierung des Alltags, mithin eine Förderung der Frömmigkeit.

Die von Spener geforderte (pietistische) Intensivierung persönlicher Frömmigkeit entspringt also nicht einfach einem allgemeinen Ungenügen an einer bloß orthodoxen Kirchlichkeit innerlich unbeteiligter Christen. Vielmehr ist es für Spener das Gebot der Stunde, dass sich zunächst die ernsthaften Christen der Relevanz ihres christlichen Glaubens vergewissern müssten. Denn der Abfall vom (evangelischen) Glauben liege letztlich in der vermeintlichen Irrelevanz des Glaubens für das Leben begründet, die sich in der „Lauheit" des gewöhnlichen Christen spiegele.

In diesem Zusammenhang gehört Speners Drängen auf die Heiligung des ganzen Sonntags als Nagelprobe einer rigoroseren christlichen Ethik, die mehr sein müsse als eine bloß bürgerliche, letztlich heidnische Ehrbarkeit (Brief Nr. 5).

In besonderer Weise waren nach seiner Meinung die Pfarrer hier in der Pflicht. Seine Kritik an der Pfarrerschaft (Brief Nr. 4) wird von manchem auch heute noch geteilt werden, macht aber auf beklemmende Weise bewusst, wie mit dem Aufkommen des Pietismus der Pfarrer als individuelle Person für die Wahrheit des Christentums einstehen muss, indem er (stellvertretend) höchsten ethischen und religiösen Standards genügen soll.

Theologisch entwickelt Spener bereits hier zu Beginn seiner Frankfurter Amtszeit seine Auffassung von der

Notwendigkeit einer besonderen geistlichen Erleuchtung für denjenigen, der als Geistlicher wirkungsvoll predigen will (Brief Nr. 4, bei Anm. 8–17; Nr. 24, bei Anm. 6–10). Obwohl er sich darin in Übereinstimmung mit der orthodoxen Kirchenlehre zu sein wähnt, können seinen Darlegungen nicht verhehlen, dass hier ein neuer Diskurs eröffnet wird, der die Wahrheit des Christentums nicht mehr humanistisch-allgemein, sondern individuell zu verankern sucht (Brief Nr. 11 und 12). Denn die geistliche Erfahrung, die Spener hier als notwendig reklamiert, ist die Erfahrung des eigenen frommen Selbstbewusstseins, nicht die allgemein menschliche Erfahrung, auf die sich nach Luther die christliche Lehre beziehen lassen müsse.

Im zweiten Teil (B) werden die frühesten brieflichen Äußerungen Speners zu seinen Reformvorschlägen geboten, die dann in die *Pia Desideria* von 1675 als Programmschrift des Pietismus münden. Man kann an ihnen nicht nur die Entstehung der ins Auge gefassten Reformmaßnahmen beobachten, sondern vor allem studieren, wie Spener seine Vorschläge begründet.

Das gilt zunächst für die Einrichtung regelmäßiger *Exercitia pietatis* (Frömmigkeitsübungen). Der Begriff eines *Collegium pietatis* ist in Speners Augen irreführend, weil damit die Frömmigkeitsübungen einen institutionellen Charakter bekämen, den sie weder haben sollen noch dürfen (Brief Nr. 9, bei Anm. 4). Diese Übungen waren zumindest mittelbar (Brief Nr. 7, bei Anm. 3) von Spener angeregt; in ihnen konnte er jedenfalls sein eigenes Anliegen nach einer Einübung in ein christliches Leben verwirklicht sehen. Denn in ihnen sollte individuell zur Sprache kommen, welche Konsequenzen für die eigene Lebensführung sich aus dem Lesen eines Erbauungsbuches oder der Heiligen Schrift ergeben könnten. Die Verwirklichung eines dezidiert christlichen Lebens sollte dann auch das Verständnis des christlichen Glaubens oder der Heiligen Schrift befördern (Brief Nr. 18, bei Anm. 16).

In überraschend klarer Weise erkennt Spener nicht nur in der einseitigen Kommunikationsrichtung den Hauptmangel der herkömmlichen Predigt (Brief Nr. 7, bei Anm. 8 f.), sondern plädiert auch mit grosser Freimütigkeit dafür, dass sich christliche Bürger innerhalb der staatlich gewährten Versammlungsfreiheit frei, mündig und selbstbestimmt miteinander vereinigen können, um sich gegenseitig im Christentum zu erbauen. Für manchen Pfarrer, der sich und seine Theologie damit den Fragen einfacher Leute ausgesetzt sah, war das ein bedrohliches Szenarium (Brief Nr. 12 und Nr. 13).

Indem Spener das Recht zu solchen *Exercitia pietatis* aus der Freiheit der Privatsphäre ableitet, trägt er erheblich dazu bei, Religion überhaupt aus dem öffentlichen, von der staatlichen Obrigkeit verantworteten Raum in den halböffentlichen oder privaten Bereich zu verlegen. Hier liegen daher nicht nur die Ansätze zur Privatisierung der Religion, sondern auch zur Entstehung einer bürgerlichen Geselligkeit und einer bürgerlichen, statt nur staatlichen Öffentlichkeit vor.

Dabei erinnert er an Luthers revolutionären Gedanken des allgemeinen Priestertums aller Gläubigen, der allen Christen prinzipiell dieselbe Vollmacht zuerkennt, die öffentlich allein durch das Predigtamt ausgeübt wird. Allerdings durchbricht Spener die übliche Unterscheidung von öffentlichem Predigtamt (des Pfarrers) und privater Andacht im häuslichen Rahmen (des Hausvaters), indem er schon vor Beginn der *Exercitia pietatis* die geistliche Vollmacht aller Christen auch dort rechtmäßig ausgeübt sieht, wo Freunde, die nicht eine Hausgemeinschaft ausmachen, sich gegenseitig erbauen (Brief Nr. 10, bei Anm. 37).

Überhaupt fällt auf, wie der Gedanke des Allgemeinen Priestertums zur zentralen Begründung der *Exercitia pietatis* avanciert (Brief Nr. 7, bei Anm. 10). Demgegenüber erscheint die in den *Pia Desideria* gegebene Begründung mit 1. Kor 14 nur als ein Argument, das geeignet war, die stark angewachsenen *Exercitia pietatis* als eine normale, in der Urchristenheit bereits übliche, insofern auch öffentlich oder kirchenrechtlich legitimierte Gemeindeveranstaltung zu verteidigen. Jedenfalls ist es nicht zwingend, dass die nun zu beobachtende Hinwendung zur Bibellektüre durch diese Bibelstelle motiviert war, wenn man sieht, welche zentrale Bedeutung für Spener von Anfang an die Aufforderung des Apostels in Kol 3,16 hatte (vgl. Brief Nr. 7, bei Anm. 7), „das Wort Christi unter euch reichlich wohnen" zu lassen.

Ein zweiter wichtiger Reformvorschlag Speners besteht in seinem Wunsch nach einer Erneuerung des Theologiestudiums. Seine Äußerungen dazu enthalten nicht nur inhaltliche Überlegungen zu dem ganzen Spektrum akademischer, theologischer Bildung, sondern konzentrieren sich insbesondere auf den methodischen Umgang mit der Heiligen Schrift, der in akademischen *Collegia pietatis* oder *Collegia biblica* eingeübt werden sollte. Diese von ihm früh propagierte und auch selbst durchgeführte Einrichtung wurde dann in den Neunziger Jahren in Leipzig der Ort, an dem der Pietismus in Mitteldeutschland zum Ausbruch kam.

Letztlich geht es Spener immer darum, eine Methode meditativer Bibellektüre zu entwickeln, bei der auch sog. Laien so mit der Bibel als dem Wort Gottes umzugehen lernen, dass sie nach der Bedeutung der Schriftworte für ihr eigenes Leben fragen. Besonderen Nachdruck legt er darauf, dass man das, was die Bibel sagt, auch „gebraucht". Denn wenn man das Bibelwort auf diese Weise das eigene Leben bestimmen lasse, dann erschließe sich seine Bedeutung (und Wahrheit) nach Matthäus 25,29 immer mehr (vgl. Brief Nr. 18, bei Anm. 16).

Bei allen Reformvorschlägen Speners fällt auf, dass es ihm immer um solche Mittel geht, die nicht von oben herab verordnet und durchgeführt werden, sondern um solche, mit denen die Pfarrer als Hauptverantwortliche, jeder an seinem Ort, sofort beginnen könne. Spener war überzeugt: Wer auf Generalreformen wartete, der würde aus zwei Gründen vergeblich darauf warten. Zum einen sei die politische Gemengelage so kompliziert, dass kirchliche Reformen eigentlich nicht durchsetzbar seien (Brief Nr. 11, bei Anm. 12–14). Zum anderen aber müsse am Ende doch der Einzelne innerlich überzeugt oder bekehrt werden, den man aber nur durch die persönliche, freundliche Begegnung und auf freiwilliger Basis (Brief Nr. 11, bei Anm. 15–23) gewinnen könne. Weil das der Pfarrer allein nicht schaffen könne, habe er ehrenamtliche Mitarbeiter nötig (Brief Nr. 8, bei Anm. 3–8). Eine innere Rechristianisierung durch „kern=Christen" als Multiplikatoren (Brief Nr. 11, bei Anm. 22) ist daher kennzeichend für Speners pietistisches Reformprogramm.

Was Spener von den radikalen Kirchenkritikern seiner Zeit unterscheidet, ist daher neben einem grundsätzlich optimistischeren Lebensgefühl (s.u.) sein Pragmatismus, der ihn nicht aus der Selbstsicht des Gerechten über den bösen Lauf der Welt lamentieren, sondern Reformen einfordern lässt, die zwar allgemein anwendbar sind, aber nicht allgemein und auf einmal eingeführt werden müssen (Brief Nr. 26, bei Anm. 168–184).

Kein Reformvorschlag, wohl aber ein wichtiges Motiv (Brief Nr. 19, bei Anm. 23) für Speners pragmatisches Handeln dürfte seine Hoffnung eines besseren Zustandes des Christentums auf Erden (Hoffung besserer Zeiten) gewesen sein. Obwohl diese eschatologische Hoffnung für Spener von Beginn seiner Frankfurter Amtszeit an zumindest als zeittypisches Lebensgefühl oder Frage virulent war (Brief Nr. 2, bei Anm. 5), scheint er sich erst zur Jahreswende 1674/1675 dieser Hoffnung in doppelter Weise vergewissert zu haben. Zum einen fand er eine biblisch-theologische Begründung dafür, dass auch im Rahmen biblischen Zeitverständnisses und biblischer Chronologie noch Hoffnung und Raum für eine bessere, christlichere Zukunft bestand, die mit dem von ihm geteilten optimistischeren Lebensgefühl seiner Zeit vereinbar war. Diese Begründung findet sich dann erstmals in den 1675 veröffentlichten *Pia Desideria* (Brief Nr. 14, bei Anm. 11). Zum anderen haben ihn offenbar die ersten Anzeichen einer intensivierten Frömmigkeit in seiner Gemeinde (vgl. Brief Nr. 19, bei Anm. 21) im Glauben an ein neues Aufblühen des Christentums so bestärkt, dass er wie sein vertrauter Freund Johann Jacob Schütz (Brief Nr. 13, bei Anm. 6) nun auch auf Grund seiner eigenen lebensweltlichen Erfahrung damit rechnen konnte oder wollte. Diese grundsätzliche Hoffnung schloss nicht aus, dass Spener auch noch ein schweres göttliches Gericht über das Christentum erwarten konnte, wie es sich in zahlreichen Verfolgungsmaßnahmen und Kriegszügen gelegentlich abzuzeichnen schien (Brief Nr. 21).

Im dritten Teil (C) kommen schließlich einzelne Themen zur Sprache, in denen sich einige theologische Folgen von Speners Reformprogramm abzeichnen.

Wenn man mit Spener in der gelebten Frömmigkeit das eigentliche Kennzeichen eines wahren Christentums sieht, dann verlieren die in den jeweiligen Bekenntnisschriften überlieferten dogmatischen Eigenheiten der verschiedenen (christlichen) Konfessionen ihre ausgrenzende Wirkung. Man kann dann immer noch von der reinen Wahrheit der eigenen Theologie (Orthodoxie) überzeugt sein, ohne deshalb Menschen mit (teilweise) anderen Überzeugungen für verstockt, verdammt oder verloren halten oder auf den Umgang mit ihnen verzichten zu müssen (Brief Nr. 20).

Die Lehre von der Rechtfertigung allein aus Glauben, die als unerlässliches Kriterium protestantischer Theologie gesehen werden kann, musste nach Spener so gestaltet werden, dass allein derjenige Glaube als wahrer Glaube verstanden wurde, der sich in der ernsthaften Umsetzung in einen christlichen Lebenswandel realisierte (Brief Nr. 20 und Brief Nr. 22). So kann man bereits bei Spener (und seinem Lehrer Dannhauer) eine Entwicklung zu einem pietistischen oder neuprotestantischen Glaubensverständnis beobachten, wonach der durch seine Folgen charakterisierte Glaube zur Beschreibung der moralischen Persönlichkeit dienen muss.

Umgekehrt konnte ein Insistieren auf die Notwendigkeit religiöser Erfahrung und die Abwertung einer reinen Theologie des Wortes dazu führen, dass religiös angefochtene Menschen nur auf die schließliche Überwindung ihrer Anfechtungen vertröstet werden konnten (Brief Nr. 23).

Die beiden Briefe an Johann Wilhelm Petersen (Brief Nr. 24 und 25) lassen erahnen, wie Speners pietistischer Ansatz – radikal durchdacht – auch neue geistliche Offenbarungen nicht ausschloss, sofern man sich nur seiner eigenen Frömmigkeit bewusst war. Hier liegt der theologische Ansatz für die breite pietistische Akzeptanz enthusiastischer Erscheinungen in Mitteldeutschland in den Neunziger Jahren. Der letzte hier abgedruckte Brief (Brief Nr. 26) lässt noch einmal deutlich den Unterschied erkennen zwischen Speners pragmatischem und zukunftszugewandtem Denken und der im prophetischen Duktus vorgetragenen, letztlich aber in alten Denkweisen verharrenden Kirchenkritik des sogenannten Spiritualismus.

Johannes Wallmann hat in seiner Rekonstruktion der Anfänge des Pietismus in Frankfurt gemeint, dass Spener „den Keim des Neuen, der den Pietismus von der Orthodoxie ablöst [...]: den Gedanken der Sammlung der Frommen in besonderen Versammlungen urchristlichen Musters und den Gedanken an ein den Frommen verheißenes herrliches Reich Christi auf Erde"[1] von Schütz empfangen habe, der seinerseits weitgehend von Gedanken Jean de Labadies beeinflusst sei. Damit hat Wallmann – ähnlich wie der liberale Theologe Albrecht Ritschl[2] – den Pietismus als eine dem Luthertum unterschobene Frömmigkeitsform verstanden und Spener nur als (beinahe orthodoxen) Moderator fremder (reformierter) Einflüsse, nicht aber als eigenständigen Reformator (Brief Nr. 26, S. 206, Z. 22) des neuzeitlichen, deutschen, evangelischen Christentums gesehen. Speners Bedeutung für den Neuprotestantismus hat man gerade nicht in seinem Pietismus erkannt.

Allerdings hat das von Wallmann gezeichnete Bild erhebliche Korrekturen erfahren. So musste seine These, der Vorschlag zur Einrichtung von akademischen *Collegia pietatis* stamme maßgeblich von Johann Jacob Schütz, unterdessen revidiert werden (Brief Nr. 14 Anm. 5). Es fehlt auch jeder Hinweis darauf, dass die Umgestaltung der *Exercitia pietatis* zu Apostolischen Kirchenversammlungen nach 1. Korinther 14 wirklich unter dem Einfluss von Schütz resp. Jean de Labadie erfolgte.[3] Und schließlich hat Spener den entscheidenden Anstoß zu seinem hoffnungsvollen Blick in die Zukunft offenbar nicht im Kreis der Frankfurter Pietis-

---

1   *Johannes Wallmann:* Philipp Jakob Spener und die Anfänge des Pietismus, Tübingen, 2. überarb. und erw. Aufl. Tübingen 1986 (Beiträge zur Historischen Theologie, Bd, 42), S. 354.
2   Vgl. *Markus Matthias:* Quelques réflexions sur la théologie de Philipp Jacob Spener. In: Les Piétismes. Crise, conversion, institutions. Actes du Colloque. Éd. Anne Lagny, Lille 2001, S. 69–87.
3   *Andreas Deppermann:* Johann Jakob Schütz und die Anfänge des Pietismus, Tübingen 2002 (Beiträge zur historischen Theologie, Bd. 119), S. 101 f.

ten, sondern in der Betstunde der normalen Gemeinde erhalten (Brief Nr. 19, bei Anm. 23).

Wallmanns methodischer Versuch, das Neue bei Spener durch die Rekonstruktion der frömmigkeitsgeschichtlichen Einflüsse bestimmen zu wollen, rechnet zu wenig mit der allgemein veränderten kulturgeschichtlichen Situation nach dem Dreißigjährigen Krieg, die auch bei den Gebildeten zu einer Relativierung des traditionellen Status der Religion geführt hatte (Priorität des politischen Wohlstands vor der theologischen Wahrheitsfrage und faktische Verabschiedung vom konfessionellen Einheitsstaat; Aufkommen des historischen und modernen naturwissenschaftlichen Denkens und Relativierung der Vergangenheit als maßgebliches Vorbild; Stärkung des Bürgertums und des Individuums gegenüber einer nur staatlichen Öffentlichkeit). Wie kein anderer hat sich Spener diesen Herausforderungen und dem neuen Denken seiner Zeit gestellt, das er selbst weitgehend teilte. Und es war für ihn klar: Auf die veränderte Situation konnte nicht mehr mit dem theologischen System der bereits in Auflösung befindlichen Orthodoxie reagiert werden. Vielmehr mussten neue Wege gesucht werden, um die Relevanz von Theologie und Kirche für das Leben behaupten zu können. Man sollte nicht unterschätzen, mit welcher Beharrlichkeit Spener mögliche Mittel zur Überwindung der Krise sowohl bedacht als auch verwirklicht hat. Die Bedeutung Speners liegt vor allem darin, das Christentum und die evangelische Theologie dem neuen kulturgeschichtlichen Prozess angepasst zu haben. Und das hieß nicht nur, den Einzelnen als eigentlichen Adressaten pfarramtlichen Bemühens zu erkennen, sondern auch Mittel zur Erweckung und Festigung seines Glaubens durch individuelle Erfahrung zu bedenken. Wenn man den neuen geistesgeschichtlichen Rahmen der zweiten Hälfte des 17. Jahrhunderts, wie er sich gerade in den Briefen Speners zeigt, mit in die Betrachtungsweise einbezieht, dann stellt sich die Frage nach dem Neuen nicht als Frage nach der Herkunft eines neuen „Keimes", sondern als Frage nach den Mitteln der Metamorphose der Theologie aufgrund neuer kulturgeschichtlicher Standards des Denkens und Wahrnehmens.

Abgekürzt zitierte Literatur

Bed.   Philipp Jacob Spener: Theologische Bedencken und andere Brieffliche Antworten, Teil 1–4, Halle a. S. 1700–1702 (^{2}1707–1709; ^{3}1712–1715) (Ndr. Hildesheim u. a. 1999).

Benzing: Verleger   Josef Benzing: Die deutschen Verleger des 16. und 17. Jahrhunderts. Eine Neubearbeitung. In: Archiv für Geschichte des Buchwesens, Bd. 18 (1977), Sp. 1077–1322.

Bircher   Martin Bircher: Deutsche Drucke des Barock 1600–1720 in der Herzog August Bibliothek Wolfenbüttel, [wechselnde Verlagsorte] 1977 ff.

BSLK   Die Bekenntnisschriften der evangelisch-lutherischen Kirche. Herausgegeben im Gedenkjahr der Augsburgischen Konfession 1930, Göttingen ^{6}1967 (^{12}1998) (Neuedition: Die Bekenntnisschriften der evangelisch-lutherischen Kirche. Quellen und Materialien. Hg. von Irene Dingel. Bd. 1–2. Göttingen 2014).

Cicero: Epistulae   Marcus Tullius Cicero: Epistulae Ad Atticum. Ed. by David R. Shackleton Bailey. Vol. II. Libri IX–XVI, Stuttgart 1987 (Bibliotheca Scriptorum Graecorum Et Romanorum Teubneriana) (S. 390).

Cons.   Philipp Jacob Spener: Consilia et Iudicia Theologica Latina, Bd. 1–3, Frankfurt a. M. 1709 (Ndr. Hildesheim u. a. 1989).

DB   Philipp Jakob Spener: Briefe aus der Dresdner Zeit (s. S. 238 f.).

Denzinger: Enchiridion

     Kompendium der Glaubensbekenntnisse und kirchlichen Lehrentscheidungen. Begründet von Heinrich Denzinger. Verb., erw., ins Dt. übertr. und unter Mitarb. von Helmut Hoping hrsg. von Peter Hünermann. 39. Aufl. Freiburg im Breisgau – Basel – Wien 1999.

Deppermann: Schütz	Andreas Deppermann: Johann Jacob Schütz und die Anfänge des Pietismus, Tübingen 2002 (Beiträge zur Historischen Theologie, Bd. 119).
Diogenes Laertius: Vitae	
	Diogenes Laertius: Leben und Meinungen berühmter Philosophen. In der Übersetzung von Otto Apelt unter Mitarbeit von Hans Günter Zekl neu hg. sowie mit Einleitung und Anmerkungen versehen von Klaus Reich, Bd. 2: Bücher 7–10, Hamburg 2008 (Philosophische Bibliothek, Bd. 53/54).
DWB	Deutsches Wörterbuch. Begr. von Jacob und Wilhelm Grimm, Bd. 1–16, Leipzig 1854–1954 und Quellenverzeichnis 1971.
EGS	Philipp Jacob Spener: Erste Geistliche Schrifften, Frankfurt a. M. 1699.
Erasmus von Rotterdam:	
Adagia	Desiderius Erasmus von Rotterdam: OPERA OMNIA [...]. TOMUS SECUNDUS, COMPLECTENS ADAGIA, Leiden 1703 (Ndr. Hildesheim 1961) (S. 652E).
FB	Philipp Jakob Spener: Briefe aus der Frankfurter Zeit (s. S. 238 f.).
Gellius: Noctes	Aulus Gellius: Die Attischen Nächte. Zum ersten Mal vollständig übersetzt und mit Anmerkungen versehen von Fritz Weiss, 2. Bd.: IX–XX. Buch, Leipzig 1876 (Ndr. Darmstadt 1975) (S. 405 f.).
Horaz: Sermones	Q. Horatius Flaccius: Opera. Ed. by David R. Shackleton Bailey. Stuttgart ²1991 (Bibliotheca Scriptorum Graecorum Et Romanorum Teubneriana).
Jöcher	Christian Gottlieb Jöcher: Allgemeines Gelehrten-Lexicon, Bd. 1–4, Leipzig 1750–1751 (Ndr. Hildesheim 1960–1961); Ergänzungsbände 1–7. Hg. von Johann Christoph Adelung, fortgesetzt von Heinrich Wilhelm Rotermund, Leipzig 1784–1897 (Ndr. Hildesheim u. a. 1960–1961).
KGS	Philipp Jacob Spener: Kleine Geistliche Schriften. Hg. von Johann Adam Steinmetz. Teil 1–2, Magdeburg und Leipzig 1741–1742 (Ndr. Hildesheim u. a. 2000).

LBed.	Philipp Jacob Spener: Letzte Theologische Bedencken, Teil 1–3, Halle 1711 (^{2}1721) (Ndr. Hildesheim u.a. 1987).
Luther 1545	Die gantze Heilige Schrifft Deudsch, Wittenberg 1545. Letzte zu Luthers Lebzeiten erschienene Ausgabe. Hg. von Hans Volz, München 1972.
Matthias: Petersen	Markus Matthias: Johann Wilhelm und Johanna Eleonora Petersen. Eine Biographie bis zur Amtsenthebung Petersens im Jahre 1692, Göttingen 1993 (Arbeiten zur Geschichte des Pietismus, Bd. 30).
Otto: Sprichwörter	August Otto: Die Sprichwörter und sprichwörtlichen Redensarten der Römer, Leipzig 1892 (Ndr. Hildesheim u. a. 1988).
PD	Philipp Jacob Spener: Pia Desideria. Hg. v. Kurt Aland, Berlin ^{3}1964 (Kleine Texte für Vorlesungen und Übungen, Bd. 170).
Phaedrus: Fabulae	Phaedrus: Fabeln. Lateinisch-deutsch. Hrsg. und übers. von Eberhard Oberg. 2. Aufl., Berlin 2011 (Tusculum Studienausgaben) (S. 79 f., hier S. 80, Z. 14).
Pia Desideria 1676	Philipp Jacob Spener: Pia Desideria: Oder Hertzliches Verlangen / Nach Gottgefälliger besserung der wahren evangelischen Kirchen, Frankfurt a. M. 1676.
RGG^4	Religion in Geschichte und Gegenwart. 4. neubearb. Auflage, Bd. 1–8 und ein Registerband, Tübingen 1998–2007.
Thukydides: Historiae	Thukydides: De bello Peloponnesiaco Historiae. Vol. 2. Libri V–VIII. Leipzig 1920.
TRE	Theologische Realenzyklopädie, Bd. 1–36 und zwei Registerbände, Berlin und New York 1977–2004 und 2006 f.
WA	Martin Luther: Werke. Kritische Gesamtausgabe (Weimarer Ausgabe), Weimar 1883 ff.
Wallmann: Spener	Johannes Wallmann: Philipp Jacob Spener und die Anfänge des Pietismus, Tübingen, 2. überarb. und erw. Aufl. 1986 (Beiträge zur Historischen Theologie, Bd. 42).
Wander: Sprichwörter	Karl Friedrich Wilhelm Wander: Deutsches Sprichwörter-Lexikon, Bd. 1–5, Leipzig 1867–1880.

Zedler   Johann Heinrich Zedler, Grosses vollständige
Universal-Lexicon Aller Wissenschafften und
Künste, Halle a. S. und Leipzig 1731–1754.

Register

Personen

268

274

Lebensdaten Philipp Jacob Spener

13.1.1635	Geburt in Rappoltsweiler (Daten nach dem Julianischen Kalender / Alten Stils, der bis 1700 in den meisten protestantischen Ländern benutzt wurde)
11.9.1648	Immatrikulation an der Universität Straßburg
2.5.1651	Beginn des Studiums an der Universität Straßburg
17.3.1653	Magister der Philosophie
14.6.1654	Beginn des Theologiestudiums
23.6.1659	Abschluss des Theologiestudiums
1659–1662	Akademische Reisen und Studienaufenthalte
16.3.1663	Berufung zum Freiprediger in Straßburg
23.6.1664	Promotion zum Dr. der Theologie
23.6.1664	Eheschließung mit Susanne Ehrhardt
20.7.1666	Antritt des Seniorats in Frankfurt am Main
August 1670	Beginn der *Exercitia pietatis* in Frankfurt am Main
24.3.1675	Erscheinen der *Pia Desideria* als Vorwort zur Evangelienpostille Johann Arndts
8.9.1675	Erster Separatdruck der *Pia Desideria*
Februar 1682	Erlaubnis zur Verlegung der *Exercitia pietatis* in die Barfüßerkirche
1684	Offene Separation von Johann Jacob Schütz und seinem Kreis von der verfassten Kirche
11.7.1686	Antritt des Amtes eines kursächsischen Oberhofpredigers in Dresden
18.7.1686	Beginn des *Collegium philobiblicum* in Leipzig
24.4.1687	Speners Besuch des Leipziger *Collegium philobiblicum*
Juni 1691	Antritt des Amtes als Propst und Konsistorialrat in Berlin
5.2.1705	Tod in Berlin

Friedrich Christoph
Oetinger

**Genealogie der reellen
Gedancken eines
Gottes-Gelehrten**

Eine Selbstbiographie

*Edition Pietismustexte
(EPT) | 1*

264 Seiten, Paperback
ISBN 978-3-374-02797-2
EUR 34,00 [D]

Die aus der Handschrift neu edierte Autobiographie des württembergischen Theologen Friedrich Christoph Oetinger (1702–1782) zeigt, wie er – von seinen Zeitgenossen oft missverstanden – auf das Verständnis künftiger Generationen hofft.

Oetingers zentrale Erkenntnis ist: Die von Gott geschaffene Natur dient als Verstehenshilfe für die Heilige Schrift. Wer in beiden lese, komme zu einem Gesamtsystem der Wahrheit, der »Heiligen Philosophie«. Ergänzt wird die Edition durch einen Überblick zur Druckgeschichte des Werkes.

EVANGELISCHE VERLAGSANSTALT
Leipzig www.eva-leipzig.de

Tel +49 (0) 341/ 7 11 41 -16   vertrieb@eva-leipzig.de

Karl Weihe
(Herausgegeben von
Christof Windhorst)

Was ist Pietismus?

Das Leben des Pfarrers
Hartog

Edition Pietismustexte
(EPT) | 2

152 Seiten | Paperback
ISBN 978-3-374-02798-9
EUR 18,80 [D]

Gottreich Ehrenhold Hartog (1738–1816) war in
der Zeit des Übergangs vom Pietismus zur Erwe-
ckungsbewegung Pfarrer im westfälischen Herford
(1769–1814). Bei ihm verbanden sich lutherisch
geprägte Lehre, pietistische Frömmigkeit und ein
ausgeprägter Sinn für die praktische Lebensbewäl-
tigung in der Orientierung am biblischen Wort.
... So stellt sein hochgebildeter Freund, Pastor Karl
Weihe, ihn als engagierten Seelsorger sowie erfolg-
reichen Prediger dar und schildert den Lebensstil
eines Stadtpfarrers um 1800.
Diese Ausgabe bietet einen ausgezeichneten kom-
mentierten Text zu einem spannenden Abschnitt
westfälischer Kirchengeschichte aus der Erwe-
ckungszeit.

EVANGELISCHE VERLAGSANSTALT
Leipzig www.eva-leipzig.de

Tel +49 (0) 341/ 7 11 41 -16   vertrieb@eva-leipzig.de

Manfred Jakubowski-Tiessen (Hrsg.)

Bekehrung unterm Galgen

Malefikantenberichte

Edition Pietismustexte (EPT) | 3

168 Seiten | Paperback
ISBN 978-3-374-02855-9
EUR 19,80 [D]

Die hier zusammengetragenen Berichte handeln von Schwerverbrechern: von einem Mörder und einer Mörderin, die zum Tode verurteilt wurden. Sie handeln aber auch von den Pfarrern, die die »Malefikanten« vor ihrer Hinrichtung seelsorgerlich betreut haben. Aufgabe der Geistlichen war es, die Verurteilten vor ihrem Gang zum Schafott zu bekehren und zu einem öffentlichen Bekenntnis ihrer Umkehr zu bewegen.

Im 18. Jahrhundert haben dem Pietismus nahestehende Pfarrer detaillierte Aufzeichnungen darüber verfasst, wobei in der Schilderung die Grausamkeit des Verbrechens und die Gnadenhaftigkeit der Bekehrung bewusst zueinander in Spannung gesetzt wurden.

EVANGELISCHE VERLAGSANSTALT
Leipzig www.eva-leipzig.de

Tel +49 (0) 341/ 7 11 41 -16   vertrieb@eva-leipzig.de

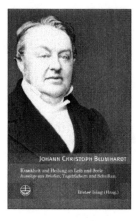